Ada Borkenhagen

Dissoziationen des Körpers

Reihe »Forschung psychosozial«

Ada Borkenhagen

Dissoziationen des Körpers

Eine Untersuchung der psychischen Repräsentanz
des Körpers magersüchtiger Patientinnen
und von Frauen, die sich einer künstlichen
Befruchtung unterziehen

Psychosozial-Verlag

Die Umschlagabbildung von Andreas Hublith,
»Masken«, ist in der Reha-Werkstatt der Lebenshilfe
Gießen entstanden. Interessenten für das Original und
zahlreiche weitere wunderschöne Seidenarbeiten können
sich dorthin wenden:

Reha-Werkstatt Gießen
Silk and Art
Siemensstr. 4
Tel.: 0641/9 75 09-13
Fax: 0641/9 75 09-20

Bibliografische Information der Deutschen Nationalbibliothek
Die Deutsche Nationalbibliothek verzeichnet diese Publikation in der Deutschen
Nationalbibliografie; detaillierte bibliografische Daten sind im Internet über
<http://dnb.d-nb.de> abrufbar.

© 2000 Psychosozial-Verlag
E-Mail: info@psychosozial-verlag.de
www.psychosozial-verlag.de
Umschlagabbildung: Andreas Hublitz „Masken"
ISBN 978-3-89806-012-7

Für Philipp und unsere Geschichte

DANKSAGUNG

Die vorliegende Arbeit ist eine geringfügig geänderte Fassung meiner Dissertation, die dem Psychologischen Institut der Freien Universität Berlin im Sommersemester 1998 zur Begutachtung vorgelegen hat.

Frau Professorin Dr. Irmingard Staeuble möchte ich herzlich danken. Ihre wissenschaftliche Offenheit hat es mir möglich gemacht, die Untersuchung streng sachbezogen durchzuführen. Hierdurch ist sie mir eine vorbildliche Betreuerin gewesen. Ihr wohlwollender Blick, der auf mir und meinem Vorhaben ruhte, hat mir die Durchführung des Projekts sehr erleichtert.

Herrn Professor Dr. Burghard F. Klapp danke ich für seine Unterstützung und die Möglichkeit, die empirische Untersuchung in seiner Abteilung durchzuführen. Ferner möchte ich den Mitarbeitern der Medizinischen Klinik mit Schwerpunkt Psychosomatik und der Klinik für Gynäkologie und Geburtshilfe der Charité für ihre Kooperation danken.

Frau Professorin Dr. Anna Auckenthaler bin ich für die Übernahme und rasche Durchführung des Zweitgutachtens sehr verbunden.

Danken möchte ich auch Herrn Professor Dr. Elmar Brähler, der mir in einer schwierigen Phase meines Vorhabens hilfreich zur Seite stand.

Herrn Dr. Siegfried Jaeger danke ich für seine wertvollen methodischen Anregungen. Gerne Danke ich Herrn Dr. Fritz Felgentreu, der mir mit seinem Sachverstand in philologischen Fragen eine große Hilfe war.

Schließlich Danke ich allen Patientinnen, die sich für die empirische Untersuchung zur Verfügung gestellt haben sowie der Senatsverwaltung für Arbeit, berufliche Bildung und Frauen für die Gewährung eines Promotionsstipendiums im Rahmen des Förderprogramms Frauenforschung, welches mich in die Lage versetzte, die Arbeit zu einem zügigen Abschluß zu bringen.

Berlin im Dezember 1999

Einleitung

Gegenstand der vorliegenden Arbeit sind das Körpererleben und die subjektiven, auf den eigenen Körper bezogenen Bedeutungszuschreibungen magersüchtiger Patientinnen und Patientinnen, die sich einer künstlichen Befruchtung unterziehen. In der Literatur (Willenberg, 1989; Küchenhoff, 1992a; Brähler, 1986) ist im Hinblick auf das Erleben des eigenen Körpers dieser beiden Patientinnengruppen wiederholt eine Tendenz zur Dissoziation beschrieben worden. Aufgrund dieser Dissoziationstendenz könne der Körper von diesen Patientinnen lediglich unter seinem funktional-gegenständlichen Aspekt – mithin als Objekt – erlebt werden und nicht mehr als integraler Bestandteil des eigenen Selbst. Neben einer empirischen Untersuchung und Prüfung dieser postulierten Dissoziationstendenzen im Körpererleben der beiden Patientinnengruppen werden im theoretischen Teil der Arbeit zunächst die historisch-kulturellen Bedingungen und die intrapsychischen Mechanismen dargestellt, die diesen Dissoziations- und Desintegrationstendenzen zugrunde liegen. Dabei werden auch die Bedingungen bestimmt, auf denen ein integriertes Körperselbsterleben basiert, bei dem der Körper sowohl in seinem subjekthaften wie auch objekthaften Erlebensaspekt erlebt werden kann.

Ausgangspunkt der Frage nach den Besonderheiten im Körpererleben dieser Patientinnen ist die sich in den letzten Jahren in den Sozialwissen-schaften zusehends vollziehende „Wende zum Körper" (Brähler,1986, S.4), die sich in einer Vielzahl von Publikationen manifestiert, die um den Körper und seine jeweiligen Bedeutungen kreisen. So rückt der Körper mit seinen subjektiven Zuschreibungen und Bedeutungen zunehmend ins Zentrum un-terschiedlicher Fachdisziplinen wie der Soziologie, der historischen Anthro-pologie, der medizinischen Psychologie und Psychosomatik. Dabei wird dem subjektiven Körpererleben und den aus ihm hervorgehenden Körper-(Selbst)Bildern eine zentrale Funktion sowohl für die individuelle Selbstent-wicklung als auch bei der Entstehung psychosomatischer Krankheiten (v. Uexküll et al., 1994) zugesprochen.

Diesem vermehrten wissenschaftlichen Interesse korrespondieren im All-tagsleben immer neue Formen der Körperpraxis, die sich zusammenfassend als eine Kultivierung der subjektiven Körpererfahrungs- und Erlebensdi-mension beschreiben lassen und die in zahlreichen neuen Fitneß- und Frei-zeitangeboten, esoterischen Selbsterfahrungsgruppen, aber auch in Gestalt neuer Körpertherapieverfahren ihren Ausdruck finden (Rittner, 1986, S. 142). Die Rückbesinnung auf den Körper erfolgt hier vielfach in der Vor-stellung, sich mittels des subjektiven Körpererlebens einer individuellen Au-thentizität versichern zu können, der man sich anders scheinbar nicht mehr zu versichern vermag.

Gegenläufig zu dieser Aufwertung und Diskursivierung des Körpers ist in vielen gesellschaftlichen Bereichen eine zunehmende Verdrängung des subjekthaften Erlebensaspekts des Körpers und eine Reduzierung des Kör-pers auf seinen objekthaft-funktionalen Aspekt festzustellen. Besonders in der modernen naturwissenschaftlichen Medizin ist das Konzept vom Körper als Objekt und das diesem Konzept korrespondierende Maschinenmodell vom Körper (v. Uexküll & Wesiack, 1988, S. 48) zum bestimmenden Para-digma geworden. Die „Überwindung des Körpers" (Kamper & Wulf, 1982, S. 16) und seiner natürlichen Grenzen ist hier ein vielfach unausgesproche-nes, dennoch besonders erfolgreiches Programm.[1] Die systematische Aus-

---

1 So spricht Kamper (Kamper & Wulf, 1982, S. 16) von der „projektierten Erlösung von
   der Natur" und führt aus: „Nicht nur die Sterblichkeit und Siechtum sind dabei auszu-
   merzende Momente der Unvollkommenheit, sondern auch die durch Empfängnis,

blendung des an die Körperlichkeit gebundenen Empfindens und Erlebens scheint im Rahmen eines solchen Paradigmas notwendig und konsequent.

Dabei ist dieses Paradigma auch als ein Moment in einem gemeinschaftlich kulturellen Distanzierungsprozeß des Menschen vom Körper aufzufassen, der bisher ein wesentliches Charakteristikum des westlichen Zivilisationsprozesses (Snell, 1955; Elias, 1986) war. Die sich im Kultur- und Freizeitbereich wie auch in der therapeutischen Sphäre abzeichnende „Wende zum Körper", die auch vor den Sozialwissenschaften und Teilen der Medizin nicht halt zu machen scheint, verweist dabei zumindest auf ein „Problematisch-Werden" sowohl des bisherigen Umgangs mit dem Körper in Form fortschreitender Distanzierung als auch des entsprechenden medizinischen Paradigmas.

Nun beschränkt sich diese objektivierende Auffassung vom Körper und seine Reduzierung auf sein „Objektsein" keineswegs auf den medizinischen Bereich, sondern diese Anschauungsweise scheint sich auch zunehmend in modernen psychosomatischen Störungsbildern niederzuschlagen. Die objektivierte Körperauffassung scheint dabei zu einem kulturell bereitliegenden „Erlebnismuster" (Küchenhoff, 1992, S. 12) geworden zu sein, das besonders das bewußte und unbewußte Erleben psychosomatischer Patienten bestimmt. So ist in den letzten Jahren ein deutlicher Anstieg von Störungen zu verzeichnen, bei denen der Körper das Objekt eines „destruktiven Agierens" (Hirsch, 1989, S. 1) ist. *Hirsch* (1989, S. 1) sieht darin eine moderne Form der Identitätsstörung, die zunehmend das öffentliche Interesse auf sich zieht und deren Vorkommen, gemessen an den Berichten über sie, beständig steigt. Klassische Beispiele solcher Störungsbilder sind die Eßstörungen, besonders die Anorexie, bei welcher der Körper aller subjektiven Erlebensmomente beraubt und gänzlich auf seinen gegenständlichen Aspekt reduziert und instrumentalisiert wird. Die in den letzten Jahren zu beobachtende steigende Zahl von Selbstschädigungssyndromen deutet jedoch eher noch auf die Herausbildung eines neueren und „moderneren" Störungsbildes hin, in dem das destruktive Körperagieren unverstellt und offenkundig zutage tritt.

Schwangerschaft, Geburt verhängte Verwicklung der menschlichen Natur ins Vegetative. Die künstliche Erzeugung von Leben, darüberhinaus von Fruchtbarkeit steht deshalb seit langem auf dem Programm."

Diese klinischen Störungsbilder, in denen der Körper zu einem Objekt gemacht, instrumentalisiert und neuerdings offen attackiert wird, erscheinen dabei als die pathologische Kehrseite des allgemeinen kulturellen Objektivationsprozeß des Körpers. Bei diesen körperdestruktiven Störungsbildern wird der Körper zwar intrapsychisch instrumentalisiert, aber diese psychische Instrumentalisierung wird erst vor dem Hintergrund von sozialen Einschreibungsprozessen verständlich. So verweisen gerade die modernen körperdestruktiven Körperstörungen darauf, in welchem Ausmaß der Körper ein Ort gesellschaftlicher Einschreibungen, mithin ein Sozialkörper ist.

Vor dem Hintergrund der Zunahme körperdestruktiver Störungsbilder und im Zuge der gegenläufigen „Wende" hin zu subjektiven Erlebensaspekten des Körpers gewinnen erneut Konzepte an Bedeutung, die die Subjekt-Objekt-Einheit des an den Körper gebundenen Erlebens betonen. Besonders von phänomenologischen Ansätzen (Marcel, 1953; Merleau-Ponty, 1966) ist in der Vergangenheit auf dieses nicht hintergehbare Wechselverhältnis der Subjekt-Objekt-Einheit des Körpers – also auf den Umstand, daß der Körper für uns Menschen sowohl Subjekt als auch Objekt des Erlebens ist – hingewiesen worden. Ihre Analysen haben dabei die pathologischen Momente jeglicher Vereinseitigung dieses Wechselverhältnisse aufgezeigt. Das vereinseitigende Auseinandertreten, also die Dissoziation des subjekthaften und des objekthaften Erlebensaspekts des Körpers, erlauben dabei dem Subjekt kein „Oszillieren" (Küchenhoff, 1992, S. 53) zwischen den Erlebensdimensionen, wodurch der Körper nicht mehr als integraler Bestandteil des Selbst erlebt werden kann. Eine solche Fixierung des Körpererlebens ausschließlich auf den objekthaften Erlebensaspekt bzw. der Versuch, den subjekthaften Erlebensaspekt des Körpers bzw. einzelner Körperteile auszuschalten, vollzieht die Anorektikerin, indem sie den eigenen Körper gleichsam als „Fremdkörper" von sich abzuspalten trachtet.

Diese Fixierung und Vereinseitigung im Körpererleben ist von der psychosomatischen Literatur auch für sterile Patientinnen beschrieben worden, die sich mit neuen reproduktionsmedizinischen Techniken behandeln lassen. So ist bei diesen Patientinnen nach *Brähler* (1986, S. 185) vielfach eine Einstellung zum eigenen Körper vorherrschend, die sich summarisch als ein gesteigertes Bedürfnis nach Körperkontrolle umschreiben läßt, wobei der Körper „als getrennte Einheit" erlebt wird. Mit dieser Körpereinstellung weisen diese Patientinnen eine bedeutsame Gemeinsamkeit mit den anorektischen Patientinnen auf.

Die vorliegende Arbeit geht davon aus, daß eine solche Fixierung auf die objekthafte Erlebensdimension des Körpers ein pathologisches Moment in sich birgt und daß jeglicher Versuch der Ausschaltung einer der beiden mit der Körperlichkeit des Menschen gegebenen Erlebensdimensionen letztlich eine Einschränkung des Selbst, das ja ein verkörpertes Selbst ist, bedeutet und auf das Subjekt selbst zurückschlägt.

Inwiefern sich die postulierten Vereinseitigungs- und Dissoziationstendenzen bei magersüchtigen Patientinnen und bei Patientinnen, die sich einer künstlichen Befruchtung unterziehen, im Körpererleben bzw. in der Körper-Selbst-Repräsentanz dieser Patientinnen aufzeigen lassen, wird im empirischen Teil der Arbeit untersucht.

Dabei kommt erstmals ein neues an die Repertory Grid-Technik *Kellys* entwickeltes Untersuchungsverfahren zur Erhebung der subjektiven körperbezogenen Bedeutungszuschreibungen zur Anwendung. Die von den Patientinnen zur Charakterisierung ihres Körpers und seiner Teile verwandten subjektiven Bedeutungszuschreibungen wurden sowohl inhaltsanalytisch-qualitativ als auch formal-quantitativ ausgewertet. Die postulierten Dissoziations- und Desintegrationstendenzen konnten auf der semantisch-kognitiven Ebene anhand eines inhaltsanalytisch generierten Kategoriensystems aufgezeigt werden. Mittels einer sogenannten Körper-Selbst-Grafik (KSG) ließen sich die vermuteten Dissoziations- und Desintegrationsprozesse in der Körper-Selbst-Repräsentanz dieser Patientinnen zudem auch unter formal-quantitativen Aspekten nachweisen und grafisch anschaulich darstellen.

Zuvor wird im ersten Kapitel der Arbeit die bis in die Gegenwart hinein vor allem in der Medizin gängige Auffassung eines natürlich (biologisch) gegebenen Körpererlebens anhand der Analyse historischer Texte, antiker Menschendarstellungen und philosophischer Konzepte relativiert. Während im allgemeinen nur das Äußere des Körpers wie Schminke, Tätowierungen, Körperschmuck und Manipulationen der Körperformen als kulturellen Wandlungen unterworfen angesehen werden, gelten die ‚inneren' Körperwahrnehmungen und das Körpererleben (häufig mit Hinweis auf das neurophysiologisch gegebene Körperschema) als physiologisch-biologisch determiniert und unwandelbar. An zwei grundlegenden Texten der abendländi-

13

schen Zivilisation – der Ilias und der Odyssee – sowie antiken Porträtdarstellungen und Vasenbildern wird der historische Wandel in den Körper- und Selbstvorstellungen nachgezeichnet und die Anfänge der Herausbildung unseres heutigen Körper- und Selbstverständnisses dargestellt. Anhand des Übergangs von einer dezentrierten zu einer zentrierten Auffassung des Körpers, wie er sich in den mythischen Erzählungen der Ilias und der Odyssee abzeichnet, läßt sich die Herausbildung der heute vorherrschenden objekthaften Vorstellung des Körpers, bei der dieser als ein von festen Grenzen umschlossener, einheitlicher Raum bzw. „Behälter" aufgefaßt wird, und die parallel dazu aufkommende Vorstellung eines autonomen Selbst verfolgen. Durch die Analyse der Herausbildung dieser objekthaften Anschauungsweise des Körpers kommen wesentliche Dimensionen unserer heute kulturell vorherrschenden Körper- und Selbstauffassung in den Blick, die moderne Medizintechniken wie die Reproduktionsmedizin, aber auch psychosomatische Störungsbilder wie beispielsweise die Eßstörungen und Selbstschädigungssyndrome erst ermöglichen. Auf der Grundlage von *Horkheimer* und *Adornos* (1988) Interpretation der Odyssee als Konstitutionsprozeß der abendländischen Subjektivität werden die Charakteristiken unseres heutigen Selbstmodells und die diesem Selbstmodell korrespondierende Leibvorstellung verdeutlicht. *Schmitz's* phänomenologisches Konzept eines verleiblichten Erlebens wird ergänzend herangezogen, um die im Zuge der Konstitution der modernen Selbstvorstellung zunehmende Internalisierung von Gefühlen und den damit aufkommenden Leib-Seele-Dualismus darzustellen. Im Verlauf dieses Internalisierungsprozeß wird die Auffassung eines „verleiblichten Erlebens" oder „Leibichs" von einer dualistischen Vorstellung abgelöst, in der ein Ich als seelischer Erlebens- und Gefühlsinstanz einem erlebensfrei und materiell-objekthaft gedachten Körper gegenübersteht. Anhand der vorgenommenen historischen Analyse wird gezeigt, in welchem Ausmaß die scheinbar „natürlich" gegebenen Wahrnehmungsweisen des Körpers kulturell determiniert sind und mit einer spezifischen Selbstvorstellung einhergehen. Vor dem Hintergrund der Analyse historischer Texte und ästhetischer Produkte erweist sich der Körper und die Art, wie er erlebt wird, als weitgehend kulturell determiniert und als Ort sozialer Einschreibungen. Die unternommene historische Untersuchung knüpft dabei an die zahlreichen kulturwissenschaftlichen und anthropologischen Studien der letzten Jahre an[2], die zu einer grundlegenden Revision der Auffassung vom natürlichen Körper zugunsten eines historischen Leibes führten. Darüber hinaus kann der historisch-gesellschaftliche Prozeß, in dessen Verlauf sich die heute vorherrschende Selbst- und Körpervorstellung ausbildete, auch als Modell für den intrapsychischen Prozeß dienen, in dem sich die psychische Repräsentanz des Körpers und eines von ihm getrennten Selbst (Ich) bildet. Die herangezogenen mythischen Erzählungen zeichnen sich dadurch aus, das es noch keine fertige Vorstellung von einem Ich bzw. Selbst gibt, sondern das der Entstehungsprozeß einer solchen bewußten Vorstellung – einer vom Körper abgegrenzten seelischen Instanz – im Mythos selbst dargestellt wird. Daher können die Mythen auch als Modell für die Herausbildung der Vorstellung von einem bewußten Selbst im Verlauf der individuellen Entwicklung dienen.

Im zweiten Kapitel wird das Maschinenmodell des Körpers der naturwissenschaftlichen Medizin als konsequente Ausformulierung des abendländischen Leib-Seele-Dualismus kurz umrissen. Den Verkürzungen, die mit dieser objektivierenden Anschauungsweise des Körpers verbunden sind, wird anhand der Darstellung klassischer phänomenologischer Ansätze wie dem von *Marcel* und *Merleau-Ponty* nachgegangen. Mit dem Aufweis der Vorgängigkeit einer psycho-somatischen Einheit von Körper und Ich im Leibich heben die phänomenologischen Ansätze die genuine Subjekthaftigkeit des Körpers im alltäglichen Lebensvollzug und in der Kommunikation hervor. Auf dem Hintergrund ihrer Analysen stellt sich der für unsere heutige Selbstauffassung konstitutive Leib-Seele-Dualismus als das Resultat eines Abstraktionsprozesses unseres heutigen Bewußtseins dar, bei dem die subjekthaften Aspekte des Körpers, die sich im alltäglichen Lebensvollzug und in der Kommunikation zeigen, nachträglichen ausgeblendet werden.

Thema des dritten Kapitels ist das „objekthafte Körpererlebensmuster" psychosomatischer Patienten, welches das bewußte und unbewußte Erleben

---

[2] Vgl. Laqueur, T. (1992). Auf den Leib geschrieben: Die Inszenierung der Geschlechter von der Antike bis Freud; Ariés, P. (1991). Geschichte des Todes; Corbin, A. (1984). Pesthauch und Blütenduft. Eine Geschichte des Geruchs; Morris, D. B. (1994). Geschichte des Schmerzes; Duerr, H.P. (1988). Nacktheit und Scham. Der Mythos vom Zivilisationsprozeß; Gilman, S. L. (1988). Disease and Representation: Images of Illness from Madness to AIDS.

15

dieser Patienten zu bestimmen scheint. Dieses Erlebnismuster kann dabei als ein kulturell nahegelegter Abwehrprozeß aufgefaßt werden. So scheinen im Bild des psychosomatisch Kranken intrapsychische und gesellschaftliche Instrumentalisierungen des Körpers zu konvergieren.

Im vierten Kapitel erfolgt die Darstellung von *Freuds* Konzept des Körper-Ich. Mit dem Konzept vom Körper-Ich hat *Freud* ein psychologisches Modell geschaffen, mit dem die Herausbildung des Ich aus einem psychosomatischen Es im Zuge des psychischen Entwicklungsprozeß nachvollzogen werden kann. Mit seinem Postulat, daß das Ich zuallererst ein Körper-Ich ist, d.h. eine Struktur, die sich in Analogie zu körperlichen Aktivitäten bildet, zeigt er auf, wie das Kind ausgehend von den Erfahrungen der Körperoberfläche eine bewußte Vorstellung von sich selbst als Ich entwickelt, das die seelischen Inhalte enthält. *Freud* mißt damit dem subjektiven Körpererleben eine zentrale Bedeutung im Hinblick auf die Entstehung des Ich zu. Zugleich verweist er mit seinem Konzept des Körper-Ich implizit darauf, daß die Körperlichkeit des Menschen eine beständige Anforderung an die psychische Vermittlung stellt, Körperlichkeit also nicht restlos in Kultur aufzulösen ist. Die Körperlichkeit hat einen Einfluß auf psychische Funktionen, wie umgekehrt die seelischen Funktionen den Körper beeinflussen, wobei *Freud* im Konzept des Körper-Ich besonders auf den Einfluß, den der Körper auf die Psyche in diesem körperlich-psychischen Wechselverhältnis ausübt, fokussiert. Der Freudsche Ansatz und besonders seine Weiterentwicklung durch *Schilder* und *Lacan* zeigen den psychischen Prozeß auf, in dessen Folge sich die Vorstellung herausbildet, Besitzer eines von festen Grenzen umschlossenen, von anderen abgrenzten Körpers zu sein.

Das von *Schilder* eingeführte – auf den Imagobegriff *Freuds* zurückgehende – Konzept eines dynamischen Körperbildes stellt durch die Integration gestaltpsychologischer und sozialpsychologischer Theorieansätze eine Wieterentwicklung des Freudschen Ansatzes dar. *Schilder* hebt mit seinem Konzept vom Körperbild, daß er von dem organisch gegebenen Körperschema abgrenzt, die Bedeutung der subjektiven Inhalte des Körpererlebens mithin die Repräsentationen des Körpers hervor. Er zeigt auf, daß diesen subjektiven Aspekten des Körpererlebens eine Vorrangstellung gegenüber den organischen dem Körperschema zugehörenden Aspekten im Hinblick auf die subjektive Körpererfahrung zukommt. So lassen sich mit seinem

Konzept des Körperbildes als einer dynamisch-kohärenten Gestalt nicht nur Dissoziationsprozesse in der Körper-Selbst-Repräsentanz, sondern auch Abspaltungen einzelner Organ- und Körperteile von der Körper-Selbst-Repräsentanz aus einer psychoanalytischen Perspektive verstehen. Darüber hinaus finden sich bei ihm erstmals theoretische Ansätze, die es erlauben, das Körper-Selbstbild bzw. die Körper-Selbst-Repräsentanz als Produkt intersubjektiver Erfahrungen und Ort von Beziehungsinszenierungen aufzufassen.

Das Spiegelstadium, mit dem *Lacan* die Anfänge des Ich an die Identifizierung mit dem einheitlichen Bild vom eigenen Körper gebunden und so den imaginär-narzißtischen Charakter der Körper-Selbst-Repräsentanz aufgewiesen hat, ist Thema des sechsten Kapitels. *Lacan* führt mit seinem Aufweis des imaginär-narzißtischen Charakters des Körperbildes einen Gedanken *Freuds* von 1914 explizit aus, den dieser im Ansatz bereits in seiner Abhandlung „Zur Einführung des Narzißmus" formuliert hat. Mit der Annahme der Vorgängigkeit einer gespiegelten kohärenten Körpergestalt, mit der sich das Kind zu einem Zeitpunkt identifiziert, zu dem es diese wahrgenommene Einheitlichkeit aufgrund seiner motorischen Unentwickeltheit noch nicht selbst erleben kann, gelingt *Lacan* eine psychoanalytische Erklärung der Herausbildung der beiden Erfahrungsdimensionen des erlebten Körper-Seins und des wahrgenommenen objektivierten Körper-Habens. *Lacan* gelangt damit zu einem psychoanalytischen Verständnis des psychischen Repräsentationsprozesses, in dessen Zuge sich die von den Phänomenologen konstatierte Subjekt-Objekthaftigkeit des Körpers, mithin das leibseelische Wechselverhältnis, ausbildet. Er hat damit ein psychoanalytisches Modell entworfen, das sowohl die Mechanismen der intersubjektiven Einschreibungsprozesse in den Körper als auch den Einfluß der Körperlichkeit auf die Psyche theoretisch zu fassen vermag. Dabei hat *Lacan* bei der Formulierung seines Spiegelstadiums auf phänomenologische und gestaltpsychologische Erkenntnisse und Modelle zurückgegriffen und sie mit psychoanalytischen Ansätzen in Verbindung gebracht.

Im siebenten Kapitel wird anhand neuerer psychosomatischer Ansätze besonders von *Kutter* und *Plassmann* der intersubjektiven Vermitteltheit bei der Aneignung des eigenen Körpers nachgegangen. *Kutter* wie auch *Plassmann* zeigen auf, daß die Aneignung des eigenen Körpers von Beginn der kindlichen Entwicklung an in soziale Interaktionen eingebunden ist. Dabei

17

schlägt sich die Qualität der im Umgang mit den Pflegepersonen gemachten Erfahrungen des eigenen Körpers in der psychischen Repräsentanz des Körpers nieder. Die intersubjektiv vermittelten Erfahrungen beeinflussen dabei sowohl den Repräsentationsprozeß der einzelnen Körperteile als auch den Prozeß, in dessen Zuge die vereinzelten Körperteil-Repräsentanzen zu einer integrierten Körper-Selbst-Repräsentanz verschmelzen. *Kutter* wie auch *Plassmann* zeigen zudem die Bedingungen auf, unter denen eine Repräsentation einzelner Körperteile nicht oder nicht vollständig gelingt. Auf dem Hintergrund ihres objektpsychologischen Erklärungsansatzes lassen sich dann die Desintegrations- und Dissoziationsprozesse im Körpererleben anorektischer Patientinnen verstehen, bei denen es neben einer Vereinseitigung im Körpererleben auch zu einer Abspaltung einzelner Körperteil- und Organ-Repräsentanzen, besonders der Geschlechtsorgane, kommt.

Im achten Kapitel erfolgt dann eine detaillierte Betrachtung des Körpererlebens anorektischer Patientinnen. Dabei kommen auch die sozialhistorischen Bedingungen in den Blick, unter denen sich das Idealbild eines schlanken weiblichen Körpers ausbilden konnte, dessen Zerrform die Anorexie darstellt. Neben den sozialen Einschreibungen, die beim Krankheitsbild der Anorexia nervosa eine Rolle spielen, wird auch der psychodynamische Mechanismus der intrapsychischen Instrumentalisierung des Körpers dargestellt. Zudem wird den Beeinträchtigungen im Körpererleben von Sterilitätspatientinnen nachgegangen. Diese Beeinträchtigungen im Körpererleben scheinen dabei sowohl durch die Diagnosestellung „Sterilität" und der damit erlebten körperlichen Unzulänglichkeit wie auch durch die eingeleiteten medizinischen Behandlungsmaßnahmen hervorgebracht zu werden. So erfordert die medizinische Maßnahme einer künstlichen Befruchtung von der Patientin und ihrem Partner eine weitgehende Ausblendung des subjekthaften mit der Sexualität verbundenen Erlebensaspekt des Körpers. Um eine solche Behandlung seelisch zu überstehen, scheinen einige Patientinnen den eigenen Körper als Objekt von ihrem Selbsterleben abzuspalten. Ausgehend von der Literatur werden für beide Patientinnengruppen spezifische Dissoziations- und Desintegrationshypothesen des Körpererlebens formuliert, die im empirischen Teil der Arbeit geprüft werden.

Im neunten Kapitel werden die in phänomenologischen Ansätzen wie auch in den verschiedenen psychoanalytisch-psychosomatischen Theorien

implizit oder explizit enthaltenen Thesen eines integrierten Körperselbsterlebens bzw. einer integrierten Körper-Selbst-Repräsentanz, die durch Disso-
ziations- und Desintegrationstendenzen in ihrem Integrationsgrad gefährdet
ist, zu Hypothesenkomplexen zusammengefaßt. Ausgehend von der Literatur werden für die anorektischen und die In-vitro-Fertilisation-Patientinnen
spezifische Dissoziations- und Desintegrationshypothesen im Körpererleben
formuliert, die im empirischen Teil der Arbeit geprüft werden. Der für die
empirische Untersuchung gewählte methodische Ansatz wird zunächst anhand von *Kellys* „Psychologie der Persönlichen Konstrukte" und der von
ihm entwickelten „Repertory-Grid-Technik" dargestellt, in deren Anlehnung
die Erhebung der subjektiven auf das eigene Körpererleben bezogenen Bedeutungszuschreibungen und die psychische Repräsentanz einzelner Körperteile erfolgte.

Im zehnten Kapitel wird kurz auf die bisher gängigen methodischen Ansätze zur Erfassung des Körpererlebens eingegangen. Das Design der Studie
und die eingesetzten Untersuchungsinstrumente Körper-Grid, Körper-
Konstrukt-Grafik (KKG), die Körper-Selbst-Grafik (KSG) und das typisie-
rende Kategoriensystem werden dargestellt. Der neu entwickelte Körper-
Grid und die Körper-Selbst-Grafik (KSG) werden ausführlich erläutert. Mit
der Körper-Selbst-Grafik (KSG) ist erstmals eine grafische Darstellung der
Ausprägung und der Qualität der psychischen Repräsentation einzelner Or-
gan- und Körperteile in der Körper-Selbst-Repräsentanz möglich. Damit
können die aus den Selbstbeschreibungen der Patientinnen gewonnenen
subjektiven körperbezogenen Bedeutungszuschreibungen und die sich daraus ergebenen Integrationsaspekte wie auch Dissoziations- und Desintegrationstendenzen im Erleben des eigenen Körpers anschaulich dargestellt werden. Die „Selbstdiagnosen" (Raeithel, 1993, S. 50) des eigenen Körpererlebens werden so einem kommunikativen Prozeß zwischen Patientin und Therapeut zugänglich und können gemeinsam konsensuell validiert werden.
Weil der Körper-Grid und die Körper-Selbst-Grafik als Ergebnis der Selbstdiagnose der subjektiven Erlebensweise des Körpers von der Patientin und
dem Therapeuten in einem dialogischen Prozeß gemeinsam „gelesen" werden, können die beiden Instrumente Ausgangspunkt eines Reflexionsprozesses werden, in dessen Zuge es zu einer Veränderung der eigenen körperbezogenen Konstruktionen kommt. Der Körper-Grid und vor allem die Kör-

per-Selbst-Grafik werden damit zu einem „symbolischen Arbeitsprodukt" (Raeithel, 1993, S. 50) mit dem die sonst nur schwer thematisierbaren, oft nur vorbewußten körperbezogenen Erlebensweisen und Phantasien einer therapeutischen Bearbeitung zugänglich werden.

Daneben wird in der Arbeit der Frage nachgegangen, ob anorektische Patientinnen in bezug auf ihren Körper und seine Teile thematisch andere Bedeutungszuschreibungen verwenden als Patientinnen, die sich einer künstlichen Befruchtung unterziehen. Zur Beantwortung dieser Frage kommt ein in Anlehnung an die strukturierte Inhaltsanalyse nach *Mayring* (1996) entwickeltes Kategoriensystem zur Anwendung, das die formale Auswertung des Körper-Grid mit der Körper-Selbst-Grafik (KSG) ergänzt.

Im elften Kapitel werden die Ergebnisse der Hypothesenprüfung dargestellt und in bezug auf ihre theoretische und klinische Relevanz diskutiert. Es schließt sich eine Schlußbetrachtung an.

1. Kapitel: Historische Modelle des Körper- und Selbsterlebens

1.1 Aspekte antiker Körper- und Selbstbilder

Die Auffassung des Körpers als Objekt ist zu einem bestimmenden Paradigma der abendländischen Zivilisation geworden und bildet die Grundlage des die naturwissenschaftliche Medizin bestimmenden Maschinenmodells vom Körper. Am Beispiel zweier klassischer Texte, der Ilias und der Odyssee, antiker Porträtdarstellungen und Vasenbilder sollen die Anfänge der Herausbildung dieser heute vorherrschenden objekthaften Körperauffassung nachgezeichnet werden. Die Sprache und ihre spezifische Verwendung wie auch künstlerische Produkte können dabei als eine Art kulturelles Gedächtnis angesehen werden, in denen die historischen Erlebensweisen des Körpers und des „Selbst" konserviert sind. Anhand des Übergangs von der dezentrierten zu einer zentrierten Körperauffassung – wie er sich in den mythischen Erzählungen der Ilias und der Odyssee zeigt – läßt sich das Aufkommen der Vorstellung vom Körper als einem von festen Grenzen umschlossenen Raum, als Objekt verfolgen. Parallel bildet sich die Vorstellung von einem autonomen Selbst aus, daß über den zum Objekt gewordenen Körper zu verfügen vermag. Über das historische Verständnis hinaus, das eine solche Analyse eröffnet, ist die Untersuchung zentraler Aspekte dieser Körperauffassung bedeutsam, da diese Körperauffassung und das sie begründende Erleben zu einem kulturell bereitliegenden „Erlebnismuster" (Küchenhoff, 1992, S. 12) geworden ist, welches den Zugang zum bewußten und unbewußten Erleben des Körpers psychosomatischer Patienten ermöglicht.

Schmitz (1965) hat im Anschluß an die philologischen Untersuchungen *Snells* (1955) anhand einer differenzierten Untersuchung der Wortbedeutungen in der Ilias und der Odyssee nachweisen können, wie sich zwischen den Texten der Ilias und der Odyssee ein radikaler Wandel im Diskurs über den Körper vollzieht. Aufgrund der konkret-leiblichen Wortbedeutungen der Ilias kann er zeigen, daß die die Ilias bestimmende Körperauffassung auf einem spezifisch leibgebundenen Erleben gründet. So ist bei den Helden der Ilias jegliches Erleben an den Leib gebunden, gleichsam verleiblicht. *Schmitz* (1965, S. 440) faßt dies wie folgt zusammen:

> „Es scheint also eine Zeit gegeben zu haben, in der nichts erlebt wurde, ohne daß dieses Erleben am eigenen Leibe gespürt worden wäre."

Eine derartige Erlebensweise steht im absoluten Gegensatz zu unserer heutigen und ist für uns nur noch schwer nachzuvollziehen. So erscheint es uns äußerst befremdlich, wenn von den Helden der Ilias das „Denken als leibliches, in der Magengrube – φρένες-Gegend – sich abspielendes Geschehen" (Schmitz, 1965, S. 441) aufgefaßt wird und damit keinerlei Vorstellung von einem eigenständigen vom Körper unabhängigen, seelisch-psychischen Erleben und Denken vorhanden ist. Die einzelnen Körperteile und Körperregionen werden selbst als beseelt vorgestellt. Es handelt sich um „Seelenorgane", denen aufgrund ihres Beseeltseins eine umfassende Eigenständig- bzw. Selbständigkeit zu kommt.

Diese Auffassung von der Leiblichkeit des Erlebens und des Fühlens, wie sie sich in der Ilias zeigt, steht damit konträr zu unserer Auffassung, der Erleben, Fühlen und Willen als etwas rein Seelisches gilt. So existiert der für unsere heutige Auffassung charakteristische Gegensatz einer seelischen Instanz, die Sitz des Erlebens, Fühlens und Willens und eines erlebensfreien materiellen Körper für die Protagonisten der Ilias noch nicht. Körper und

Seele werden noch nicht voneinander geschieden (Vgl. Snell, 1955 S.18).
Warsitz (1989, S. 36) stellt in diesem Zusammenhang fest:

„In der Ilias des Homer noch ist das Selbst (autós) der Körper (sôma), der z.B. nach
dem Sterben mit allen Insignien des Lebens, mit seinen Wunden und Ehrenzeichen
in den Hades eingeht, wo nun die Seele, der Lebenshauch (psyché) sich von ihm löst
und unabhängig von ihm, aber noch nicht im Sinne seines Wesens, seines inneren
Kerns, sondern eben im Sinne einer ablösbaren Funktion, ek-sistiert. Das Selbst ist
der Körper, nicht die Seele. Diese Vorstellung ändert sich noch im Werk von Homer
selbst: Bereits in der Odyssee, vermutlich wesentlich jünger als die Ilias und mög-
licherweise von einem anderen Autor verfaßt, ist es die Psyche, der das Attribut des
„Selbst"(autós) zugesprochen wird."

1.1.1 Das dezentrierte Körperbild der Iliaten

Aus der Leibgebundenheit des Erlebens in der Ilias resultiert auch eine spezifische Vorstellung vom Körper als Ganzem. Dem Körperbild der Ilias entspricht eine bestimmte Selbstvorstellung, die sich fundamental von unserer
heutigen Auffassung eines autonomen Selbst unterscheidet. So wird der
Körper von den Iliaten nicht vorrangig als einheitliches, durch feste Grenzen
umschlossenes, räumlich ausgedehntes Objekt, als ein Körper im physikalischen Sinn erfahren. Da den einzelnen Körperteilen und Körperregionen als
„Seelenorganen" selbst seelische Erlebensqualitäten zu gesprochen werden,
kommt ihnen auch eine umfassende Eigenständigkeit und Eigenmächtigkeit
zu. Werden aber die einzelnen Körperteile und Regionen als beseelt und damit als autonom erfahren, existiert noch keine Vorstellung von einem einheitlichen, zentralen Willen, der die einzelnen Körperteile regiert und lenkt.
Das zeigt sich in der Ilias daran, daß es nicht der Held selbst ist, der den
Speer wirft, sondern es ist der autonome Arm, der ihn entsendet. Die körperlichen Funktionen erscheinen „dezentralisiert". *Snell* (1955, S. 18) stellt dazu fest, daß Homer wiederholt „von den hurtigen Beinen, den sich regenden
Knien und den kräftigen Armen spricht". Es sind die einzelnen Glieder, die
nach *Snell* (1955, S. 18) für Homer das „Lebendige und [das] in die Augen
Fallende" sind. So haben nach *Snell* die Menschen der Ilias noch kein Bewußtsein für die Spontaneität des Geistes, d.h. sie haben noch keine Vorstellung davon, das das eigene Selbst der Sitz für die eigenen Gefühle und

Empfindungen ist. Dementsprechend fühlt sich nach *Snell* der homerische Mensch noch nicht als Urheber seiner Entscheidungen und Handlungen, sondern erlebt sich als von Göttern bestimmt.

Die Vorstellung eines autonomen Selbst im Sinne unseres heutigen Verständnisses, das über die Teile seines Körpers nach seinem Willen verfügen kann, existiert daher in den Gesängen in der Ilias nicht. Die Vielgestaltigkeit der einzelnen autonomen Körperteile und Körperregionen ist mit dem Fehlen einer einheitlichen Willensinstanz verknüpft. Diese Pluralität der verschiedenen beseelten Körperregionen bedingt auch ein dezentralisiertes Körperbild, bei dem der Körper nicht vorrangig als etwas Einheitliches und Konsistentes, sondern als ein aus vielen Einzelteilen und Regionen zusammengesetztes Gebilde wahrgenommen wird. In der Sprachverwendung der Ilias, darauf hat *Snell* hingewiesen, existiert folgerichtig kein Begriff von der Einheit des Körpers. Der Körper wird ausschließlich im Plural bezeichnet als μέλη (mélea) und γυῖα (gyîa).

„Da treten, wo wir nach unserem Sprachgefühl einen Singular erwarten, Plurale auf. Statt „Körper" heißt es „Glieder"; Gyîa sind die Glieder, sofern sie durch Gelenke bewegt werden, Mélea die Glieder, sofern sie durch Muskeln Kraft haben" (Snell, 1965, S. 16).

Anhand des Vergleichs der antiken Menschendarstellungen mit den Menschendarstellungen in Kinderzeichnungen aus unserer heutigen Zeit macht *Snell* den Unterschied der antiken zu unserer heutigen Körperauffassung deutlich. Danach weichen die Menschendarstellungen, die in der Epoche der Ilias entstanden sind, erheblich von dem ab, was wir in „Zeichnungen etwa unserer Kindern gewohnt sind, obwohl diese auch nur einzelne Glieder addieren" (Snell, 1965, S. 17).

Nach *Snell* (1965, S. 17) sind bereits die Kinderzeichnungen von ganz jungen Kindern unserer heutigen Zeit dadurch charakterisiert, daß in ihnen der Leib als Mittel- und Hauptstück[3] gesetzt wird, während es gerade dieses

---

3 Vgl. auch Daurat-Hmeljak, Stambak & Bergès (1966), die auf der Basis der Theorie der kognitiven Entwicklung von Piaget von 1936 und 1937 anhand von zeichnerischen Darstellungen des Körperbildes zeigen, daß es in dieser Darstellungsfähigkeit drei Stufenfolgen gibt: Erste Stufe, vier bis fünf Jahre: Es entstehen kopffüßler-artige Kreiszeichnungen in Haufenmanier. Zweite Stufe, sechs bis sieben Jahre: Paarweise Koordina-

Hauptstück ist, das bei den homerischen Figuren fehlt, so daß der Körper „wirklich Mélea und Gyîa, d.h. Körperteile mit starken Muskeln und solche, die gelenkig sind" ist, wobei Mélea und Gyîa jeweils von „verschiedenen Kräften" belebt werden. Für die Auffassung, die sich die antiken Menschen der Ilias von ihrem Körper gemacht haben, ist es gerade zentral, „daß der substantielle Körper des Menschen nicht als Einheit mit einem Zentrum, sondern als Vielheit begriffen wird" (Snell, 1965, S. 17).

Der wesentliche Aspekt, in dem sich die Körperauffassung der Ilias von unserer heutigen unterscheidet, ist daher in der nur locker verbundenen, dezentralisierten bildhaften Vorstellung des Körpers zu sehen, wie sie sich in den zahlreichen Darstellungen (Gombrich, 1986, S. 56; Simon, 1981) menschlicher Gestalten auf antiken Vasen zeigt. Die Körper erscheinen dort gleichsam als zusammengestückelte Gebilde, deren Glieder beziehungslos aneinandergeklebt (Snell, 1965, S. 17) sind, ohne daß ein integrierendes und zentrierendes Ordnungsgefüge erkennbar wäre. Erst mit der Etablierung der Vorstellung von einem Zentrum würden die einzelnen Körperteile ihren festen Platz im Verhältnis zu den anderen Körperteilen erhalten und würde der Körper als Einheit und nach außen abgegrenzte Ganzheit erlebt werden können. Mithin würde sich auch erst mit der Veränderung der primären Weise den Körper zu erleben, ein konsistentes, vereinheitlichtes Raumbild des Körpers ausbilden, mittels dessen die disparaten Körperwahrnehmungen und Körperempfindungen auf einen zentralen Ort des Erlebens, eine Seele, projiziert werden könnten.

Ein solches dezentrales Körperbild, bei dem die Vielgestaltigkeit des Körpers die primäre Erlebensweise darstellt, ist aus den Anfängen vieler Hochkulturen bekannt und kann als Charakteristikum dieser Epochen gelten. Auf diesen Umstand scheint *Kamper* (Kamper & Wulf, 1982, S. 16) hinweisen zu wollen, wenn er in der Einleitung zu seinem Buch „Die Wiederkehr des Körpers" feststellt, daß der Körper als einheitliches Bild und „als ästhetische Erscheinung" phylogenetisch erst spät auftritt und den Ursprung aller Hochkulturen markiert (Vgl. Snell, 1965). Erst wenn sich ein zentralisiertes Bild vom Körper – im Sinne eines eine Einheit bildenden, ab-

---

tionsversuche der Teile anhand der Achsen. Dritte Stufe, acht bis elf Jahre: Differenzierte Darstellungsfähigkeit und integrierter Zusammenhang.

geschlossenen Raumes – als allgemeine Erlebnisweise des Körpers etabliert hat, das nicht mehr durch die Vielgestaltigkeit der einzelnen leiblichen Regungen bestimmt ist, kann der Körper auch zu einem ästhetisches Objekt werden.

Dazu muß in der künstlerischen Darstellung nach *Cassirer* (1929, S. 134) der „Schritt von der 'Präsentation', d.h. der bloßen Gegenwart" des Körpers zur „'Repräsentation', d.h. zu seiner 'Vergegenwärtigung'" gemacht werden, wozu es „eines Von-sich-abrückens" bedarf, da „nur aus der Distanz ... die Bilder (und auch das Bild vom Körper) eine überschaubare Kontur" gewinnen. Bei den früheren Darstellungen fungiert der Körper lediglich als Symbol im Sinne einer Präsentation entweder für die Fruchtbarkeit oder für die Schrecken des Todes. Dem entsprechend existieren in der griechischen Plastik und Malerei zur Zeit Homers noch keine individualisierten „Porträtdarstellungen", in denen die Einmaligkeit und Unverwechselbarkeit einer Person über ihre individuellen körperlichen Züge dargestellt wird. Im Gegensatz zu den bildenden Künsten finden sich erste Ansätze zu einer solchen Individualisierung und Personalisierung der Figuren bereits in den Gesängen der Ilias. Der Ansatz zur Personalisierung zeigt sich in der sogenannten Mauerschau der Ilias, bei der Helena eine detailreiche individualisierende Beschreibung der Heldengestalten gibt, die sie mit Priamos von der Mauer aus betrachtet. Die Heldenfiguren werden dabei erstmals mit individuellen Wesenszügen beschrieben. Die Mauerschau ist dabei ein Musterbeispiel für eine Außenperspektive, bei der der andere Mensch – in diesem Fall die Heldenfiguren – Objekt einer Beschreibung wird. Eine solche individualisierende Beschreibung des Anderen setzt bereits in Ansätzen ein kulturelles Wissen und Bewußtsein der Ich- und Du-Spaltung voraus und damit eine Distanzierung aus dem mythischen Weltzusammenhang. Für das mythische Bewußtsein ist die Grenze zwischen „Ich" und „Du", Belebtem und Unbelebtem, Mensch, Tier und Pflanze noch fließend (Cassirer, 1929, S. 105). *Cassirer* (1929, S. 105) erläutert das mythische Bewußtsein vom „Du" wie folgt:

> „Hier ist das Ich in sich selbst nur, sofern es zugleich in seinem Gegenüber ist und sich auf dies Gegenüber, auf ein „Du" bezieht. Sofern es von sich weiß, weiß es von sich nur als Bezugspunkt in dieser Grund- und Urrelation."

Nach *Cassirer* (1929, S. 107) ist daher auch der Held als personalisiertes

Wesen eine späte Erscheinung des mythischen Denkens, die bereits rudimentär den Beginn der neuzeitlichen Selbstvorstellung markiert. Im Vergleich zu den mythischen Erzählungen der Ilias und der Odyssee findet sich diese Personalisierung und Individualisierung in den bildenden Künsten erst bedeutend später. Bis zum 4. Jahrhundert herrscht in der griechischen Plastik und Malerei eine typologische Porträtähnlichkeit vor, bei der die Individualität der abgebildeten Person durch die Namensinschrift oder die Beigaben gesichert wird, nicht jedoch durch charakteristische Wesenszüge.

Im vorangegangenen wurde aufgewiesen, daß das Bild, das sich die Menschen auf der Stufe der Ilias von ihrem Körper gemacht haben, den unmittelbar gespürten körperlichen Regungen und Empfindungen nachgebildet ist. Diese Vorstellung orientierte sich indes nicht vorrangig am Körper als einem betastbarem und beschaubarem Objekt. Zwar „haben" die Menschen der Ilias im wörtlichen Sinne, einen Körper gehabt, wie die späteren Griechen auch, „aber sie wußten ihn nicht [scil. im heutigen Sinn des Wortes] ,als' Körper, sondern nur als Summe von Gliedern" (Snell, 1965, S. 18). Es ist dieses Moment des nicht Gewußten, das *Snell* (1965, S. 18) letztlich den provozierenden Schluß ziehen läßt:

> „die homerischen Griechen hatten noch keinen Körper im prägnanten Sinne des Wortes: Körper (Sôma) ist eine spätere Interpretation dessen, was ursprünglich als Mélea oder Gyîa aufgefaßt wurde, als ,Glieder'. "

Die Vorstellung von Ganzheit und einer einheitlichen Gestalt des Körpers – im Sinne eines physikalischen Objekts – ist für die Griechen der Ilias noch keine allgemein herrschende Anschauungsweise des Körpers. Für ihr Bewußtsein ist die Vielgestaltigkeit des körperlichen Erlebens das vorrangige Moment.

Auch die Verwendungsweisen und die Bedeutungen der Wörter, mit denen in der Ilias das „Sehen" bezeichnet wird und die in der späteren Sprache verschwunden sind, läßt diese primäre Orientierung an den qualitativen Momenten des Erlebens in der Anschauungsweise dieser Epoche deutlich werden. So weist *Snell* (1965, S. 15) an vier Verben des Sehens nach, die in der späteren Sprache verschwunden sind, das diese Verben bei *Homer* „ihren eigentlichen Inhalt durch die Gebärde des Sehens und durch affektive Momente" erhalten, folglich durch etwas, „das außerhalb der Funktion des Sehens selbst liegt, das vielmehr am Gegenstand des Sehens hängt und an den Gefühlen, die das Sehen begleiten".

Das heißt aber nichts anderes, als daß für die Iliaten das Sehen nicht vorrangig eine Funktion im Sinne der Wahrnehmung eines Objekts war. Für sie war das Bedeutsame am Sehen die Wahrnehmung von subjektiven Erlebensqualitäten und den damit verbundenen leiblich empfundenen Gebärden und Gefühlen, gegenüber der die Funktion der Wahrnehmung eines Objekts in den Hintergrund trat. Ein solcher vornehmlich an der Pluralität des sinnlichen Empfindens ausgerichteter Wahrnehmungsprozeß hat nun auch Auswirkungen auf die Art und Weise wie die Objekte, d.h. die Dinge der Welt wahrgenommen werden. So geht die Pluralität des sinnliches Empfindens bei den Menschen der Ilias mit einer Auffassung von der Vielgestaltigkeit der Dinge einher. Für die Griechen der Ilias sind daher an den Dingen vorrangig ihre vielgestaltigen Erlebensqualitäten bedeutsam, welche die Gegenstände in ihnen auszulösen vermögen. Sie nahmen die Dinge noch nicht vorrangig als konsistente Objekte im physikalischen Sinne war. *Snell* (1965, S. 16) formuliert dieses Faktum wie folgt:

> „Selbstverständlich dienten auch den homerischen Menschen die Augen wesentlich zum ‚Sehen‘, das heißt, optische Wahrnehmungen zu machen; aber eben dies, was wir mit Recht als die eigentliche Funktion, als das ‚Sachliche‘ des Sehens auffassen, war ihnen offenbar nicht das Wesentliche – ja, wenn sie kein Wort dafür hatten, existierte es für ihr Bewußtsein nicht. "

Cassirer (1929) charakterisiert diese mythische Denk- und Anschauungsweise als eine noch nicht vollzogene Trennung und Distanzierung des Bewußtseins vom Gegenstand. So „hat" das mythische Bewußtsein seinen Gegenstand nicht und stellt ihn nicht in der Betrachtung vor sich hin, vielmehr wird es von ihm „überwältigt", „es besitzt ihn nicht, ..., sondern wird schlechthin von ihm besessen. (Cassirer, 1929, S. 83)

In der späteren Sprache dagegen rückt nun zunehmend die eigentliche Funktion der Sehtätigkeit im Sinne der Wahrnehmungtätigkeit, bei der ein Objekt wahrgenommen wird, in den Mittelpunkt der Wortbedeutung. *Snell* (1965, S. 18) konstatiert:

> „Die Sprache zielt offenbar immer mehr auf die Sache selbst, nur ist diese Sache selbst eine Funktion, die weder anschaulich noch als solche mit bestimmten eindeutigen Gemütsbewegungen verbunden ist."

Was sich in dieser veränderten Sprachverwendung abzuzeichnen beginnt, ist die Betonung der Funktion und Tätigkeit, bei der das Auge einen Gegenstand wahrnimmt. Obwohl diese Wahrnehmungsfunktion bei jedem Vorgang des Sehens von den Menschen ja immer schon faktisch vollzogen wurde, stellte sich diese Funktion für das verleiblichte Empfinden der Griechen der Ilias jedoch offenbar nicht als das Bedeutsamste dar. Diese Betonung der Sehfunktion setzt sich erst sukzessive als eine allgemeine Anschauungsweise durch. In Ansätzen beginnt sich damit ein Vereinheitlichungsprozeß auf Seiten der Subjekte abzuzeichnen, bei dem die mit der Wahrnehmung ebenfalls verbundenen disparaten Empfindungsqualitäten zunehmend gebündelt und unter der Wahrnehmungsfunktion subsumiert werden. Die Wahrnehmung verliert ihren ungezügelten Charakter und wird in die Sinnesorgane verlegt. Mit dem Hervortreten dieses Funktionsaspekts wird auch das Objekt der Wahrnehmung zunehmend zu einem einheitlichen Objekt, d.h. zunehmend als ein beschau- und betastbares physikalisches Objekt aufgefaßt. Diese Verobjektivierung des Wahrnehmungsprozeß bleibt nicht ohne Wirkung auf die Körperauffassung. So zeichnet die Verobjektivierung des Wahrnehmungsprozeß in Ansätzen den Weg einer Veränderung in der Auffassung des Körpers vor, bei der auch der Körper zunehmend als einheitliches Objekt aufgefaßt wird und von seinen qualitativen und erlebensmäßigen Aspekten abstrahiert wird. Die auf die Funktion abstellende Anschauungsweise des Körpers und seiner Teile, die sich zunehmend durchsetzt, geht mit einer Veränderung in der Selbstauffassung des Menschen parallel.

Die zentralen Aspekte der Körperauffassung der Ilias sind zusammenfassend also in der Verleiblichung allen Erlebens – einer Leiblichkeit des Fühlens und der Gefühle – und dem daraus resultierenden dezentralen Körperbild zu sehen. Daher herrscht in den Gesängen der Ilias die Autonomie der Körperteile und Körperregionen vor. Aus dieser Autonomie der Körperteile und Körperregionen resultiert nun das Fehlen der Vorstellung von einem Ich oder einem Selbst in Form einer autonomen Willens- und Verfügungsinstanz, wie sie für unsere Epoche charakteristisch ist. So ist die Vorstellung einer geistigen Autonomie, welche die einzelnen Körperfunktionen integrieren und damit auch dirigieren und kontrollieren könnte, nicht vorhanden. Erst durch die Ablösung dieser Erlebensweise einer primären körperlichen Autonomie durch die Erlebensweise einer geistig begründeten Autonomie und die Verfestigung zur allgemein Gültigen etabliert sich auch ein zentralisiertes Körperbild, mittels dessen der Körper als ein einheitliches Objekt wahrgenommen werden kann und in dessen Zug die Vorstellung eines kohärenten Ich aufkommt.

Im Anschluß an *Snells* Ausführungen kann *Schmitz's* Analyse der Ilias aufzeigen, bis in welche Tiefendimension hinein das Körperbild wesentlich von kulturellen Interpretationsweisen des Körpererlebens bestimmt ist. Diese kulturellen Interpretationsweisen des Körpers überformen das biologisch fundierte Körperschema im Sinne eines neurologischen Raumbildes. Die Wahrnehmung des Körpers ist damit mehr als die Summe haptischer und kinetischer Eindrücke, auf die sie von neurologischer Seite lange Zeit reduziert wurde[4]. Die Form, wie wir den Körper erleben und erfahren, ist keineswegs in einem biologischen Sinn natürlich gegeben, sondern abhängig von kulturellen Anschauungen und damit prinzipiell veränderlich. Unser Körpererleben wird durch Körperbilder strukturiert, in die sich immer schon Soziales eingeschrieben hat. Diese Körperbilder sind zu einem wesentlichen Teil kulturelle Produkte, und unterliegen damit einer kollektiven Geschichte.

Darüber hinaus kann *Schmitz* die fundamentale Verbindung von Körperbild und Selbstauffassung bzw. Selbst(-bild) aufzeigen. Denn das Fehlen eines Ich im Sinne einer autonomen Verfügungsinstanz in den Schriften der Ilias resultiert aus dem dezentralen Körperbild und der Verleiblichung allen Erlebens. Letztlich ist es also das zentralisierte Körperbild, das erst die Voraussetzung für die Vorstellung eines bewußten Verfügenkönnens über den Körper schafft. Erst wenn das verleiblichte Erleben von einer Auffassung abgelöst wird, bei der der Körper zunehmend als ein einheitliches Objekt wahrgenommen wird, beginnt sich mit dieser Zentralisierung des Körperbildes auch eine Selbstauffassung im Sinne eines Ich gemäß unserem heutigen

---

4 So definierten der Neurologe Head (Head & Holme, 1911, S. 102) den Begriff des Körperschemas im Anschluß an Pick (1908) „als zentrale Repräsentanz der Teile und der Grenzen des Körpers in der Wahrnehmung einer Person", wobei er Repräsentanz lediglich im Sinne eines gespeicherten sensorisch-physiologischen Schemas auffaßt. Diese Auffassung des Körperschemas als einem physiologischen Schema, daß sich im Verlauf eines Reifungsprozeß zur endgültigen Form ausbildet und das von psychischen Prozessen unbeeinflußt ist, ist bis heute für die neurologisches Auffassung des Körperschemas bestimmend geblieben.

Verständnis des Wortes herauszubilden. Die Herausbildung eines solchen Ich und das ihm inhärente zentralisierte Körperbild markiert auch den Punkt, an dem sich Körper und Geist voneinander scheiden. Die Bildung des Ich vollzieht sich mithin in einem Prozeß, in dessen Verlauf sich die Vorstellung von einem Ich als Geist, daß dem Körper als Objekt gegenüber steht, herausbildet. Denn wie *Snell* (1965, S. 18) es treffend formuliert:

> „Geist – Körper, Leib   Seele sind Gegensatz-Begriffe, von denen jeder durch sein Oppositum bestimmt ist. Wo es keine Vorstellung vom Leib gibt, kann es auch keine von der Seele geben und umgekehrt. So hat denn Homer [scil. der der Ilias] auch für 'Seele' oder 'Geist' kein eigentliches Wort."

1.1.2 Die Zentralisierung des Körperbildes in der Odyssee

Es stellt sich nun die Frage, an welche Bedingungen eine Erlebensweise gebunden ist, bei welcher der Körper überwiegend als ein einheitliches Objekt wahrgenommen wird und der ein zentralisiertes Körperbild zugrunde liegt. Anhand der Odyssee wird versucht, eine Antwort auf diese Frage zu geben. Dazu wird neben der Analyse der Wortbedeutungen in der Odyssee von *Schmitz* auch auf die umfassende inhaltliche Analyse der Odyssee eingegangen, wie sie von *Horkheimer* und *Adorno* in ihrer Dialektik der Aufklärung gegeben wurde. Die Odyssee kann dabei nach *Horkheimer* und *Adorno* als „Grundtext" (Habermas, 1989, S.34) der abendländischen Zivilisation gelesen werden, in dem sich die Selbstauffassung des abendländischen Menschen konstituiert[5], die bis heute Gültigkeit hat. Erstmals in der Odyssee findet sich die Vorstellung eines sich selbstbewußten Ich. So beginnt Odysseus, die Schilderung seiner bestandenen Abenteuer, mit den Worten: „Ich bin Odysseus" (Schadewald, 1995, S. 109) und markiert damit den Abschluß seines Selbstwerdungsprozeß, dessen Phasen in den einzelnen Abenteuerepisoden geschildert werden und an dessen Ende ein sich selbst bewußt gewordenes Ich steht, das erstmals „Ich" (Schadewald, 1995, S. 109) zu sa-

---

5 So schreibt Horkheimer in einem Brief an Pollock: "We had decided that this work must be done because the Odyssee is the first document on the anthropology of man in the modern sense, that means, in the sense of a rational enlightened being." Zitiert nach Wiggershaus (1988, S. 362).

gen vermag. Die etwa 20 Prozent des Textes ausmachenden Ich-Erzählung läßt deutlich werden, wie Odysseus geworden ist, was er ist, wie er vom Niemand durch Zähmung seiner körperlichen Regungen zu einem sich selbstbewußten Ich wurde.

Die wesentliche Änderung in der Auffassung vom Körper, die sich bei einem Vergleich der Texte der Ilias mit dem der Odyssee zeigt, ist in dem einsetzenden Prozeß der Distanzierung der Person von ihren leiblichen Regungen zu sehen. Während in der Ilias die Helden durchgängig von ihren leiblichen Regungen und Affekten bestimmt werden und ihnen unterworfen bleiben, erzählen die Abenteuer, die Odysseus auf seiner Heimfahrt nach Ithaka zu bestehen hat, von dem Kampf der Person gegen die eigenen Triebe und Affekte. *Schmitz* (1965, S. 446) weist in diesem Zusammenhang darauf hin, daß der Odysseus[6] der Odyssee im Gegensatz zu dem der Ilias in der Lage ist, den Abstand von seiner „eigenleiblich gespürten Regung des Affekts" zu wahren. Es ist dieser gewonnene Abstand, der dem Helden ermöglicht, Herr über seine leiblichen Regungen zu bleiben und damit erstmals ein Selbst gemäß unserer heutigen Selbstvorstellung auszubilden. Die moderne autonome Subjektivität ist mithin das Ergebnis dieses bereits in der Odyssee sich abzeichnenden Distanzierungsprozeß, der von *Adorno* erstmals inhaltlich am Beispiel der Odyssee untersucht wurde. Seinem Argumentationsgang soll daher zur Verdeutlichung ein Stück weit gefolgt werden, um die Antinomie, die mit der Entstehung des autonomen Subjekts und dem impliziten Einheits- bzw. Konsistenzerleben des Körpers verbunden ist, in den Blick zu bekommen. Denn eine solche autonome Subjektivität im Sinne einer festen Ich-Identität bzw. Selbstidentität scheint unabdingbar an das Einheitserleben bzw. Konsistenzerleben des Körpers geknüpft zu sein und mithin ein zentralisiertes, alle Teile integrierendes Körperbild zu erfordern. Wie bereits oben erwähnt, ist es gerade das fehlende Bewußtsein von einer solchen psycho-physischen Einheit, die *Snell* veranlaßt, von einer radikal anderen Selbstvorstellung bei den Iliaten und dem Fehlen von Individualität zu

---

[6] Auch in der Ilias ist von Odysseus die Rede. Wie bereits oben erwähnt, geht der in der Ilias verarbeitete Stoff auf eine ältere Erzählung zurück, als das bei der Abenteuererzählung der Odysseus der Fall ist. Es handelt sich insofern, also lediglich um eine Namensgleichheit der Figur Odysseus.

sprechen.

Nach *Horkheimer* und *Adorno* (1988) konstituiert sich das abendländische Selbst in einem Distanzierungsprozeß des Menschen von der äußeren Natur. In diesem Prozeß beginnt der abendländische Mensch von einem bestimmten Zeitpunkt an, die äußere Natur als etwas anderes wahrzunehmen, als er selbst ist, und sich gleichsam als Geist der Natur entgegenzusetzen. Nun ist diese Anschauungsweise der Natur als das „Andere" des Selbst, die sich in der Folge im Abendland als die allgemein Gültige durchsetzen wird, in sich nicht neutral[7]. Vielmehr drückt sich in ihr von Anbeginn an ein hierarchisches Verhältnis aus. Denn die Beherrschung der äußeren Natur gelingt erst von dem Moment an, wo sie zum „Anderen" des Selbst im Sinne eines zu beherrschenden Objekts wird. Diese Zurichtung der Natur auf ein lediglich beherrschbares Objekt durch die Etablierung einer verobjektivierenden Anschauungsweise geht jedoch mit einer Einschränkung der Wahrnehmung einher, in der die erlebensmäßige Vielgestaltigkeit der Natur zugunsten ihrer konsistenten Objekthaftigkeit verloren geht.

Da der Mensch jedoch aufgrund seiner sinnlichen Körperlichkeit selbst Teil der Natur ist, wirkt sich diese Distanzierung von der äußeren Natur auch auf das Verhältnis, das der Mensch zu seiner inneren Natur und sich selbst hat, aus. Der Beherrschung der äußeren Natur vermittels solcher Verobjektivierung entspricht auf der Subjektseite die Beherrschung der inneren Natur, in Form der Zügelung und Zähmung der an den Körper gebundenen Erlebensfähigkeit und des Zwangs zu einer festen Ich-Identität. So sind die mythischen Gestalten der Odyssee und die mit ihnen verbundenen Abenteuer, die Odysseus auf seiner Heimfahrt nach Ithaka zu bestehen hat, Symbole für die „gefahrvollen Lockungen", denen das Selbst im Prozeß seiner Selbstbildung ausgesetzt ist und denen zu erliegen den Rückfall in die animalische Naturverfallenheit bedeutet.[8] Denn als lockende Bilder verheißen die mythischen Gestalten ein ungeschmälertes Glück im Sinne einer uneingeschränkten leiblichen Erlebensfähigkeit, das der Natur gleichsam als Ver-

---

7 Horkheimer & Adorno (1988), S. 15: „...und die Natur (geht, Anm. d. Verf.) in bloße Objektivität über."

8 Besonders anschaulich wird dieser Rückfall in die animalische Naturverfallenheit in der Begegnung mit Kirke geschildert, die die Gefährten des Odysseus in Schweine verwandelt. Vgl. Schadewald (1995, S. 129).

33

sprechen innewohnt. So kann Odysseus nur Überleben durch den Verzicht auf das ungeschmälerte, ganze Glück, welches die mythischen Gestalten symbolisieren. Er muß sich im Dienste seines Selbst fortwährend den unmittelbaren Genuß in Gestalt der akustischen Ekstase wie der oralen und sexuellen Befriedigung versagen.

„Der Listige überlebt nur um den Preis seines eigenen Traums, den er abdingt, ... Er [scil. Odysseus] eben kann nie das Ganze haben, er muß immer warten können, Geduld haben, verzichten" (Horkheimer & Adorno, 1988, S. 40).

Dieser Kampf des Menschen gegen seine körperlichen Regungen und Affekte und damit seine Behauptung als Subjekt ist in der Odyssee-Erzählung noch unmittelbar präsent. Das sich erst bildende Selbst ist auf dieser Entwicklungsstufe noch nicht in sich konsistent und identisch gefügt. Vielmehr stellen die noch recht weitgehend autonom erfahrenen leiblichen Regungen und Affekte eine ständige Bedrohung seiner Identität dar, da sie von dem sich erst bildenden Selbst noch nicht vollständig kontrolliert werden können. Sie müssen daher von Odysseus gleich einem äußeren Feind drakonisch bekämpft werden. Nach *Schmitz* (1965, S. 446) zeigt sich dieser Kampf besonders deutlich in der Szene, in der Odysseus mit ansieht, wie die Freier sich sowohl seiner Viehherden als auch seiner Mägde bemächtigen und darüber in rasende Wut gerät, „so daß ihm die κραδίη (kradíë) innerlich wie eine Hündin bellt. Er schilt sie, die Brust schlagend, indem er sein liebes ἦτορ (êtor) „hart anfaßt ..., und die κραδίη (kradíë) gehorcht ihm und faßt sich in Geduld".

Nach *Adorno* opfert Odysseus einen Teil seiner eigenen Lebendigkeit, um sich als Selbst zu retten, indem er sich mit der Zähmung der Affekte auch einen Teil seiner leiblichen Erlebensmöglichkeit abschneidet. Die Entstehung der modernen Subjektivität verdankt sich also einem Distanzierungsprozeß von den leiblichen Regungen, in dessen Folge sich die Vorstellung einer Seele als Ort allen Erlebens und die geistig begründete Einheitsvorstellung vom Körper herausbildet. Erleben und Gefühle werden fortan nicht mehr leiblich, sondern infolge eines Internalisierungsprozeß als unleiblich, in einer Seele lokalisiert erlebt. Ein solches zentralisiertes Körperbild, durch das die disparaten Körperempfindungen und Körperwahrnehmungen unter eine seelische Erlebensinstanz subsumiert werden können, ist aber insofern ein restringiertes, als von den leiblichen Erlebensqualitäten

zunehmend abstrahiert werden muß und sie nicht mehr die primäre Wahr-
nehmens- und Erlebensweise bleiben können, sondern von einem verobjek-
tivierten seelischen Erleben abgelöst werden. Mit der Herausbildung der
Vorstellung von einer Seele als einer rein geistig begründeten Erlebensinstanz und dem einer solchen Vorstellung inhärenten zentralisierten Körperbild kommt also eine kulturelle Anschauungsweise auf, in welcher der Körper erstmals als ein Objekt wahrgenommen werden kann und in dem einsetzenden westlichen Zivilisationsprozeß zunehmend auch so wahrgenommen wird.

„Erst Kultur [scil. im Sinne der westlichen Zivilisation, Anmerkung d. Verf.] kennt
den Körper als Ding, das man besitzen kann, erst in ihr hat er sich vom Geist, ..., als
der Gegenstand, das tote Ding, 'corpus', unterschieden" (Horkheimer & Adorno,
1988, S. 247).

Mit der Bildung der modernen Subjektivität im Sinne der Entwicklung
eines persönlichen Selbst wird also die subjekthafte Erlebensweise des Körpers von einer objekthaften Erlebensweise abgelöst. Dabei wird mit dem
Aufkommen dieser objektivierten Erlebensweise des Körpers auch erstmals
die Fähigkeit errungen, über den Körper bewußt zu verfügen.

Dennoch bleibt nach *Adorno* in den Subjekten, die sich durch Distanzierung von der Natur emanzipiert haben, der Wunsch[9] nach einer nicht restringierten Erlebensfähigkeit im Sinne einer Rückkehr zur Natur bestehen. Dieser Wunsch wurde in früheren Epochen im gemeinschaftlichen Rausch be-
friedigt. Nun ist eine solche unmittelbare Aufhebung der mit der Bildung
des Selbst einhergehenden Restriktionen des Körpers nach *Adorno* jedoch
nicht durch eine direkte Rückkehr zu einer vermeintlichen Natürlichkeit des
Körpers erreichbar, wie sie heute von einigen Vertretern (Lowen, 1975, S.
30) der neuen Körpertherapieverfahren propagiert wird. Exemplarisch sei

---

9 Adorno (Horkheimer & Adorno, 1988, S. 40) führt in diesem Zusammenhang aus:
"Furchtbares hat die Menschheit sich antun müssen, bis das Selbst, der identische,
zweckgerichtete, männliche Charakter des Menschen geschaffen war, und etwas davon
wird noch in jeder Kindheit wiederholt. Die Anstrengung, das Ich zusammenzuhalten,
haftet dem Ich auf allen Stufen an, und stets war die Lockung, es zu verlieren, mit der
blinden Entschlossenheit zu seiner Erhaltung gepaart. Der narkotische Rausch, der für
die Euphorie, in der das Selbst suspendiert ist, mit todähnlichem Schlaf büßen läßt, ist
eine der ältesten gesellschaftlichen Veranstaltungen, die zwischen Selbsterhaltung und
Selbstvernichtung vermitteln, ein Versuch des Selbst, sich selber zu überleben."

hier *Lowens* Bioenergetik angeführt. So reklamiert *Lowen* (1975, S.30) als Ziel der Bioenergethik „den Menschen wieder zu ihrer ersten Natur, zu ihrer Primärnatur zu verhelfen: zum Zustand der Freiheit, Anmut und Schönheit". Die hier suggerierte Möglichkeit einer unmittelbaren Rückkehr zu einer „ersten Natur", die frei von kulturellen Einflüssen und Deformationen ist, wird regressiv, da einem solchem Programm die Annahme zugrunde liegt, daß die in einem geschichtlich-kulturellen Entwicklungsprozeß entstandene Differenz von Körper und Geist, in dessen Verlauf die vermeintlich erste Natur unwiderruflich zu einer kulturell vermittelten Natur wurde, daß also das Resultat eines geschichtlichen Entwicklungsprozeß einfach zurückgedreht werden könnte. Vielmehr sind solche Versuche einer „direkten Rückkehr" zur vermeintlichen Natürlichkeit des Körpers nach *Adorno* nur um den Preis des radikalen Selbstverlustes im Sinne des Verlustes der bewußten Verfügungsfähigkeit herstellbar. *Adorno* sieht in Odysseus Begegnung mit den mythischen Lotosessern ein Musterbeispiel für die Vergeblichkeit solcher Versuche zu einer vermeintlichen Natürlichkeit zurückkehren zu können. So droht Odysseus durch den Genuß der Lotosfrucht nicht der physische Tod, sondern der psychische, da mit dem Verzehr der Frucht sowohl das Zeit- als auch das Erinnerungsbewußtsein schwindet.[10] Nach *Adorno* ist die an die Herausbildung des Selbst geknüpfte Distanzierung von der inneren und äußeren Natur nicht unmittelbar aufhebbar, dies entspräche lediglich der Regression wie er durch den Verzehr der Lotosfrucht droht. Die Überwindung der mit einer verobjektivierenden Anschauungsweise einhergehenden Verkürzung des Körpers auf sein Objektsein ist gerade nicht durch eine Rückkehr zum vermeintlich natürlichen Körper revozierbar.

Zusammenfassend kann also gesagt werden, daß der Mensch in dem Moment aus dem Naturzusammenhang und dem mythischen Bewußtseinszustand heraustritt, wo er sich als geistig begründetes Selbst der Natur ent-

---

10 Die Begegnung Odysseus mit den Lotophagen, den Lotosessern, deutet Adorno (Horkheimer & Adorno, 1988, S. 78) als Versuch, die Natur im Menschen zum Zwecke der Selbsterhaltung zu verleugnen, um den Preis der Entsagung. Um sich nicht wieder an die Natur zu verlieren, muß sich Odysseus den Genuß von Lotos versagen. Der Genuß des Lotos ist mit dem Versprechen unendlichen Glücks verbunden, jedoch um den Preis des ewigen Vergessens. Wer vom Lotos ißt, der fällt wieder in jenen geschichtslosen Zustand zurück, dem er gerade unter unsäglichen Mühen entronnen ist.

gegensetzt. Parallel zu diesem Distanzierungsprozeß von der äußeren Natur setzt auch ein innerer, sich in den Subjekten selbst abspielender Distanzierungsprozeß ein, der zum Charakteristikum des westlichen Zivilisationsprozesses wird. Der Gegensatz von Körper und Geist bildet sich aus, auf dessen Grundlage sich in der Folge der Körper-Seele-Dualismus zu einem zentralen philosophischen Problem entwickeln kann. Da dieser Distanzierungsprozeß an die Durchsetzung einer verobjektivierenden Anschauungsweise gebunden ist, entsteht so ein unhintergehbarer Gegensatz in der Bestimmung des Körpers, der von den Phänomenologen mit dem Begriff der Doppelsinnigkeit des Körpers als Körpersein und Körperhaben prägnant gefaßt wurde. In der Folgezeit werden nun ausgehend von der Philosophie und nachfolgend in den verschiedenen Einzelwissenschaften unterschiedliche Lösungsversuche dieses Widerspruchs gegeben. Diese Versuche, den dialektischen Widerspruch der Subjekt- und Objekthaftigkeit des Körpers wie auch des Subjekts, das diese Einheit ja letztlich faktisch ist, aufzulösen, führten indes in der Regel lediglich zu einer Verabsolutierung eines der beiden Momente, entweder des Körperhabens oder des Körperseins. Die Verabsolutierung des Moments des Körperhabens gibt dabei die Basis ab für das die moderne naturwissenschaftliche Medizin auszeichnende Maschinenmodell vom Körper.

1.2 Aspekte moderner Auffassungen und Erlebensweisen des Körpers

Im folgenden werden das Maschinenmodell des Körpers und das diesem Konzept zugrundeliegende mechanistische Denken in ihrer Bedeutung für die herrschende Anschauungsweisen des Körpers in der naturwissenschaftlichen Medizin genauer ausgeführt. Im Anschluß erfolgt die Darstellung des Konzept des Körpers aus phänomenologischer Sicht, das als eine Gegenkonzeption zur mechanistisch-dualistischen Körperauffassung der naturwissenschaftlichen Medizin gelesen werden kann.

1.2.1 Descartes dualistisches Körpermodell und seine Verabsolutierung im Maschinenmodell des Körpers der naturwissenschaftlichen Medizin

1.2.1.1 Descartes Dualismus als Folge einer mechanistischen Auffassung vom Körper

Im 17. Jahrhundert setzte sich das Programm einer mechanistisch-mathematischen Betrachtungsweise der Natur als allgemeines wissenschaftliches Paradigma durch und begründete so den Aufschwung der neuzeitlichen Naturwissenschaften. Es sind die großen Naturforscher wie *Kepler*, *Gallilei* und *Newton*, die exemplarisch für dieses neue Denken stehen. Auf philosophischer Ebene kann *Descartes* als zentrale Figur des mechanistischen Denkens gelten. *Descartes* zum Vorreiter des mechanistischen Denkens zu erheben, findet seine Rechtfertigung darin, das es ihm als Erstem in der Neuzeit gelang, ein vollständiges „mechanistisches System" (Holz, 1994, S. 18) aufzustellen, das in der Lage war, das bis dahin gültige „scholastische System" zu ersetzen. Was ist nun das Charakteristikum der mechanistischen Denkweise und welche Anschauungsweise des lebendigen Körpers prädiziert sie?

Unter einer mechanistischen Denkweise wird allgemein eine Anschauungsweise verstanden, die alle Naturvorkommnisse mittels Größe (Zahl), Bewegung, Figur (im Sinne räumlicher Ausdehnung) zu verstehen sucht.[11] Das Wesen der mechanistischen Denkweise besteht letzlich darin, die Welt ohne Rückgriff auf ihre sinnlich erlebbaren qualitativen Momente allein quantitativ mittels den Kategorien der Räumlichkeit und der Ausgedehntheit zu beschreiben. Die bis dahin gültige qualitative Betrachtungsweise der Natur der scholastischen Philosophie wird so durch eine mathematisch-funktionale ersetzt.

Descartes sucht seine neue Anschauungsweise am Beispiel eines Wachsstücks zu verdeutlichen. Danach habe das, was wir unter Wachs verstehen, sein „Sein", nichts mit den sinnlichen Eigenschaften zu tun, die dem Wachs

---

11 So heißt es, z.B. bei Leibniz (1880, S. 164): Die Phänomene der Natur mechanistisch zu erklären heiße, sie 'per magnitudinem, figuram et motum' zu erklären."

anhaften können. Denn diese Eigenschaften und Qualitäten sind alle veränderlich, wofür gerade das Wachs ein Musterbeispiel ist. Jedoch auch, wenn das Stück Wachs seine Farbe, seine Konsistenz, seinen Geruch wechselt, sich also alle seine sinnlich erfahrbaren Eigenschaften verändern, bleibt es dennoch für uns das Selbe Wachs (Objekt) (Vgl. Cassirer, 1922, S. 486). Diese Selbigkeit bzw. Identität, die wir trotz aller Wechselhaftigkeit der *„subjektiven* Empfindungsqualitäten" (Cassirer, 1922, S. 486, Hervorhebung im Original) am Gegenstand festhalten, resultiert daraus, daß wir das Wachs auf feste und unwandelbare Elemente der Ausdehnung, Gestalt und Bewegung also letztlich physikalische Kategorien beziehen. Das Stück Wachs wird folglich mittels einer verobjektivierenden Anschauungsweise auf *„etwas Ausgedehntes, Biegsames und Bewegliches"* (Cassirer, 1922, S. 486, Hervorhebung im Original) reduziert.

Dabei ist es, wie *Descartes* weitergehende Analyse feststellt, letztlich der *„reine Verstand"* (Cassirer, 1922, S. 487, Hervorhebung im Original), der die Identität des Gegenstandes schafft, in dem er die „vielfältigen, successiven Einzelvorstellungen auf einen gemeinsamen Mittelpunkt bezieht und ... in sich selber zusammenhält" (Cassirer, 1922, S. 486, Hervorhebung im Original). In dem *Descartes* an der Natur nur das als wahr anerkennt, was an ihr als Ausdehnung, Bewegung und Gestalt zu erkennen ist, schließt er die qualitativen Momente der Sinneswahrnehmung aus. Damit gelten ihm aber an der Natur nur ihre mechanischen Aspekte als wahr.

Nun wandte *Descartes* seine mathematisch-mechanistische Methode nicht nur auf die unbelebte Natur, sondern auch auf die belebte Natur des menschlichen Organismus an. Damit legte er in der Medizin den Grundstein (Vgl. Sommer 1889) für eine Auffassung vom Körper, die den menschlichen Organismus allein unter der Verwendung quantitativ mechanistischer Begriffe zu erfassen sucht und nach dem Modell einer Maschine konzipiert. *Descartes* (1969) selbst setzt in seinem Traité de L'Homme von 1632 den menschlichen Körper mit einer Maschine gleich, wobei er im mechanischen Automaten das Modell des menschlichen Organismus par excellence sah.

Möglich wurde eine solche Gleichsetzung des menschlichen Organismus mit einem Automaten, einer Maschine, durch die von *Descartes* vorgenommene radikale Trennung von Geist und Körper. Erst eine Auffassung, bei der alle an den lebendigen Organismus gebundenen sinnlichen Qualitäten auf einen quantitativen Mechanismus reduzierbar erscheinen, erfordert als Gegenstück eine geistige Instanz, die zum Statthalter des Erlebens wird, sofern man sie nicht in gleicher Weise mechanistisch konzipieren will wie den Körper.

Indem *Descartes* (1996, S. 141) allein der Seele das Vermögen zuspricht, zu denken und zu empfinden, wird es ihm möglich, alle Erlebensqualitäten aus dem Körper zu eliminieren und den Körper allein auf seine mechanischen Funktionen zu reduzieren. So faßt er jegliche körperliche Funktion wie Herz- und Arterientätigkeiten, Verdauung und andere lediglich als eine mechanische Bewegung auf. Konsequent ist daher sein Programm:

> "die ganze Maschine unseres Körpers so darlegen, daß wir nicht mehr Anlaß zu der Annahme haben, daß es unsere Seele ist, welche in ihr die Bewegungen hervorruft, die nach unserer Erfahrung nicht durch unseren Willen gelenkt werden, als Anlaß anzunehmen, daß es in einer Uhr eine Seele gibt, welche die Stunden anzeigt" (Descartes, 1969, S.141[Original von 1632 und 1648]).

Descartes philosophisches Denken kann damit als eine Fortführung des bereits in der Antike beginnenden Distanzierungsprozeß des Menschen vom Körper aufgefaßt werden, dem jedoch durch die Etablierung seiner funktional-objektivierenden Anschauungsweise des Körpers eine neue Wendung gegeben wird (König, 1989, S. 50). Dabei tritt an die Stelle des Programms der Distanzierung vom Körper, das mit der antiken Philosophie aufkommt, nun im Anschluß an *Descartes* das Programm eines gezielten Verfügbarmachens des Körpers. Während das zunächst implizit in den Epen, später dann explizit in der antiken Philosophie formulierte Programm einer Distanzierung vom Körper[12] letztlich eine defensive Strategie im Kampf um die Befreiung der Seele vom Körper blieb, stellt *Descartes* Modell eine bewußte Verfügung über den Körper in Aussicht. Denn die dem antiken Programm inhärente Passivität ließ den „Tod zum idealen Fluchtpunkt" (König, 1989, S. 33) werden, da einzig im Tod eine vollständige und endgültige Distanzierung im Sinne einer Trennung der Seele vom Körper erreichbar war. So bezeichnet *Platon* im Phaidon den Tod auch als erlösenden Befreiungsakt, in dem die Seele „sich rein losmacht und nichts von dem Leibe mit sich zieht … und zu dem ihr Ähnlichen [geht], dem Unsichtbaren, und zu dem Göttli-

---

12 Als bedeutenster Vertreter dieses Programm ist hier Platon anzuführen. Auf den jedoch in dieser Arbeit nicht genauer eingegangen werden kann.

chen, Unsterblichen, Vernünftigen, wohin gelangt ihr dann zuteil wird, glücklich zu sein, von Irrtum und Unwissenheit, Furcht und wilder Liebe und allen anderen menschlichen Übeln befreit, indem sie ... wahrhaft die übrige Zeit mit Göttern lebt" (Platon, 1974, S.81).

Mit dieser Form der Distanzierung der Seele vom Körper konnte lediglich eine passive „Freiheit von" (König, 1989, S. 49) erreicht werden, nicht aber eine aktive „Freiheit zu" im Sinne einer gezielten Indienstnahme und Instrumentalisierung des Körpers. Demgegenüber ermöglicht *Descartes* neuartige Anschauung vom Körper genau dieses aktive Verfügbarmachen und instrumentelle Einflußnahme, indem sie den Körper auf die reine Faktizität eines Mechanismus reduziert, der, wie jeder andere Mechanismus auch, beeinflußt werden kann.

1.2.1.2 Das Maschinenmodell des Körpers der naturwissenschaftlichen Medizin

Mit der Durchsetzung dieser mechanistischen Auffassung war die Basis für die erheblichen Erfolge der neuzeitlichen naturwissenschaftlichen Medizin geschaffen. Folgendes Zitat von *Wesiack* (1989, S. 295) soll die beschriebene Bedeutung des Maschinenmodells für die naturwissenschaftliche Medizin und die damit möglich gewordene instrumentelle Betrachtung des Körpers nochmals hervorheben.

„Nach dem Zusammenbruch der Romantik begann der beispiellose Siegeszug der naturwissenschaftlichen Medizin. Mit den Methoden der Mathematik, Physik und Chemie wurde der körperliche Aspekt des gesunden und kranken Menschen analysiert. Dieser Prozeß, der noch keineswegs abgeschlossen ist, hat zu dem heute gültigen System der naturwissenschaftlich-klinischen Medizin geführt. Das Maschinenmodell der klassischen Physik lag diesen Untersuchungen zugrunde."

Foucault (1973) hat in seinem Buch „Die Geburt der Klinik" gezeigt, daß die Entwicklung der modernen naturwissenschaftlichen Medizin geradezu als Musterbeispiel einer systematischen Instrumentalisierung des Körpers gelten kann.

Nach *Egle* und *Hoffmann* (1993) stellt das Maschinenmodell denn auch das bis heute implizit im Medizinstudium vermittelte Modell des Körpers dar. Dabei hat ein solches Maschinenmodell des Körpers auch Auswirkungen auf das Verständnis von Krankheit, ermöglicht dieses Körpermodell doch, Krankheit als eine „räumlich lokalisierbare Störung in einem technischen Betrieb" aufzufassen, „der zwar eine sehr komplexe, aber aufgrund des technischen Vorbildes doch überschaubare Struktur besitzt" (Egle & Hoffmann, 1993, S.1). Damit wird der Körper einer gezielten instrumentellen Einflußnahme zugänglich, da Krankheitsprozesse zu nichts anderem als Störungen in einem komplizierten aber letztlich doch technisch beeinflußbaren Prozeß geworden sind.

Erst die Analogie von Maschine und Körper ließ den mechanischen Automaten zu einem Vorbild für die Erklärung des menschlichen Körpers werden und macht moderne medizinische Eingriffe, wie die Organtransplantation und Reproduktionstechniken möglich.

Descartes Denken bereitete damit den Boden für das Programm des Verfügbarmachens und der Instrumentalisierung des Körpers als dessen vorläufiger End- und Höhepunkt sich die moderne Medizintechniken wie die Organtransplantation und Reproduktionsmedizin darstellt.

1.2.2 Die Doppelsinnigkeit des Körpers: Das Konzept des Körpers aus phänomenologischer Sicht

1.2.2.1 Die Vorgängigkeit des Leibes

Im vorangegangenen Abschnitt wurde gezeigt, daß die Etablierung einer verobjektivierenden Anschauungsweise des Körpers erst die Möglichkeit einer bewußten Verfügungsfähigkeit über den Körper schafft. Daneben wurde mit *Descartes* Maschinenmodell auch die Möglichkeit des Umschlags von Verfügungsfähigkeit in Instrumentalisierung aufgewiesen. Im folgenden wird das phänomenologische Konzept der Doppelsinnigkeit des Körpers dargestellt, um die Relevanz der im Maschinenmodell ausgeschlossenen subjektiven Erlebenssphäre des Körpers aufzeigen zu können. Von den Phänomenologen wurde immer wieder auf den Körper als Mittelpunkt der Selbsterfahrung und auf die Bedeutung des Körpers als Ausgangspunkt jeglicher Umwelterfahrung hingewiesen. Durch die Diskussion ihrer Ansätze soll die Möglichkeit einer anderen Bestimmung des Verhältnisses zum Körper ausgelotet werden.

Als Ausgangspunkt der phänomenologischen Argumentation kann die auf *Husserl* zurückgehende Einsicht *Merleau-Pontys* (1966, S.117) gelten, daß der Körper niemals völlig Gegenstand bzw. Objekt zu werden vermag. Es ist die Vorgängigkeit des Leibes, also die Tatsache, das ich mein Leib immer schon bin, bevor ich ihn als Objekt haben kann, die eine prinzipielle Unverfügbarkeit des Körpers bedingt. *Merleau-Ponty* (1966, S. 117) schreibt:

> „Weil er das ist, wodurch es Gegenstände überhaupt erst gibt, vermag er selbst nie Gegenstand, niemals „völlig konstituiert" zu sein. Der Leib ist also nicht lediglich einer unter anderen äußeren Gegenständen, der allein dadurch sich auszeichnet, stets da zu sein. Seine Ständigkeit ist eine absolute, die jederlei relativer Ständigkeit der eigentlichen, stets der Abwesenheit fähigen Gegenstände erst den Grund gibt."

Trotz dieser Vorgängigkeit des Lebens vor dem Erleben können wir nach *Merleau-Ponty* grundsätzlich unseren leiblichen Körper wie jeden anderen Gegenstand auch, als Körperding im physikalischen Sinne ansehen, wobei diese Anschauungsweise immer das Ergebnis eines Abstraktionsprozesses unseres reflektierenden Bewußtseins ist, bei dem die primär vorgegebene Ichhaftigkeit des Körpers, nachträglich ausgeblendet wird. In dem vorangegangen Kapitel wurde gezeigt, daß diese verobjektivierende Anschauungsweise, bei der der menschliche Körper zu einem Körper wie jeder andere wird, keine naturgegebene, sondern eine historisch gewordene Anschauungsweise ist. Weil der Körper des Menschen wie jeder andere physikalische Körper auch eine Größe und eine Gestalt hat, kann er auch nur wie ein solcher physikalischer Körper – als Gegenstand – angesehen werden. Dieser objekthafte Aspekt des Körpers, also die Tatsache, daß er einer äußeren Betrachtung und Behandlung zugänglich ist, wurde von *Marcel* prägnant als „Körperhaben" (1954, S.117) bezeichnet. Untersucht man jedoch den alltäglichen Lebensvollzug des Menschen so zeigt sich, daß hier die Ichhaftigkeit des Körpers – das „Körpersein" – das Primäre ist, und die gegenständliche Betrachtung des Körpers – das „Körperhaben" – eine sekundäre. An dieser Vorgängigkeit – dem „Körpersein" – zeigt sich für die Phänomenologen die Verkürzung des Maschinenmodells des Körpers.

1.2.2.2 Der subjektive Aspekt des Körpers: Das Körpersein

Was zeichnet nun dieses „Körpersein" konkret aus? Zunächst zeigt sich der Aspekt des Körper-Seins darin, daß dem leiblichen Körper Eigenschaften zu kommen, die allen sonstigen Objekten fehlen. Bereits die alltägliche Erfahrung lehrt, daß es sich bei dem leiblichen Körper um ein „Ding besonderer Art" (Husserl, 1963, S.158) handelt. Diese Besonderheit zeigt sich gerade auch im allgemeinen Sprachgebrauch. Denn indem ich sage, „ich schneide mich und ich bin in der Stadt" und nicht, „meine Hand wird geschnitten", oder „mein Körper ist in der Stadt" (Waldenfels, 1985, S. 153), manifestiert sich eine besondere Ich-Nähe[13] dieses Körpers, die ihn vor allen anderen Körpern auszeichnet. Es ist diese Ich-Nähe, die allen übrigen Körpern fehlt.

Die Dimension des „Körperseins" macht sich daher zunächst in einem „Mehr an objektiven Bestimmungen" (Waldenfels, 1985, S. 154) fest. So gehen aus dem Körper „doppelte Empfindungen" (Merleau-Ponty, 1966, S. 118) hervor wie bei der Selbstberührung, der Schmerzempfindung und bei der Bewegung. Denn bei der Selbstberührung des eigenen Körpers entsteht nicht nur eine singuläre Empfindung am berührenden Körperteil, sondern zusätzlich auch eine am berührten. Ebenso bei der Schmerzwahrnehmung, bei welcher der Körper nicht wie jedes andere Objekt lediglich nur Schmerzen verursachen kann, sondern selbst schmerzt, gleichsam ein „affektiver Gegenstand" (Merleau-Ponty, 1966, S. 118) ist. Auch bei der Bewegung entstehen innere kinästhetische Empfindungen, die dem Subjekt ein mehr an Informationen vermitteln, die über die bloße Betrachtung des Bewegungsablaufs hinausgehen (Merleau-Ponty, 1966, S. 119).

Ein weiteres besonderes Merkmal des eigenen Körpers ist das unhintergehbare Mit-Dasein des Körpers, denn „mein Leib ist immer mit da, ohne daß ich mich von ihm entfernen kann" (Waldenfels, 1985, S. 153). Der Körper ist die primäre Gestalt des Ich, der Ort an dem Bedürfnisse auftreten und Befriedigung erfahren wird. Vom Beginn der menschlichen Existenz an

---

13 Vgl. auch Merleau-Ponty (1966, S. 116) der zur Ich-Nähe des Körpers ausführt: „Seine ständige Nähe zu mir und invariable Perspektive ist nicht bloß faktische Notwendigkeit, vielmehr in jeder solchen ständig vorausgestezt."

ist der Körper daher im subjektiven Erleben der Inbegriff von Dasein. Nun stellen diese besonderen Merkmale, die den leiblichen Körper vor den übrigen Gegenständen der Welt auszeichnen, nicht nur einfach ein quantitatives „Mehr an Bestimmungen" (Waldenfels,1985, S.154) dar, sondern diese Merkmale deuten vielmehr darauf hin, daß der leibliche Körper für das Subjekt etwas qualitativ ganz anderes ist als ein Objekt.[14] Sie markieren mithin die Unzulänglichkeit jeder bloßen Objektauffassung des Körpers.

Obgleich der Körper zwar Objekt ist, unterscheidet er sich von allen anderen Objekten gerade durch die besondere Beziehung zu mit mir Selbst. Und *Waldenfels* (1985, S. 154) führt aus:

„Es fragt sich nämlich, ob denn das ständige Hiersein des Leibes, die affektive Befindlichkeit, die Einheit von Bewegung und Bewegungsempfindung nicht etwas ist, was allen dinghaften Räumlichkeiten, Qualitäten und Bewegungen ermöglichend vorausgeht und sich nicht nur aus ihnen heraushebt. Dieser Gedanke drängt sich auf, wenn wir bedenken, daß alle objektive Erfahrung und Erforschung, auch die der Leiblichkeit, selbst mittels des Leibes geschieht und eben deshalb ihn schon voraussetzt."

Im Rückgang auf die alltägliche Erfahrung scheint mithin ein ganz anderes Verhältnis zum leiblichen Körper auf, bei dem der Körper für das Subjekt zunächst eine „gelebte und erlebte Einheit"[15] mit dem Ich bildet, wohingegen die Anschauung des Körpers als Ding und Objekt erst eine später vollzogene reflexive Abstraktion darstellt. Das Subjekt findet sich immer schon verkörpert vor, wobei dieses Verkörpert-sein das Fundament des Ich-Seins bildet. In diesem vor-reflexiven Stadium stehen sich „Ich" und „Körper" noch nicht gegenüber, sondern bilden ein „Leibsubjekt" (Paulus, 1986, S. 114). Im Zustand des Körper-Seins erscheint der Körper fast gänzlich

---

14 Bereits bei Descartes (1996, S.137) findet sich eine Äußerung, die die Besonderheit des Leibes hervorhebt: So heißt es in den Meditationen VI: „Auch nahm ich nicht grundlos an, daß der Körper, den ich nach einer Art Sonderbefugnis den meinen nannte, mir enger angehörte als irgendein anderer."

15 Vgl. Waldenfels (1985, S. 156): „Der Dualismus von Seele und Leib wird, zunächst wenigstens, unterlaufen im Rückgang auf die gelebte und erlebte Einheit, die „früher" ist als eine gegenständliche Einheit, sei diese nun empirisch konstatiert oder rational konstruiert". Oder auch: Frostholm (1978, S. 30): „ ...wenn die nomale Subjektivität als Einheit von Körper und Seele im intentionalen Leib definiert wird, haben wir es in pathologischen Fällen mit intentionalen Störungen zu tun."

subjektiviert, seine Gegenständlichkeit fast aufgehoben.

Ausgehend von der alltäglichen Erfahrung führt die phänomenologische Betrachtungsweise so zu der Erkenntnis, daß der leibliche Körper einerseits als ein Objekt bestimmt werden kann, als ein Körper, den ich habe, andererseits dieser leibliche Körper zugleich der Körper ist, der ich bin. Aufgrund dieses Doppelcharakters kann er „äußerlich erfahren werden, doch zuvor wird er in aller weltlichen Erfahrung miterlebt, so wie wir in der Rede die akustistischen Laute mithören, ohne sie für sich zu setzen" (Waldenfels, 1985, S. 154)

Dabei scheint dieses ganzheitliche Erleben des leiblichen Körpers, die gegebene vor-reflexive Erlebensweise zu sein. In ihr hat das Subjekt seinen leiblichen Körper noch nicht als ein Objekt, sondern „ist" noch „ganz sein Körper" (Waldenfels, 1985, S. 154). In dieser vor-reflexiven Phase des ganzheitlichen Erlebens ist der leibliche Körper ganz „Vermittler" (Waldenfels, 1985, S. 158), ohne selbst hervorzutreten oder sich bemerkbar zu machen. Er ist gleichsam nicht spürbar, nicht vorhanden. *Sartre* (1993, S. 583) charakterisiert diesen primären Zustand des ganzheitlichen Erlebens anschaulich als die „schweigsame Unaufdringlichkeit des Körpers".[16] Es ist dieses unaufdringliche Zurücktreten des Leibes, das die Gegenstände der Welt überhaupt erst hervortreten läßt und damit die Möglichkeit ihrer Erfahrbarkeit erst begründet. *Waldenfels* (1985, S.157) setzt diese eigentümliche Vermittlungsfunktion des leiblichen Körpers mit der eines Mediums gleich und führt aus:

> „Wenn ein Medium sich dadurch bestimmt, daß es anderes hervortreten läßt, indem es selbst zurücktritt, so müssen wir sagen, daß der Leib seine mediale Rolle um so besser spielt, je weniger er sich selbst meldet."

Damit bildet der leibliche Körper den Ausgangspunkt, die Außenwelt zu erfahren. Er ist die Basis jeglichen Weltbezugs und allen Verfügenkönnens über die Welt. In ihm liegt alles Haben-Können von Welt und Gegenständen begründet. *Marcel* (1978, S. 50) schreibt:

---

16 Sartre (1993, S. 583): „Mit einem Wort, das Bewußtsein (von dem) Körper ist lateral und restropektiv; der Körper ist das Unbeachtete, das mit Stillschweigen 'Übergangene', und doch ist er das, was das Bewußtsein ist; es ist sogar nichts anderes als Körper, der Rest ist Nichts und Schweigen."

„Der Leib ist also die Wurzel des Habens, wiewohl er kein Gegenstand ist, den ich habe. Er ermöglicht jede Form des dinghaften Besitzes, wiewohl er selber nicht zu besitzen und nicht verfügbar ist. Wenn ich mich selber töte, ergibt sich aus diesem Versuch, über meinen Körper zu verfügen, im Tod lediglich die absolute Unfähigkeit, über mich selber zu verfügen. Leibhaft bin ich mir selber gegeben, ohne die Möglichkeit zu haben, diese Gabe auszuschlagen."

Marcel beschreibt in diesem Zusammenhang auch das Paradox, wonach ich um so mehr über die Welt verfügen kann, sie mithin „haben kann", je mehr ich mein leiblicher Körper bin.

1.2.2.3 Der objektive Aspekt des Leibes: Das Körperhaben

Während der leibliche Körper also zum einen die Möglichkeit, die Welt zu erfahren[17] und über sie zu verfügen, erst schafft, markiert er zugleich die Grenze unserer Erfahrungsfähigkeit und unserer Verfügbarkeit über sie.

Es ist die unhintergehbare „Faktizität" (Sartre, 1993, S. 603) des Körpers, die einer absoluten Verfügung über die Welt eine unwiderrufliche Grenze setzt. So ist es die an die Verkörperung gebundene Materialität des Körpers, die, in dem sie seine Vermittlungs- und Verfügungsfunktion erst begründet, sie zugleich auch beschränkt. Geht der leibliche Körper nicht mehr gänzlich in seiner Funktion als Vermittler auf, so läßt dies seine Gegenständlichkeit hervortreten. Die Faktizität des Körpers zeigt sich daher bevorzugt in den Hemmungen und Störungen, die der leibliche Körper „unseren Projekten entgegensetzt" (Waldenfels,1985, S. 158). Erst durch das Hervortreten des gegenständlichen Aspekts der Körperlichkeit bildet sich ein reflexives Verhältnis zum Körper aus. Es vollzieht sich eine Spaltung der präreflexiv gegebenen Subjekt-Objekt-Einheit des Erlebens, bei der mir meine leibliche Körperlichkeit nun in ihrem gegenständlichen Aspekt als dingliche Körperlichkeit fühlbar wird. Plötzlich bin ich zu einem Ich geworden, dem ein Körper gegenüber steht und das nun einen Körper hat. In diesem Zustand des Körper-Habens bin ich nicht länger mein Körper, sondern ich habe plötzlich eine Beziehung zu ihm. Dieser Zustand des Körper-Habens geht nun aber nicht zwangsläufig mit einer Ausweitung meiner subjektiven Ver-

---

17 Merleau-Ponty (1966, S. 176) spricht in diesem Zusammenhang auch vom Körper als unserem „Mittel überhaupt, eine Welt zu haben."

fügungsfähigkeit und meiner Verfügbarkeit über die Welt einher. Eine Annahme die eigentlich nahe liegen würde. Das Körperhaben bedeutet im leiblichen Bereich jedoch im Gegenteil zumeist eine Einschränkung von Verfügungsfähigkeit. Denn im leiblichen Bereich geht das Haben zumeist mit dem Paradox des Gehabtwerdens (Plügge, 1985, S. 113) einher.

Dieses Paradox kommt besonders in der Krankheit zur Geltung. Hier treten die negativ-einschränkenden Momente des Verkörpertseins besonders deutlich hervor. So geht in den Zuständen der Krankheit und der leiblichen Störung die an den leiblichen Körper gebundene Verfügungsfähigkeit verloren. *Petzold* (1982, S. 73) formuliert diesen Sachverhalt wie folgt:

> „In der Krankheit hat uns unser Leib. Wir können über ihn nicht verfügen. Er verfügt gleichsam über uns, und das mit einer Totalität und Unerbittlichkeit, daß wir uns vielfach nur in die Verleugnung dieser Faktizität flüchten können."

Auch das Verhältnis zu einzelnen Organen und Körperteilen ändert sich im Zustand einer Erkrankung grundlegend. So hat jemand, der an Rückenschmerzen leidet, plötzlich einen Rücken, während er von diesem, seinem Rücken im Zustand der Gesundheit weitgehend nichts gespürt hatte, ihn gleichsam nicht als Rücken wußte. Auch hier ist das plötzliche Haben eines Körperteils mit einer „Dissoziation" (Plügge, 1985, S. 113) von Ich und Körperteil verbunden. So erscheint der Rücken nun als etwas Selbständiges, dem „Dingcharakter" (Plügge, 1985, S. 113) zukommt. Dabei habe ich nun nicht nur einen Rücken, sondern der Rücken hat auch mich, denn „was ich plötzlich leiblich habe, hat auch mich und zwar stets in unangenehmer, oft plagender Weise" (Plügge, 1985, S. 114). Erfahrungen wie Schmerzen führen dazu, daß die im ursprünglichen Erleben gegebene vor-reflexive Einheit des leiblichen Körpers mit dem Ich sich auflöst und der Körper als etwas vom Ich Getrenntes, als Objekt, erlebt wird.

Krankheit kann damit als ein Zustand aufgefaßt werden, in dem das Verhältnis der Subjekt-Objekthaftigkeit des leiblichen Körpers und damit des Subjekts, das diese Einheit ist, zugunsten der Objekthaftigkeit verschoben wird. In der Krankheit findet sich das Subjekt daher weitgehend auf sein Körper-Sein im Sinne eines Objektseins reduziert. In *Thomas Manns* (1975, S. 106) Zauberberg heißt es treffend: „Ein Mensch, der als Kranker lebt, ist nur Körper."

Das Hervortreten des objekthaften Aspekts der Leiblichkeit bedeutet eine

Einschränkung des Weltbezugs – eine Art Realitätsschwund (Meyer-Drawe, 1984, S. 144) – , so daß „die Ereignisse des Tages nur noch in dem bestehen, was im Körper vorgeht" (Merleau-Ponty,1966, S. 110). Aber selbst in Grenzfällen unseren Lebens, wie etwa bei einer langen und schweren Krankheit, bleibt das mit der Körperlichkeit gegebene dialektische Verhältnis der Subjekt-Objekthaftigkeit erhalten, auch wenn dieses Verhältnis weithin in Richtung auf das Objektsein verschoben wird, so bleibt es doch ein Verhältnis.

1.2.2.4 Der Leib als Einheit von Körpersein und Körperhaben: Der Körper als integrierter Bestandteil des Selbst

Nun bedeutet aber nicht jedes Erleben der Fühlbarkeit und der Anwesenheit des Körpers notwendig das Vorliegen einer Dissoziation von Selbst und Körper. Vielmehr deutet das seelische Wohlbefinden darauf hin, daß beispielsweise zärtlicher Körperkontakt oder Baden, bei denen der Körper intensiv gespürt wird, auszulösen vermögen, daß in solchen Situationen die Anwesenheit des Körpers von anderer Qualität ist als in Zuständen der Krankheit. So wird der Körper in diesen Zuständen nicht als ein Gegenüber erlebt, sondern wie im vor-reflexiven alltäglichen Erleben auch als ein zugehöriger Bestandteil des Selbst. Nach *Hirsch* (1989, S. 9) steht der Körper in diesen geschilderten alltäglichen Zuständen „für einen freundlichen Begleiter, dessen Anwesenheit man wie eine selbst herbeigeführte Begegnung genießen kann…"

Das Verhältnis von Körper und Ich bzw. Selbst kann in solchen Zuständen als eines der Einheit in der Differenz aufgefaßt werden, wobei die Unterschiedlichkeit der beiden Pole nicht die Form eines Gegensatzes annehmen. In Zuständen des Wohlbefindens überwiegt mithin der Integrationsaspekt, der sich in Zuständen der Krankheit in Richtung auf eine Dissoziation verschiebt. Diese Subjekt-Objekt-Einheit des Leibes und damit des Subjekts hat *Merleau-Ponty* zunächst allgemein mit dem Begriff der ambiguité bezeichnet, wobei dieser Begriff nicht nur die Zweideutigkeit des Körpers im Hinblick auf die Möglichkeit des Objektseins umfaßt, sondern auch den an die Körperlichkeit gebundenen Weltbezug einschließt.

Es ist diese ambiguité, die unsere Leiblichkeit zu einem Prototyp eines dialektischen Verhältnisses werden läßt. Aufgrund dieser Dialektik unserer Leiblichkeit sind wir wie *Meyer-Drawe* (1984, S. 31) es formuliert „weder nur Ausgedehntes noch nur Bewußtsein, weder nur Inneres noch nur Äußeres, weder nur Vergangenheit noch nur Zukünftiges, weder nur Individuelles noch nur Kollektives, weder nur notwendig noch nur kontingent, weder nur natürlich noch nur geschichtlich, weder nur objektiv-dinglich noch nur subjektiv-geistig, weder nur aktiv noch nur passiv."

Während der körperliche Leib im alltäglichen vor-reflexiven Leben als eine Einheit von Körper und Seele erlebt wird, ist diese Einheit gerade aufgrund der oben ausgeführten Dialektik jedoch keine, die ein für alle Mal abschließend hergestellt werden könnte und dann für immer Bestand hat, sondern sie muß im Lebensvollzug immer wieder erneut erworben werden. So führt *Merleau-Ponty* (1976, S. 243) mit Bezug auf *Husserl* aus, daß „die Integration [scil. des Leibes] ... niemals eine absolute" ist und daß, sie immer wieder scheitert „auf höherer Stufe beim Schriftsteller, auf niederer beim Aphasischen."

Nach *Merleau-Ponty* ist nun die Bildung dieser Einheit eines integrierten Leibes nicht als ein solipsistischer Akt zu denken, sondern dieser integrierte Leib konstituiert sich in den intersubjektiven Beziehungen, damit bleibt die leibliche Einheitserfahrung des Subjekt ein Leben lang auf den anderen bezogen. Daher spricht *Merleau-Ponty* (1964, S. 185) anstatt von Leib bzw. integriertem Leib von der „intercorporéité", der „Zwischenleiblichkeit".

1.2.3   Fazit

Anhand des phänomenologischen Konzepts der Doppelsinnigkeit bzw. ambiguité des Körpers wurde die sich im Maschinenmodell manifestierende verobjektivierende Anschauungsweise des Körpers als eine Verkürzung auf den objekthaften Aspekt des Körpers ausgewiesen. Ausgehend von der phänomenologischen Erkenntnis der vor-reflexiv gegebenen Subjekt-Objekt-Einheit des Körpers im Erleben des Subjekts wie auch anhand des integrierten Leiberlebens bei wohltuenden Formen der Körperbehandlung war es darüber hinaus möglich, das Auseinandertreten dieser Einheit in Zuständen der Krankheit nachzuzeichnen.

50

2. Kapitel: Der Körper als Objekt: Zur vorrangigen Erlebensweise des Körpers psychosomatischer Patienten

Anhand der phänomenologischen Auffassung vom Körper wurde die unhintergehbare Subjekt-Objekthaftigkeit des Körpers aufgezeigt. Jede Reduktion des Leibes auf seinen rein gegenständlich-objekthaften Aspekt in Form eines Ausblendens des an den Leib gebundenen subjekthaften Erlebens stellt sich als eine Verkürzung dar. Als paradigmatisch für eine solche Verkürzung auf den objekthaften Aspekt des Körpers wurde das Maschinenmodell vom Körper der naturwissenschaftlichen Medizin vorgestellt. Nun scheint es eine Patientengruppe zu geben, bei der das historisch-gesellschaftliche Interpretationsmuster der Dualität von Leib und Seele, der Spaltung von Körpersubjekt und Körperobjekt und die Verdinglichung zum nur physiologischen Körper zum bestimmenden Aspekt des eigenen Erlebens geworden ist (Brede, 1979). So zeigen viele Patienten, die wegen einer psychosomatischen Störung in Behandlung kommen, vielfach ein gleichartiges klinisches Erscheinungsbild, das durch eine strikte emotionale Distanzierung imponiert und bei dem lediglich ein objektiviertes Verhältnis zum eigenen Körper existiert. Die eigene körperliche Symptomatik wird so geschildert, als handle

51

es sich gar nicht um die je eigenen Leidenssymptome. Der Körper wird von diesen Patienten wie etwas Fremdes beschrieben und auch erlebt und in seinen Störungen und Behinderungen im Rahmen von Erkrankungen oft mit einer Art stoischer Unbeteiligtheit und Duldsamkeit ertragen" (v. Rad, 1983, S. 17). Dabei halten diese Patienten bei der Schilderung ihrer Symptome an einem rein äußerlichen Tatsachenbericht fest, dem jegliche affektive Regung wie auch jegliche spontane Äußerung fehlt. Beim Untersucher stellt sich so das Bild „eines an konkreten Äußerlichkeiten des Körpers (im Sinne des medizinischen Körpers), der äußeren sozialen Umwelt sowie eines am abstrakten geistigen Denkinhalt haftenden, gleichsam auf die instrumentelle Vernunft reduzierten Denkens – unter tiefer Abspaltung aller affektiver, sinnlich-körperlicher Elemente, auch der kognitiven Prozesse – ein" (Warsitz, 1989, S. 41). Die Pariser Schule der Psychosomatik bezeichnete diese instrumentelle Orientierung im klinischen Erscheinungsbild dieser Patienten als „pensée opératoire". *Sifneos* (1973, S. 255) führte für diese beobachtete Störung den Begriff der Alexithymie ein. Er beschrieb damit eine „Lese"-unfähigkeit der Affekte, „des triebhaften, libidinösen Subjektanteils im Erleben, in der Interaktion oder im Körper" (Warsitz, 1989, S. 44). In der Folge stieg das Konzept der Alexithymie zu einem bedeutenden Erklärungsmodell psychosomatischer Erkrankungen auf, da es mit ihm scheinbar gelungen war, bestimmte spezifische Persönlichkeitsmerkmale dieser Patientengruppe bzw. spezifische Konfliktmuster zu isolieren. Solche Bemühungen, Persönlichkeitsmerkmale im Sinne einer einheitlichen Charakterstruktur psychosomatisch Kranker aufzufinden, entspringen dem Bedürfnis nach nosologischer Klarheit und Eindeutigkeit. Dabei ist solchen Einheitskonzepten eine reduktionistische Tendenz inhärent, bei der die Vielfalt der klinisch beobachtbaren Phänomene zugunsten der Einheitlichkeit der nosologischen Entität aufgegeben wird. Zwar bestechen solche Persönlichkeits- oder Konfliktmodelle häufig durch ihre außerordentliche Evidenz, die sie für einen Teil psychosomatischer Patienten haben, jedoch werden sie als verallgemeinerte Aussagen im Sinne einer einheitlichen psychosomatischen Charakterstruktur unbrauchbar.

Eine solche Verfahrensweise lag der Entwicklung des Konzepts der Alexithymie zugrunde. Dieser nosologischen Verfahrensweise soll hier nicht gefolgt werden, dennoch sind die klinischen Beschreibungen, die auf bestimmte Konstellationen im leib-seelischen Einheitserleben bzw. auf das Zerreißen eines integrierten leib-seelischen Erlebens hinweisen, von Bedeutung im Hinblick auf das Verständnis psychosomatischer Störungen. Die Störung des leib-seelischen Einheitserlebens in Form einer Dissoziation von Körper und Selbst bis hin zur Abspaltung einzelner Körperteil- oder Organ-Repräsentanzen kann als spezifisch für bestimmte psychosomatische Erkrankungen angesehen werden. Auch wenn die Erlebensweise des Körpers als Objekt eine potentiell allen Menschen zukommende Erlebensweise ist, die zudem unter bestimmten historisch-gesellschaftlichen Bedingungen nähergelegt scheint als unter anderen, zeichnen sich die psychosomatischen Erkrankungen, die Eßstörungen, die Hypochondrien und die Selbstschädigungssyndrome jedoch gerade dadurch aus, daß für diese Patienten der Körper überwiegend bzw. ausschließlich als Objekt erlebbar ist, so daß diesen Patienten keine „Oszillation" (Küchenhoff, 1992, S. 53) in ihrem Leiberleben mehr möglich ist. So können diese Patienten kaum noch in die Erlebensweise des Körpers als Subjekt eintauchen. Damit ist es ihnen nicht mehr möglich, in die von den Phänomenologen herausgearbeitete körperlich-psychische Integrität zurückzugleiten. Der eigene Körper wird nicht länger als selbstverständlicher Bestandteil des eigenen Ich erlebt, sondern er ist ausschließlich zu einem Objekt des Ich geworden und dadurch nur noch als etwas vom eigenen Selbst getrenntes erlebbar. In dieser Fixierung, die gerade kein Oszillieren zwischen dem objekthaften und subjekthaften Aspekt des Körpererlebens mehr erlaubt, liegt meiner Ansicht nach ein bedeutsames Moment, das auf eine Fixierung und Vereinseitigung verweist.

Im Anschluß an *Kapfhammer* (1985, S. 63) möchte ich alexithymes Verhalten daher „als qualitative Differenzierung zugrundeliegender Mechanismen des psychischen Apparates" auffassen, „über die potentiell jedes Individuum in unterschiedlicher Ausprägung verfügt." Mittels der Alexithymie „eliminiert" der psychosomatisch Kranke nach *Kapfhammer* (1985, S. 63) „große Teile seiner affektiven Wahrnehmung und löscht den Bedeutungsgehalt der Umwelt und der Menschen in ihr, die nur mehr als leblose Agenten erscheinen, weitgehend aus". Im Anschluß an *McDougall* (1988, S. 173) kann der Begriff der Alexithymie erweitert werden im Sinne eines Verständnisses der Alexithymie als einer „Abwehr des Thymós, als Abwehr des Begehrens" (Warsitz, 1989, S. 44). Dabei erscheinen vor dem Hintergrund soziokultureller Veränderungen alexithyme Verhaltensweisen zunehmend als „nützliche" Strategien, die das sozioökonomische Überleben eines Individuums zu sichern vermögen. Moderne Strukturen des Arbeitslebens, die sich durch eine zunehmende „individuelle Gleichgültigkeit gegenüber Arbeitsinhalten" auszeichnen und damit eine „weitgehende Ausblendung eines persönlichen emotionalen Engagements" (Kapfhammer, 1985, S. 121) erfordern, scheinen alexithymes Verhalten als adäquate Verhaltensstrategie nahezulegen. Entsprechend begreift *Ahrens* (1988, S. 235) alexithyme Verhaltensweisen als Folge einer sekundären Sozialisation im Rahmen der modernen Industriegesellschaft, im Sinne der Anpassung an eine gesellschaftlich vorherrschende instrumentelle Orientierung. Veränderte gesellschaftliche Anforderungen legen die Übernahme von zweckrationalen Anschauungs- und Handlungsformen auch im privaten Bereich nahe, womit eine operationale und instrumentelle Orientierung nicht mehr nur auf den ökonomischen Bereich beschränkt ist, sondern zunehmend auch die Privatsphäre bestimmt. Vor diesem Hintergrund könnte auch die Zunahme psychosomatischer Störungen in den letzten Jahrzehnten eine Erklärung finden. Gegenüber der ‚lauten Hysterie", die mit ihrem symbolischen Ausdrucksgehalt als psychosomatische Krankheit das letzte Jahrhundert bestimmte und die sich plakativ als ein „zuviel an Körper"[18] beschreiben läßt, sind es nun „Körperverweigerungen" (v. Braun, 1994, S. 29) und die von symbolischen Sinngehalten weitgehend freien Erschöpfungs- und Streßsymptome, die das Bild der modernen psychosomatischen Krankheitserscheinungen prägen. In diesem Zusammenhang ist auch die Beobachtung *Hirschs* (1989, S. 1) bedeutsam, der in der Verwendung des Körpers als „Objekt des destruktiven Agierens" eine moderne Form der Identitätsstörung sieht. Dabei ziehen diese Störungen zunehmend das öffentliche Interesse auf sich und ihr Vorkommen steigt beständig an.

---

18 v. Braun (1994, S. 29) spricht im Zusammenhang mit dem Verschwinden der klassischen hysterischen Symptomatik von einem „Mehr an Körper" durch das sich die klassischen Hysterien ausgezeichnet hätten. Diese klassischen Symptome wurden von einer neuen Symptomgruppe abgelöst, die sich zusammenfassend als ein „Weniger an Körper" beschreiben läßt. Die Magersucht mit ihrem Wunsch nach einer Überwindung des Körpers sieht v. Braun als ein Paradebeispiel für diese neuere Kategorie des „Weniger an Körper" an.

Neben den gesellschaftlichen Praxisformen scheint für alexithymes Verhalten zudem die individualgeschichtliche Komponente von Bedeutung zu sein. Die entscheidenden Erfahrungen für die Ausbildung eines integrierten Körperselbst, mithin von körperlicher Subjektivität überhaupt, sind die frühkindlichen Interaktionen mit den Pflegepersonen, zumeist der Mutter. Hierbei sind vor allem die ersten Trennungs- und Separationserfahrungen von Bedeutung, die in der Phase des Austritts aus der symbiotischen Beziehung mit der Mutter, die ersten Individuationsschritte vorbereiten. Störungen in dieser Phase haben „Auswirkungen auf die Verarbeitungskapazität und das kreative Potential des psychischen Apparates" (Kapfhammer, 1985, S. 229) und sind daher von grundlegender Bedeutung für den weiteren Entwicklungsgang. Auch wenn die Erhaltung einer „seelischen und körperlichen Identität" (Kapfhammer, 1985, S. 229) im Anschluß an die Phänomenologen und neuerer französischer psychoanalytischer Ansätze als ein kontinuierlicher Prozeß aufgefaßt werden muß, der „durch verschiedene Anforderungen aus dem jeweiligen Abschnitt des Lebenszyklus oder durch übergreifende soziale und gesellschaftliche Veränderungen" (Kapfhammer, 1985, S. 229) beeinflußt wird, schmälert dies nicht den strukturbildenden Einfluß der frühkindlichen Interaktionserfahrungen. So sind tragfähige und bedürfnisbefriedigende Interaktionserfahrungen eine notwendig Voraussetzung für frühe Repräsentationsleistungen, in deren Zuge sich eine körperlich-psychische Integration in Form einer integrierten Körper-Selbst-Repräsentanz herausbildet. Nur vermittels solcher ausreichend positiver Interaktionserfahrungen läßt sich der Körper als „innere Umwelt", als „Darstellungsmedium der Identität" (Kapfhammer, 1985, S. 230) erhalten. Psychosomatische Leiden können so im Anschluß an *Kapfhammer* (1985, S. 230) „immer auch als aktuelle ‚Erkrankungen der individuellen Wirklichkeit' verstanden werden, die durch eine enge Verknüpfung von sozialen Situationen, frühkindlich vorbereiteten und lebensgeschichtlich etablierten Persönlichkeitsmerkmalen und Krankheitserleben bestimmt sind." Dennoch muß in Fällen, in denen sich bei einem Individuum eine ausschließlich instrumentelle Erlebensweise des eigenen Körpers im Sinne einer Leistungsmaschine etabliert hat, „eine ungelöste, zumeist abgespaltene Symbioseproblematik" (Kapfhammer, 1985, S. 229), folglich eine Störung in der frühkindlichen Interaktion angenommen werden. Denn die einer Instrumentalisierung des Körpers inhärente

„*Entlibidinisierung des Körpers*" ist „typisches Kennzeichen eines mißlungenen interpersonalen Dialogs" (Kapfhammer, 1985, S. 231[Hervorhebung im Original]). Objektpsychologische Ansätze, auf die in Kapitel VI noch genauer eingegangen wird, erlauben dieses Auseinandertreten des leib-seelischen Einheitserlebens als Resultat von in den Körper projizierten pathogenen Interaktionsbeziehungen zu verstehen. Auch wenn die These eines früh erworbenen Entwicklungsdefizits nur eingeschränkt gültig ist, so scheint doch, das in diesem Erklärungsansatz enthaltene Postulat, wonach der Körper zum Projektionsfeld pathogener Objekt- und Sozialbeziehungen zu werden vermag, ein vielversprechender Forschungsansatz zum Verständnis spezifischer psychosomatischer Erkrankungen wie der Eßstörungen, besonders der Anorexie, der Hypochondrien und der Selbstschädigungshandlungen zu sein. Der Körper wird in diesen Störungen zum Objekt des Ich oder des Selbst, an dem das Subjekt spezifische Interaktionsmuster ausagiert. Auch für Patientinnen, die sich einer In-vitro-Fertilisation unterziehen, ist die Reduktion des Körpers auf sein Objektsein wiederholt beschrieben worden. Dabei wird von psychologischer Seite davon ausgegangen, daß eine solche Reduktion des Körpererlebens durch die reproduktionsmedizinische Behandlung vielfach erst induziert und in der Folge durch die behandlungstechnisch weiterhin notwendigen medizinischen Maßnahmen weiter aufrechterhalten wird.

3. Kapitel: Freuds Konzept des Körper-Ich

Um zu einem vertieften Verständnis der Störungen leib-seelischer Integration zu gelangen, wird im folgenden einzelnen klassischen psychoanalytischen Konzepten nachgegangen, welche die Genese körperlich-psychischer Integrationsstrukturen wie auch Dissoziations- und Desintegrationstendenzen des leib-seelischen Erlebens aufzeigen. Die Herausbildung körperlich-seelischer Integration wird anhand von *Freuds* Körper-Ich, *Schilders* Körperbild, *Lacans* Spiegelkörper-Ich sowie der neueren psychosomatischen Konzepte eines integrierten Körper-Selbst von *Kutter* und *Plassmann* dargestellt. Dabei werden auch Mechanismen beschrieben, die zu Dissoziationen und Desintegrationen der körperlich-seelischen Einheit führen.

Im zweiten Kapitel wurde auf die unhintergehbare Verknüpfung des Ich mit dem Körper anhand phänomenologischer Konzepte der vor-reflexiv gegebenen Einheit von körperlichem und seelischem Erleben hingewiesen und auch in Ansätzen den Bedingungen einer Dissoziation dieser Einheit nachgegangen. So machte bereits *Merleau-Ponty* (1966, S. 121) deutlich, daß die Einheit des subjekthaften und des objekthaften Aspekts des Körpers im seelischen Erleben des Subjekts kein naturwüchsiges Faktum darstellt, das sich in den Subjekten ein „für allemal in grauer Vorwelt" herstellt, sondern daß die Konstitution eines solchen integrierten Leibes an die Erfahrung und die

Beziehung zu anderen gebunden ist, wobei *Merleau-Ponty* wie *Küchenhoff* (1992, S. 41) feststellt, die „bewußte Repräsentation körperlicher Ganzheit einfach" voraussetzt. Demgegenüber zeigen psychoanalytische Ansätze den psychischen Prozeß auf, in dessen Zuge sich die *bewußte Vorstellung* vom Körper als Ganzem und parallel dazu die Vorstellung eines Selbst im Verlauf der kindlichen Entwicklung ausbildet und zu einem einheitlichen Körper-Selbstbild – der Körper-Selbst-Repräsentanz – verschmolzen wird. Das psychoanalytische Modell des psychischen Repräsentationsprozeß des Körpers, in dessen Verlauf sich die Vorstellung von einem integrierten Körper-Selbstbild ausbildet, liefert dabei die theoretische Basis, von der aus Störungen des Integrationserlebens in Form einer Dissoziation von Körper und Selbst in der Körper-Selbst-Repräsentanz verstehbar werden. Mit den klassischen wie auch mit den neueren psychoanalytischen Konzepten, die in den folgenden Kapiteln vorgestellt werden, werden neben den Dissoziationstendenzen von Körper und Selbst auch Desintegrationstendenzen verständlich, bei denen einzelne Körperteile und Körperzonen nicht mehr als integraler Bestandteil des Körper-Selbstbildes erlebt werden. Beim Vorliegen einer solchen Desintegration werden einzelne Organe oder Körperzonen vom Körper-Selbstbild abgespalten und als fremd und nicht mehr zugehörig zum eigenen Selbst erlebt. Dabei lockert sich das im Laufe der individuellen Entwicklung entstandene integrierte Körper-Selbstbild in Richtung auf eine zunehmende Desintegration auf, die über Stufen der Abspaltung einzelner Organ- und Körperteil-Repräsentanzen letztlich in eine Fragmentierung des Körperbildes einmünden kann, wie sie für psychotische Zustände charakteristisch sind.

Bevor auf theoretische Modelle eingegangen wird, die sich explizit mit den Störungen der Körper-Selbst-Repräsentanz befassen, soll zunächst der psychische Prozeß der Herausbildung einer bewußten Vorstellung vom Körper als Ganzen und der Aufbau eines Körper-Selbstbildes der Körper-Selbst-Repräsentanz aus einem vorbewußt gegebenen leibseelischen Gesamterleben dargestellt werden. Mit dem Konzept vom Körper-Ich hat *Freud* ein psychologisches Modell geschaffen, mit dem die Herausbildung des Ich aus einem leibseelischen Gesamterleben – einem psycho-somatischen Es – im Zuge des psychischen Entwicklungsprozeß nachvollzogen werden kann. Mit seinem Postulat (Freud, 1895), daß das Ich zuallererst ein

Körper-Ich ist, d.h. eine Struktur, die sich in Analogie zu körperlichen Aktivitäten bildet, zeigt er auf, wie das Kind ausgehend von den Erfahrungen der Körperoberfläche eine Vorstellung von sich selbst als Ich entwickelt, das die seelischen Inhalte enthält. *Freud* mißt damit dem subjektiven Körpererleben eine zentrale Bedeutung im Hinblick auf die Entstehung des Ich zu. Zugleich verweist er mit seinem Konzept des Körper-Ich implizit darauf, daß die Körperlichkeit des Menschen eine beständige Anforderung an die psychische Vermittlung stellt, Körperlichkeit also nicht restlos in Kultur aufzulösen ist. Im folgenden wird das Konzept des Körper-Ich anhand Freudscher Texte dargestellt.

3.1 Die Überwindung des psychosomatischen Dualismus im Konzept des Körper-Ich

Frostholm weist daraufhin, daß *Freuds* erste Topik noch einem psychosomatischen Dualismus verhaftet war, der es nicht erlaubte, die Doppeldeutigkeit des körperlichen Leibes zufassen. Demgegenüber bedeutete die Einführung des Es-Begriffs im zweiten topischen Modell nach *Ricoeur* (1993, S. 488) eine Hinwendung zu einer primär dialektischen Auffassung.

Freuds zweite Topik, die auch als Strukturtheorie bezeichnet wird, betont im Gegensatz zu seiner ersten topographischen Theorie explizit den genetischen und den entwicklungsgeschichtlichen Aspekt bei der Herausbildung des Ich. Nach der Strukturtheorie entwickeln sich jene seelischen Funktionen, die als Ich bezeichnet werden und die normalerweise ein zusammenhängendes und integriertes Ganzes bilden, über psychische Mechanismen, die aus den Reaktionen des Individuums auf seine Umwelt und besonders der Interaktion mit anderen hervorgehen. Mit dem Einfluß, der hier der Aussenwelt eingeräumt wird, ist der „Solipsismus" (Ricoeur, 1993, S. 396 u. S. 485), der noch die erste Topik kennzeichnete, zugunsten eines intersubjektiven Konzepts überwunden. Nach *Ricoeur* (1993, S.396) gilt für die Instanzen und Rollen in *Freuds* zweiter Topik daher, daß sie „nur innerhalb des intersubjektiven Feldes instituiert werden."

Im Unterschied zu *Freuds* erster topographischer Theorie betont die

Strukturtheorie dabei explizit das „langsame Heranreifen und die allmähliche Entwicklung der Ich-Funktionen sowie ihren allmählichen Zusammenschluß zu einer funktionellen Einheit, dem Ich" (Arlow & Brenner 1976, S. 42. Im Rahmen dieses Modell wurde die Psyche erstmals als ein in unterschiedlichen Funktionen differenziertes System aufgefaßt, das sich genetisch aus dem Es entwickelt.

Diese genetische Auffassung machte die Einführung eines theoretischen Konzepts notwendig, das die Vermittlung von körperlichem und seelischem Geschehen zu leisten vermochte. Die Einführung des neuen Konzepts eines Körper-Ich, das sich genetisch aus dem Es entwickelt, sollte diese Vermittlung von Körper und Seele leisten. In der Abhandlung „Das Ich und das Es" bestimmt *Freud* (1989, S. 295) das Ich erstmals als ein Körper-Ich[19], also als eine psychische Struktur, die sich in Analogie zu den körperlichen Aktivitäten herausbildet. Damit gibt *Freud* Ansätze zu einer Bestimmung von Körper und Ich bzw. Selbst, die eine Verbindung mit phänomenologischen Konzepten ermöglicht. So werden dem Es in dieser neuen Konzeption des Körper-Ich nun erstmals explizit selbst wesentlich somatische Qualitäten zugeschrieben. *Freud* (1989, S. 511) schreibt:

„Wir stellen uns vor, es [scil. das Es] sei am Ende gegen das Somatische offen..."

Das Es umfaßt „ursprünglich sowohl somatische als auch psychologische Momente..." (Frostholm, 1978, S. 104). Ein solches psycho-physisches Es ist *Merleau-Ponty's* Begriff des Leibes als einem natürlichen, präreflexiven Ich vergleichbar. In dem Prozeß, in dem sich das Ich herausbildet, „beschreitet" nach *Frostholm* (1978, S. 104) „ein Teil dieser Inhalte die Entwicklung und Differenzierung zu der für das Ich typischen Organisationsform, ein anderer bleibt als vorgegebenes Unbewußtes im Es zurück." Mittels dieser genetischen Ableitung des Ich aus dem Es und der postulierten Bindung des Es an das Somatische ist das Ich im Sinne der modernen Selbstauffassung für *Freud* daher, ebenso wie für die Phänomenologen, keine primordial vorgegebene Instanz, sondern eine, die sich im Laufe der Entwicklung aus dem Es heraus differenziert, wobei das Ich potentiell an das Somatische gebunden bleibt. So schreibt *Freud* (1989, S. 44):

---

19 Freud (1989, S. 295): „Es ist als würde uns auf diese Weise demonstriert, was wir vorhin vom bewußten Ich ausgesagt haben, es sei vor allem ein Körper-Ich."

„Es ist eine notwendige Annahme, daß eine dem Ich vergleichbare Einheit nicht von Anfang an im Individuum vorhanden ist; das Ich muß entwickelt werden." Wie hat man sich nun die Entwicklung des Körper-Ich aus dem Es vorzustellen? Wie bildet sich die Psyche in Analogie um Körper aus? Um diese Frage zu beantworten, wird der entscheidende Passus aus der Abhandlung „Das Ich und das Es", in der *Freud* sein Konzept des Körper-Ich entwickelt, hier im Original zunächst wiedergegeben, um aus der Art der Genese des Körper-Ich Rückschlüsse auf seine Spezifik ziehen zu können.

„Auf die Entstehung des Ichs und seine Absonderung vom Es scheint noch ein anderes Moment als der Einfluß des Systems W [Wahrnehmung] hingewirkt zu haben. Der eigene Körper und vor allem die Oberfläche desselben ist ein Ort, von dem gleichzeitig äußere und innere Wahrnehmungen ausgehen können. Er wird wie ein anderes Objekt gesehen, ergibt aber dem Getast zweierlei Empfindungen, von denen die eine einer inneren Wahrnehmung gleichkommen kann. Es ist in der Psychophysiologie hinreichend erörtert worden, auf welche Weise sich der eigene Körper aus der Wahrnehmungswelt heraushebt. Auch der Schmerz scheint dabei eine Rolle zu spielen und die Art, wie man bei schmerzhaften Erkrankungen eine neue Kenntnis seiner Organe erwirbt, ist vielleicht vorbildlich für die Art, wie man überhaupt zur Vorstellung seines eigenen Körpers kommt. Das Ich ist vor allem ein körperliches, es ist nicht nur ein Oberflächenwesen, sondern selbst die Projektion einer Oberfläche" (Freud, 1989, S. 294).

Und in der englischen Ausgabe findet sich die Anmerkung:

„Das Ich ist in letzter Instanz von den körperlichen Empfindungen abgeleitet, vor allem von denen, die von der Oberfläche des Körpers herrühren. Es kann also als eine seelische Projektion der Oberfläche des Körpers betrachtet werden neben der Tatsache (...), daß es die Oberfläche des seelischen Apparates ist." [20]

---

20 Die Herausgeber der Standard Edition weisen darauf hin, daß diese Notiz nicht in der deutschen Ausgabe von „Das Ich und das Es", jedoch mit Freuds Zustimmung in der englischen Übersetzung von 1927 erschienen ist. (Vgl. Standard Edition, XIX, 26)

3.2 Das Körper-Ich

3.2.1 Die Oberflächenposition des Körper-Ich

In dem angeführten Zitat findet sich eine erste Bestimmung des Ich als „Oberflächenwesen", wobei der hier implizierte Begriff der Oberfläche zunächst primär in einem räumlich-topographischen Sinn aufzufassen ist. So nimmt *Freud* gleich zu Beginn des Kapitels mehrfach Bezug auf topische Modelle, um seine Ausführungen zu erläutern. Er schreibt:

> „Wir wissen schon, wo wir hierfür anzuknüpfen haben. Wir haben gesagt, das Bewußtsein ist die *Oberfläche* des seelischen Apparates, das heißt, wir haben es einem System als Funktion zugeschrieben, welches räumlich das erste von der Außenwelt her ist. Räumlich übrigens nicht nur im Sinne einer Funktion, sondern diesmal auch im Sinne der anatomischen Zergliederung. Auch unser Forschen muß diese wahrnehmende Oberfläche zum Ausgang nehmen" (Freud, 1989, S. 288 [Hervorhebung im Original]).

Und an anderer Stelle:

> „Ein Individuum ist nun für uns ein psychisches Es, unerkannt und unbewußt, diesem sitzt das Ich oberflächlich auf, aus dem W-System als Kern entwickelt" (Freud, 1989, S. 292).

Das Ich ist im Rahmen der topischen Struktur des psychischen Apparats demnach an der Oberfläche angesiedelt. Es bildet, von außen betrachtet, die oberste Schicht. Neben dieser räumlichen Bestimmung entspricht diese Oberflächenposition auch der Funktion, die dem Ich als Vermittlungsinstanz zur Außenwelt zukommt.

3.2.2 Das Körper-Ich als Grenzwesen

Wie neuere Interpretationen von *Freuds* Text zeigen, kommt der Analyse dieser topischen und funktionalen Bestimmung der „Oberflächenhaftigkeit" des Ich noch eine weitergehende Bedeutung zu. Denn das „Oberflächenwesen" (Freud, 1989, S. 294) Ich ist nach *Anzieu* (1992, S. 110) wesentlich „Grenzfläche". Erst vermittelt durch seinen Grenzflächencharakter vermag es sich über seine Eigenschaft, bloßer Träger des Wahrnehmungssystems zu sein, hinaus zu entwickeln und zu einer spezifischen Struktur herauszubilden. Zum Ausgangspunkt seiner Konstitution wird dabei der an das Körpererleben gebundene Doppelcharakter der Empfindungen. Auch neuere kognitive Ansätze (Epstein, 1984, S. 17) betonen die an das Körpererleben gebundene Erfahrung der Subjekt-Objekthaftigkeit des Körpers als Basis für die Ausbildung eines Selbstsystems. Es ist demnach die aus dem Körpererleben hervorgehende „doppelsinnige" Erfahrung der Subjekt-Objekthaftigkeit des Körpers, welche die Matrix abgibt für die Herausbildung einer ersten bewußten Vorstellung von einer Grenze, die einen ‚Innenraum' von einem ‚Außenraum' trennt. Nach *Freud* leitet sich das Ich nun von diesem über die Berührungserfahrung entstandenen taktilen ‚Innenraum' ab. So wird bei der Berührung des eigenen Körpers nach *Freud* dieser wie ein äußeres Objekt wahrgenommen, womit sich dieser Aspekt des Wahrnehmungsakts nicht von dem beim Berühren anderer Objekte unterscheidet. Grundlegend unterschieden ist der Berührungsakt des eigenen Körpers jedoch von dem aller anderen äußeren Objekte durch die Tatsache, daß hierbei nicht nur am berührenden Körperteil eine Tastempfindung entsteht, sondern gleichzeitig eine Empfindung am berührten. Der Säugling macht also an seiner Körperoberfläche die Erfahrung, das es zwei Arten von Wahrnehmungen gibt – „Wahrnehmungen, die von außen herankommen (Sinneswahrnehmungen) und von innen her, was wir Empfindungen und Gefühle heißen" (Freud, 1989, S. 288). Diese zweite Sensation am berührten Körperteil als einer spezifisch „inneren Wahrnehmung" wird so Ausgangspunkt der Wahrnehmung eines „Innen" (Bion, 1967) überhaupt. Aus den Berührungsempfindungen entsteht ein taktil vermitteltes Abbild vom Körper – eine Tasthülle -, die zum Modell für die psychische Hülle des Ich wird. Der durch die Sensationen an der Körperoberfläche taktil vermittelte ‚Innenraum' wird so zur Vorlage für die Vorstellung von einem Ich als einem innenliegenden und umschlossenen Raum bzw. Behälter, das die Empfindungen und Gefühle beherbergt. Die durch die Berührung der Körperoberfläche ausgelöste ‚innere' Körperempfindung des Spürens wird so zum Vorläufer für die Vorstellung von einem inner-seelischen Spüren. *Anzieu* (1992, S. 113) spricht in seiner Interpretation der oben genannten Passage treffend von einem „mentalen Hintergrund", der sich durch das doppelsinnige Erleben des Körpers in der Psyche herausbildet. Damit hat sich eine bedeutsame Unterscheidung in der Wahrnehmung des eigenen Körpers im Individuum etabliert. Nach *Anzieu* (1992, S. 87) ist es die an den Körper gebundene Reflexivstruktur, die den Ausgangspunkt für die Bildung „reflexiver psychischer Empfindungen" bildet und letztlich auch die Matrix für das reflexive Denken abgibt. Die den Sensationen an der Körperoberfläche „inhärente Zweiteilung" (1992, S. 114) ist das Modell, das die reflexive Zweiteilung des bewußten Ich vorbereitet, bei der sich das innerseelische Empfinden und Fühlen von den inneren Körperempfindung des Spürens ableitet.

Über diese vom Tastsinn abgeleitete Unterscheidung eines Körper-Ich von den Außenobjekten hinaus, macht *Freud* noch auf einen weiteren Differenzierungsmodus aufmerksam. Bei der Wahrnehmung eines vorrangig aus dem Inneren des Körpers stammenden Schmerzes, der nicht von einer Läsion an der Körperoberfläche herrührt, handelt es sich um die Wahrnehmung eines inneren Objekts, die sich von der Wahrnehmung eines äußeren Objekts unterscheidet. Auch hier wird die Wahrnehmung einer ‚inneren' körperlichen Empfindung – der im Körperinneren lokalisierten Schmerzempfindung – zum Modell für die Ausbildung der Vorstellung eines inneren Ich, das diesen Schmerz fühlt. Denn das Vorhandensein des „inneren Objekts" Schmerz zwingt, daß das den Schmerz wahrnehmende Ich sich als unterschieden vom schmerzenden Teil zu erkennen. Es kommt zur Unterscheidung eines „Seelischen Selbst" vom schmerzenden Körper, daß diesen Schmerz fühlt.

Nach *Freud* führt das an den Körper gebundene innere Erleben und Empfinden, wie es sich besonders beim Tasten und bei unlustvollen inneren Körperzuständen zeigt, zu einer Differenzierung eines empfindenden-fühlenden Selbst und eines objekthaften Körpers. Auf den Prozeß der Herausbildung des Ich im Zuge Schmerzerfahrung werde ich weiter unten noch einmal zurückkommen, um am Prozeß der Schmerzwahrnehmung die Herausbildung einer bewußten Vorstellung – einer psychischen Repräsentanz des schmerzenden Körperteils genauer erläutern zu können.

Zentral für die Bestimmung des Ich, wie sie *Freud* entwickelt hat, ist, daß

sowohl die Vorstellung von einem Ich als einer empfindend-fühlenden Instanz wie auch ein davon unterschiedener Körper nicht von Beginn der psychischen Entwicklung gegeben sind, sondern daß sich die bewußte Vorstellung eines von der Außenwelt und vom eigenen Körper unterschiedenen Ich
erst im Verlauf der kindlichen Entwicklung herausbildet. Nach *Freud* lernt
der Säugling erst allmählich aufgrund der an den Körper gebundenen Subjekt-Objekthaftigkeit sein Ich von der Außenwelt abzusondern. So heißt es
bei *Freud* (1989, S. 199):

> „Der Säugling sondert noch nicht sein Ich von einer Außenwelt als Quelle der auf
> ihn einströmenden Empfindungen. Er lernt es allmählich auf verschiedene Anregun-
> gen hin."

Auch der Gegensatz zwischen Subjektivem und Objektivem muß sich im
Prozeß der Entwicklung erst herausbilden.

3.2.3 Das Körper-Ich als Projektion

Neben dieser ersten über die taktile Doppelsinnigkeit des Körpererlebens
vermittelten rudimentären Matrix eines Körper-Ich, das sich als eine taktile
Erfahrung von einer Grenze und mithin einer Differenzierung eines Innen-
bereichs von einem Außenbereich darstellt, weist *Freud* mit seiner Bestimmung des Ich als Projektion der Körperoberfläche noch auf einen anderen
bedeutsamen Mechanismus hin, der sowohl optische Momente wie auch
imaginär-phantasmatische Momente bei der Herausbildung einer Vorstel-
lungsrepräsentanz des Ich deutlich werden läßt. Dabei ist der Begriff der
Projektion, wenn auch in einem ausschließlich neurologischen Sinn, bereits
von den Neurologen *Pick* (1922) und *Head* (1911, S. 32) herangezogen
worden, um die Entstehung des Körperschemas zu erklären.[21] Neben einem
neurologischen Verständnis bietet der Begriff der Projektion, wie ihn *Freud*
verwendet, jedoch auch Ansatzpunkte für eine gestalttheoretische bzw.
strukturale Auffassung des Ich.

Bevor auf die gestalt- bzw. strukturalen Ansätze eingegangen wird, sol-

---

21 Auch Arnold, Eysenk &Meili (1988, S. 1143) weisen in ihrem Lexikon der Psychologie
auf die lediglich neurophysiologische Ausrichtung des Begriffs bei Head hin.

len zunächst die Implikationen für das Verständnis des Körper-Ich, die sich aus der Anwendung eines primär neurologischen Projektionsbegriffs ergeben, aufgezeigt werden. Dabei entspricht die Auffassung des Körper-Ich als einer rein neurologischen Projektion dem klassisch neurophysiologischen Verständnis des Körperschemas, wie es zunächst von *Pick* und in der Folge von *Head* entwickelt wurde und wie es weiter unten kurz erläutert wird.

3.2.3.1 Das Körper-Ich als neurologische Projektion

Zur Erläuterung seines Projektionsbegriffs führt *Freud* das Beispiel des Gehirnmännchens der Anatomen ein. *Bittner* (1986, S. 720) weist mit Blick auf dieses von *Freud* verwendete Beispiel darauf hin, daß der Begriff der Projektion hier in einer ersten Annäherung ganz im Sinne einer neurologisch-geometrischen Projektion aufzufassen ist, bei der ein dreidimensionaler Gegenstand auf einer zweidimensionalen Fläche abgebildet wird. So ergibt die „Projektion des dreidimensionalen menschlichen Körpers auf die Fläche der Gehirnwindung das Gehirnmännchen" (1986, S.720). Und an anderer Stelle schreibt *Bittner* (1986, S. 722):

> „Das Ich ist demnach die psychisch repräsentierte Körperoberfläche – also keine physisch-dingliche „Fläche", sondern das Destillat, die Quintessenz einer Fläche sozusagen: eine Fläche aus Seelenmaterie."

Das Ich kann danach in Analogie zum Gehirnmännchen als die Herausbildung einer bildhaften Repräsentation des Körpers und seiner Teile in den verschiedenen Funktionsbereichen des Gehirns aufgefaßt werden. Und zwar bildet sich eine solche schemenhafte Repräsentanz des Körpers und seiner Glieder sowohl im Gyrus präcentralis für den motorischen Bereich wie auch im Gyrus postcentralis für den sensorischen Bereich aus. Erst durch die Entstehung dieser schemenhaften Repräsentation des Körpers wird es möglich, die Informationen, die durch Sensationen an der Körperoberfläche entstehen, zu lokalisieren, was wiederum die Vorbedingung für die willentliche Koordination der Motorik ist. Dazu muß sich diese dem zweidimensionalen optischen Wahrnehmungsbild nachgebildete Projektion des Körpers mit den sensorischen, taktilen und kinästhetischen Eindrücken und Empfindungen verknüpfen. Insoweit entspricht der von *Freud* hier in Ansatz gebrachte Projektionsbegriff weitgehend dem bereits erwähnten klassischen neurophysiologischen Begriff des Körperschemas, der an dieser Stelle daher kurz in seinen Grundzügen erläutert werden soll.

Der Begriff des Körperschemas stammt ursprünglich von dem Neurologen *Pick*, der ihn 1908 zur Erklärung von bizarren Körperwahrnehmungen, insbesondere des Phänomens des Phantomglieds einführte. *Pick (1922, S. 307)* verstand dabei unter Körperschema im wesentlichen: „eine Orientierung am eigenen Körper" im Sinne von „Raumbildern".

1911 griff der Neurologe *Head* diesen Begriff auf und entwickelte ein Modell des Körperschemas, das die Körpererfahrung und die Körperwahrnehmung auf eine bloße neurophysiologische Regulation reduzierte. So definierten *Head* und *Holm* (1911, S. 32) das Körperschema „als zentrale Repräsentanz der Teile und der Grenzen des Körpers in der Wahrnehmung einer Person." Folgendes Zitat von *Head (1920, S. 57)* macht nochmals deutlich, daß es sich bei diesem Definitionsversuch des Körperschemabegriffs um eine ausschließlich auf den neurophysiologischen Aspekt beschränkte Bestimmung handelt.

„Der Gebrauch der Schemata durch den Menschen ist kein psychischer Vorgang, sondern findet auf der physiologischen Ebene statt."

Joraschky (1983, S. 18) merkt dazu an, daß der auf *Head* zurückgehende Schemabegriff „unter neurophysiologischen Gesichtspunkten im Sinne der Reflexiologie *Sherrigtons*" betrachtet werden müsse. Nach dieser klassisch neurophysiologischen Auffassung des Körperschemas bildet sich das Körperschema im Verlauf der kindlichen Entwicklung durch eine Verschränkung und Verkoppelung der taktilen, kinästhetischen Körperempfindungen mit visuellen Bildern. Es handelt sich dabei um eine „autonom reifende Funktion, die eine nicht bewußtseinspflichtige Orientierung am eigenen Körper erlaubt" (Poeck, 1965, S. 146). Diese physiologische Vorstellung des Körperschemas ist nach *Merleau-Ponty* (1966, S. 124) daher auch „keine andere als die eines Bilder-Zentrums im klassischen Sinne." Diese Reduktion des Körperschemabegriffs auf lediglich neurophysiologische Raumbilder entspricht einem um die subjektive Dimension verkürzten Wahrnehmungsmodell, in dem die subjektiven Bedeutungszuschreibungen oder Erlebensaspekte ausgeklammert bleiben. Ein solcher Körperschemabegriff wird den dynamischen und intersubjektiven Aspekten des Körperschemas und des aus ihm sich ableitenden Körper-Ich nicht gerecht. Denn dem Körper-

Ich haftet ein Zug zur Integration und Synthese an, der nicht durch einen neurophysiologischen Mechanismus der Herausbildung eines sensorischen Körperbildes oder Körperschemas erklärt werden kann. Das Modell des Körper-Ich stellt vielmehr eine höhere Stufe der Integration dar, die über ein bloß sensorisches Bilderzentrum hinausgeht.

3.2.3.2 Das Körper-Ich als imaginäre Projektion

Neben dieser Auffassung der Projektion als einer vorrangig Neurologischen umfaßt der Projektionsbegriff, wie er von *Freud* in der angeführten Passage aus der Abhandlung „Das Ich und das Es" verwendet wird, noch eine weitere Ebene, bei der gestalttheoretische Aspekte zum tragen kommen.

Auch *Anzieu* (1992, S. 113) weist auf dieses gestalttheoretische Moment hin, indem er den „mentalen Hintergrund", der sich mittels der bipolaren Berührungserfahrung konstituiert, als einen solchen auffaßt, auf dem sich erstmals psychische Inhalte als Figur bzw. als Gestalt abbilden können. So wird diese Projektion, die bisher unter einem vorrangig neurologisch-geometrischen Aspekt betrachtet wurde und damit die passiven Momente herausstellte, auch Ausgangspunkt und Matrix einer Aktivität, worin die eigentliche Charakteristik des Körper-Ich besteht.

Denn dem Ich muß neben der Funktion der topisch-sensorischen Repräsentation der Körperoberfläche noch eine synthetische Funktion zukommen, die in einer bloß sensorischen Bestimmung des Körper-Ich nicht aufgeht. So kann das innere Bewußtsein von unserem Leibe wie *Scheler* (1954, S. 412) betont, nicht einfach mit der Summe von Empfindungen gleichgesetzt werden, die wir in den einzelnen Organen lokalisiert erleben. Unser Leibbewußtsein bzw. unser Körper-Ich läßt sich nicht auf ein neurologisches Raumbild des Körpers reduzieren, wie es ein nur neurologischer Projektionsbegriff nahelegt.

„Denn faktisch ist uns das Bewußtsein von unserem Leibe stets als das Bewußtsein von einem Ganzen mehr oder weniger vage gegliedert, gegeben, und dies unabhängig und vor der Gegebenheit aller besonderen Komplexe von Organempfindungen. Das Verhältnis aber dieses Bewußtseins vom *Leibe* und jener Organempfindungen ist nicht das eines Ganzen zu seinen Teilen oder das eines Relationszusammenhangs zu seinen 'fundamenten', sondern das einer *Form* zu ihrem *Gehalte*. ... Der Tatbestand Leib ist also die zugrunde liegende Form, in der alle Organempfindungen zur

Verknüpfung kommen, und vermöge deren sie *dieses* Leibes und keines anderen Organempfindungen sind" (Scheler, 1954, S. 412).

So vermag eine rein physiologisch-neurologische Bestimmung des Körperschemas bzw. des Körper-Ich gerade nicht das integrative Moment, den Zug zur Synthese, der dem Ich konstitutiv zukommt, zu erklären. Daher ist das Körperschema bzw. das Körperbild wesentlich nach *Merleau-Ponty* (1966, S. 126) als eine „Gestalt" im Sinne der Gestaltpsychologie aufzufassen. Das Körperschema ist danach nicht lediglich die Summe der Teilbilder des Körpers, sondern stellt als Struktur eine qualitativ andere Stufe der Integration dar. *Merleau-Ponty* (1966, S. 125) veranschaulicht dies am Beispiel der Anosognosie, also der Unfähigkeit einen erkrankten Körperteil als solchen wahrzunehmen.

„Wenn in der Anosognosie ein gelähmtes Glied im Körperschema des Kranken nicht mehr zählt, so weil das Körperschema weder ein bloßer Abklatsch noch selbst ein bloßes Gesamtbewußtsein der vorhandenen Körperteile ist, vielmehr diese nach ihrer Wertigkeit für die Vorsätze des Organismus sich aktiv einverleibt."

Auch in den Ergebnissen der psychopathologischen Untersuchungen von *Gelb* und *Goldstein* (1920) findet *Merleau-Ponty* eine Bestätigung dieser Struktur- und Gestaltauffassung. So weisen gerade die hirnpathologischen Störungen, die von *Gelb* und *Goldstein* (1920) untersucht wurden, darauf hin, daß es sich bei diesen Störungen nicht lediglich um den begrenzten Ausfall einer bestimmten Funktion handelt, sondern vielmehr eine Veränderung stattfindet, „die zur Verarmung von Strukturen (Entdifferenzierung), zur Verselbständigung von Teilstrukturen (Dissoziationen), zur Ausbildung von Ersatzstrukturen und ähnlichem führen" (Waldenfels, 1981, S. 124).

In Anlehnung an *Schilders* (1923, S. 86) Postulat vom Körperschema als einer Gestalt, der ein dynamischer Charakter zukommt, faßt *Merleau-Ponty* das Körperschema als eine dynamische und intersubjektive Gestalt auf, die potentiell veränderbar ist und in die soziale Erfahrungen integriert werden.

Wie läßt sich nun vor diesem Hintergrund die Herausbildung des Körper-Ich als Gestalt verstehen? Mit der bereits oben erläuterten Doppelsinnigkeit der Körpererfahrung und dem Mechanismus der Projektion – jetzt jedoch verstanden im Sinne einer imaginären Konstruktion – verwendet *Freud* einen Erklärungsansatz, der ihn phänomenologischen und strukturalistischen Auffassungen nahe bringt.

Wie oben bereits bei der Erläuterung des Grenzflächencharakters des Ich beschrieben, weist *Freud* in „Das Ich und das Es" explizit auf den Bewußtwerdungsprozeß des Körpers und der Körperteile bei physischem Schmerz hin, der für ihn auch den allgemeinen Mechanismus bildet, wie es zur Herausbildung eines Ich bzw. der Selbstbewußtwerdung kommt. So zeigt er am Beispiel der Schmerzwahrnehmung die konstitutive Verschränkung von narzißtischer Besetzung und körperlicher Selbstkenntnisnahme auf.

Hier zur Erinnerung noch einmal der entsprechende Passus:

„Auf die Entstehung des Ichs und seine Absonderung vom Es scheint noch ein anderes Moment als der Einfluß des Systems W hingewirkt zu haben. ... Auch der Schmerz scheint dabei eine Rolle zu spielen und die Art, wie man bei schmerzhaften Erkrankungen eine neue Kenntnis seiner Organe erwirbt, ist vielleicht vorbildlich für die Art, wie man überhaupt zur Vorstellung seines eigenen Körpers kommt" (Freud, 1989, S. 294).

Um die Bedeutung des in diesem Passus angesprochenen Prozesses körperlichen Selbstgewahrwerdens durch physischen Schmerz, der zugleich Modell des seelischen Selbstgewahrwerdens ist, nachvollziehen zu können, wird auf *Freuds* neun Jahre frühere Abhandlung „Zur Einführung des Narzißmus" von 1914 rekurriert. Dort beschrieb *Freud* erstmals die ausgeprägte Selbstbefassung derjenigen, die an körperlichen Schmerzen leiden, als eine Art narzißtischer Besetzung des Schmerzes bzw. des schmerzenden Körperteils. *Freud* (1989, S. 49) bediente sich des Zitats aus Wilhelm *Buschs* Balduin Bählamm: „einzig in der engen Höhle des Backenzahnes weilt die Seele", um eine solche narzißtische Selbstbezüglichkeit bei körperlichem Schmerz prägnant zu illustrieren. Bei dieser narzißtischen Selbstbezüglichkeit oder Selbstbefassung kommt es durch die Aufmerksamkeitsfixierung zu einer Erotisierung des Körperteils, in diesem Fall des Zahns. Nach *Freud* ist es gleichsam diese Konzentration der Libido auf den Körperteil, welche die Bedingung dafür abgibt, daß sich dieser Körperteil allererst für das Bewußtsein abzuzeichnen beginnt. Es ist mithin diese narzißtische Besetzung, die erst zu einem Selbstgewahrwerden oder Kenntnisnahme des Körperteils bzw. des Körpers führt, wobei der Körperteil gleichsam vor dieser narzißtischen Besetzung für das Bewußtsein nicht als solcher existiert. Die narzißtische Besetzung ist mithin konstitutiv für das Auftauchen des Körperteils im Bewußtsein.

Das heißt aber letztlich nichts anderes, als das es im Zuge dieser psychischen Besetzung zu einer Verdoppelung des körperlichen Schmerzes bzw. des schmerzenden Körperteils kommt, so daß sich neben dem physischen Schmerz aufgrund der narzißtischen Besetzung ein psychischer Schmerz in Form einer externalisierten, imaginären Idee des schmerzenden Körperteils ausbildet. Der körperlichen Schmerzempfindung kommt also im Rahmen dieser phantasmatischen psychischen Projektion eine kontur- bzw. umrißgebende Wirkung zu, die dem Körper bzw. dem schmerzenden Körperteil eine Grenze und damit auch eine erste Einheitlichkeit im Sinne einer primären Gestalt verleihen, wobei der Körper bzw. der schmerzende Körperteil vor dieser psychischen Konturverleihung, die als eine imaginäre Konstruktion des Körperteils aufzufassen ist, für das Bewußtsein praktisch nicht existiert. Die körperlichen Empfindungen sind also auch hier wieder ein erstes Modell für die Erfahrung einer Grenze bzw. einer Kontur. Die psychische Repräsentation der Körperteile ist insoweit von den körperlich-anatomischen Empfindungen abgeleitet. Im Zuge des psychischen Repräsentationsprozeß gehen Aspekte dieser körperlichen Empfindungen (und damit der Anatomie) in die Bildung der psychischen Repräsentanz des Körperteils mit ein. Die Art und Qualität der Körperempfindungen, die sich aus den jeweiligen anatomischen Gegebenheiten ableiten, beeinflussen daher den psychischen Repräsentationsprozeß. Nun gehen zwar in die psychische Repräsentanz des Körpers anatomische Gegebenheiten und körperliche Erfahrungen ein, aber die psychische Repräsentanz ist keine sensorische Imitation oder taktil-anatomische Darstellung des Körpers. Vielmehr läßt sich an *Freuds* Text zeigen, daß die psychische Repräsentanz des Körper und seiner Teile eine libidinös-narzißtische Konstruktion ist, in die jedoch Momente der taktilen und sensorischen Empfindungen mit eingehen. Die durch die psychische Projektion entstandene imaginäre Körperkontur bildet dabei einen Zwischenbereich über den sich Psychisches mit Körperlichem vermittelt. Letztlich ist es diese imaginär besetzte Zone, über welche die Psychologisierung des Körpers erfolgt und in der sich der Körper in seinen physiologischen und biologischen Grundeigenschaften abbildet. Denn elementare psychische Vorgänge wie Lust und Unlust, Erregung und Entspannung werden zuerst körperlich erfahren. Die psychische Repräsentation dieser Körpererfahrungen bildet den Ausgangspunkt des Selbsterlebens.

Nach *Freud* ist dieser Mechanismus, bei dem sich in Folge der narzißti-

schen Besetzung ein imaginäres Bild des Körperteils im Zuge der Schmerzerfahrung herausbildet, nun auch als der Modus anzusehen, der bei der Herausbildung des Ich stattfindet. Die Herausbildung des Ich bedeutet ja auf einer analytisch-deskriptiven Ebene nichts anderes als ein Sich-Selbst-Ge-
wahrwerden in dem Sinne, daß sich eine erste Idee von einem umgrenzten
Selbst ausgebildet.

In seinem Konzept des Körper-Ich verknüpft *Freud* nun erstmals die Bildung eines solchen Ich bzw. der Idee eines solchen Ich mit der „externalisierten Idee, die vom eigenen Körper gebildet wird" (Butler, 1995, S. 88).
Die am Beginn der Ich-Bildung stehende Projektion stellt sich als ein zwei-
seitiger Prozeß dar, bei dem eine Projektion des Körpers in Form einer Kontur und damit eines von der körperlichen Gestalt abgeleiteten Bildes erfolgt,
wobei dies projizierte Bild zugleich als eine imaginäre Repräsentanz narzißtisch besetzt wird. Diese aus der Projektion entstandene Repräsentation des
Körpers ist ein erstes rudimentäres Bild, das vom Subjekt in Form eines
räumlichen Vorstellungsbildes von Innen her psychisch erfaßt wird. Das Ich
bildet sich mithin über eine nach außen verlagerte Idee heraus, die vom Bild
des eigenen Körper abstammt. Dieser Aspekt einer imaginären Konstruktion
ist meiner Ansicht nach das bedeutsamste Moment an *Freuds* Bestimmung
des Ich als körperliches und als Projektion einer Oberfläche.

Dieses imaginäre Körperbild hat nun eine einheitliche Gestalt, womit
Freud, wie *Butler* (1995, S. 88) richtig feststellt, einen Gedanken vorweg-
nimmt, den *Lacan* später in seinem Spiegelstadium als zentral für die Ausbildung der Ichfunktion allgemein theoretisch expliziert hat und auf die in
einem späteren Kapitel ausführlich eingegangen wird. Es handelt sich mithin um eine erste Repräsentanz des Körpers als Einheit bzw. eines ersten bewußten Körperschemas. Von diesem dynamischen Körperschema gehen
nun selbst Wirkungen aus, insofern es nach außen auf der Verhaltensebene
wirksam wird. Diese psychische Repräsentanz wird von nun an aufgrund ihrer einheitlichen Gestalt dirigierend und vereinheitlichend auf die noch un-
koordinierte Motorik zurückwirken, womit sukzessive die motorischen Reaktionen und Bewegungen zu einem „subjektiven Verhalten" (Frostholm,
1978, S. 109) umgestaltet werden. Der Prozeß dieser imaginären Projektion
ist also zugleich als eine Gestaltbildung aufzufassen, an dessen Ende eine
Struktur, das Ich, steht.

Entsprechend plädiert *Bittner* (1986, S. 723) dafür, die von *Freud* beschriebene Projektion im Sinne der Entstehung eines „Schaltplanes" einer Maschine aufzufassen, der die einzelnen Teile und Arbeitsgänge zugleich repräsentiert und auch in Gang setzt.

3.3 Fazit

Mit der Einführung des psychosomatischen Begriffs des Es, das zum Ausgangspunkt der Ichbildung wird, wahrt *Freud* im Ansatz die psychosomatische Einheit des Menschen und überwindet den Dualismus und Solipsismus seines ersten topographischen Modells. Indem *Freud* die Genese des Ich explizit mit dem externalisierten Bild vom Körper in Zusammenhang bringt, beschreibt er erstmals ein Modell der Psychologisierung des Körpers. In diesem psychischen Projektionsprozeß werden dem Körper imaginäre Konturen im Sinne eines imaginären Schemas verliehen, wodurch der Körper als eine einheitliche, abgegrenzte Gestalt erfaßt werden kann. Dieses imaginäre Bild des Körpers wird zugleich narzißtisch besetzt und stellt ein erstes rudimentäres Ich dar. *Freud* hat nun diesen Aspekt des imaginären Körperbildes, das narzißtisch besetzt ist, nicht weiter untersucht. Demgegenüber waren es vor allem *Schilder* und *Tausk*, die sich mit der psychischen Repräsentanz des Körperbildes beschäftigten. Auf *Schilder*, dessen Werk „The Image and Appearance of the Human Body" bis heute das umfassenste Einzelwerk zum Körperbild geblieben[22] ist, wird im folgenden ausführlicher eingegangen.

---

22 Vgl. Lemche (1993, S. 41).

4. Kapitel: Schilders Konzept des dynamischen Körperbildes

4.1 Die Weiterentwicklung des Körper-Ich durch Schilder

In der Folge waren es vor allem *Schilder* und *Tausk*,[23] die sich aus psychoanalytischer Perspektive mit der imaginären Konstruktion des Körpers in Form der psychischen Repräsentanz des Körperbildes und des körperlichen Ich-Vorläufers beschäftigten. 1923 legte *Schilder* eine Monographie zum Körperschema vor. In diesem Text setzt er sich mit *Heads* klassischer neurophysiologischer Konzeption des Körperschemas auseinander, das er aus seinem restringierten neurophysiologischen Kontext löst und um spezifische soziale und psychische Momente erweitert. So ist *Schilders* Begriff des Körperschemas mehrdimensional. Die unterschiedlichen Dimensionen sollen im folgenden dargestellt werden. *Schilder* hat diese einzelnen Dimensionen des Körperschemas auf dem Hintergrund eines Ganzheitskonzepts formuliert, das er in Anlehnung an die Gestaltauffassung *Goldsteins* (Vgl. Lemche, 1993, S. 49.) entwickelte. Daher werden im folgenden die unterschiedlichen Ebenen des Körperschemas jeweils auf diesen Gestaltbegriff bezogen. Zur besseren Verständlichkeit sei hier noch kurz auf die unterschiedliche Ver-

---

23 Wobei Hirsch (1989, S. 2) anmerkt, daß Tausk mit seinem Erklärungsansatz des psychotischen 'Beeinflußungsapparates' von 1919 bereits vor Freud die Genese des Ich aus der Entdeckung des eigenen Körpers beschrieben hat.

wendung der Begriffe Körperschema und Körperbild durch *Schilder* eingegangen. *Schilder* bezieht sich in seiner Arbeit von 1923 „Das Körperschema", wie schon der Titel vermuten läßt, vorrangig auf den Begriff des Körperschemas, da er sich hier primär mit *Heads* Konzeption des „postural scheme" auseinandersetzt. Aber bereits in diesem frühen Text verwendet er auch den Begriff des Körperbildes. In seinem Werk „The Image and Appearance of the Human Body" legt *Schilder* ein umfassendes Konzept des Körperbildes dar, wobei er in der Folge nach *Lemche* ausschließlich den Begriff des Körperbildes verwendet, der als übergeordneter fortan den des Körperschemas in sich einschließt. Den psychischen Faktoren wird nun explizit eine Vorrangstellung in Bezug auf die Entstehung des Körperbildes der Körper-Selbst-Repräsentanz eingeräumt, wobei das Körperschema lediglich noch als die physiologische Grundlage für das Körperbild angesehen wird.

Da bei den folgenden Ausführungen sowohl auf die Schriften vor 1935 wie auch auf die späteren Schriften *Schilders* eingegangen wird, kommen sowohl der Begriff des Körperschemas wie auch der des Körperbildes zur Anwendung.

4.2 Das Körperbild als dynamische und historische Gestalt

Eine Bestätigung für den dynamischen und sozialveränderbaren Charakter des Körperbildes sieht *Schilder* in dem Umstand, daß das Körperbild als Struktur aus mehreren zeitlich aufeinander folgenden Bildern besteht, die aus verschiedenen Entwicklungsepochen des Individuums stammen. Als Beleg für diese Auffassung führt er an, daß Amputierte unmittelbar im Anschluß an den Verlust des amputierten Körperglieds neben dem Bewußtsein, das amputierte Körperglied noch zu besitzen, dieses nicht nur spüren, sondern darüber hinaus auch über ein optisches Bild dieses Körperteils, ein sogenanntes Phantombild, verfügen. Dieses Phantombild entspricht in seinen Ausmaßen und Proportionen weitgehend dem amputierten Glied. Einige Zeit nach der Amputation zeigen sich dann jedoch markante Veränderungen in diesem Phantombild. So rückt das amputierte Körperglied im Phantombild fast regelmäßig näher an den Körper heran und verkleinert sich, wobei das Phantomglied, etwa eine Hand, in einzelnen Fällen „den Charakter einer Kinderhand" (Schilder, 1973, S. 32) annimmt. *Schilder* (1973, S. 32) schließt daraus, daß dieses Phänomen auf die „Wirkung eines körperschematischen Eindrucks" zurückzuführen ist, „der aus früherer Zeit stammt." Er schreibt:

„Das Körperschema ist also ein sehr komplex gebautes psychisches Gebilde, das aus mehreren historischen Schichten besteht" (Schilder, 1973, S. 32).

4.3 Das Körperbild als libidinös besetzte Gestalt

Auch für *Schilder* geht wie für *Freud* das Ich aus der narzißtischen Besetzung des Körpers bzw. des Körperbildes hervor, bei der durch eine imaginäre Projektion dem Körper eine Gestalt bzw. eine Morphe verliehen wird, wodurch er als Objekt der Wahrnehmung konstituiert wird. Im Verlauf dieser Kontur- und Umrißverleihung bildet sich eine Körper-Selbst-Repräsentanz in Form des Körper-Ich bzw. Körperschemas heraus. *Schilder* (1923, S. 87) spricht in diesem Zusammenhang explizit von einer „Produktion" und von einem aus „psychischen Tendenzen erfolgendes Aufbauen" des Körperschemas und der Körper-Selbst-Repräsentanz, das aus dem Interesse an der eigenen Person erfolgt, also letztlich narzißtisch motiviert ist. Die Bildung des Körperschemas als psychische Repräsentanz erfolgt aus „dem Bedürfnis der Persönlichkeit" (Schilder, 1923, S. 87), das Bild des eigenen Körpers von den übrigen Objekten der Welt abzugrenzen, um mittels dieses Bildes als Ich Verfügungsfähigkeit über die Welt zu erlangen. Er schreibt:

„Aber nur soviel möchte ich sagen, mir scheint gerade bei der Bildung des Körperschemas deutlich zu werden, daß an ihm das Interesse an der eigenen Person ‚narzißtische Libido' mitbeteiligt ist" (1923, S. 87).

Besonders in den Phänomen des Phantomglieds sieht *Schilder* eine Bestätigung der narzißtischen Besetzung des eigenen Körperbildes. In „Das Körperschema" von 1923 führt er dazu folgendes prägnantes Beispiel an:

„Einer der Amputierten erlebte seinen Arm immer in der gleichen Stellung und es ließ sich wahrscheinlich machen, daß das jene Stellung war, die er hatte, als sein Arm durch die Granate zerschmettert wurde. Der gleiche Patient konnte den im Ellbogengelenk gebeugten Arm durch den Körper hindurchführen, gewiß ein Beweis für die Festigkeit des Phantombildes und zugleich Beweis darauf, daß die Bildung der Vorstellung vom eigenen Körper Gesetzmäßigkeiten folgt, welche noch eingehender Untersuchung harren. Jedenfalls zeigt sich, daß die Erscheinungen bei Amputierten nur aus der Psychologie des Körperschemas verstanden werden können ... Das Phantombild selbst ist ja schon der Ausdruck der Liebe zum eigenen Körper, des Unvermögens auf die Integrität des Körpers zu verzichten. Alle diese Amputierten vergessen in der ersten Zeit immer wieder, daß sie amputiert sind, springen, greifen und keiner unserer Amputierter träumte, daß er Hand oder Bein nicht mehr habe" (Schilder, 1923, S. 87).

In dem Aufsatz „Das Körperbild und die Sozialpsychologie" faßt *Schilder* seine Annahmen über das Körperbild als narzißtische Konstruktion resümierend wie folgt zusammen:

„Aufbau und Gestaltung des Körperbildes erfolgen keineswegs unter Leitung des Intellekts und lediglich kognitiver Interessen. Sie erfolgen als Ausdruck von Strebungen und Bedürfnissen. Wir wünschen die Einheit und Unversehrtheit unseres Körpers: Narzißmus" (Schilder, 1933, S. 368).

Und in „The Image and Appearance of the Human Body" heißt es prägnant:

„The narcissistic libido has as its Object the image of the body" (Schilder, 1950, S. 122).

Nach *Lemche* (1993, S. 47) ist diese Auffassung des Narzißmus von *Schilder* als eine „Vorwegnahme" der neuerer Narzißmusdefinitionen von *Hartmann* und *Jacobson* anzusehen, die an die Stelle des Körperbildes lediglich die Repräsentanz des Selbst gesetzt hätten.

4.4 Libidinöse Besetzung einzelner Körperteil- und Organ-Repräsentanzen in der Körper-Selbst-Repräsentanz bzw. im Körperbild

Am Beispiel der Hypochondrie entwickelt *Schilder* ein Modell, das es erlaubt, die Hervorhebung bzw. Ausgliederung einzelner Körperteil- oder Organ-Repräsentanzen aus der Körper-Selbst-Repräsentanz in Gestalt des Körperbildes mit psychoanalytischen Begriffen theoretisch zu erklären. Er stellt dabei explizit eine Verbindung zwischen Störungen des Narzißmus und einer Störung des Körperbildes her. *Schilder* gibt eine präzise Beschreibung des narzißtisch-libidinösen Mechanismus, der den Abspaltungs- und Dissoziationsphänomenen einzelner Organ-Repräsentanzen von der Körper-Selbst-Repräsentanz zugrunde liegen. Seine theoretischen Ausführungen ermöglichen so, über die vereinzelten Hinweise im Werk *Freuds* hinaus, die von den Phänomenologen am Leib ausgemachte Doppelsinnigkeit in Form der Subjekt-Objekthaftigkeit des Körpers mittels eines psychoanalytischen Modells adäquat abzubilden. Auch eröffnet sein Modell einen Zugang zum Verständnis massiver Desintegrationsphänomene der Körper-Selbst-Repräsentanz, wie sie für schwere Formen der Psychose charakteristisch sind.

4.4.1 Temporäre Verschiebung einzelner Organ- und Körperteil-Repräsentanzen in der Körper-Selbst-Repräsentanz bei körperlicher Erkrankung

Nach *Schilder* findet sowohl bei der Hypochondrie als auch bei körperlicher Krankheit, wenn auch hier in einem sehr viel geringeren Ausmaß, ein Abzug des Interesses und der Libido von der Außenwelt statt. Es kommt zu einem Rückzug der libidinösen Strebungen auf das Ich bzw. das Körper-Ich. *Schilder* (1973, S. 29) schreibt:

> „Die Wahrnehmung der Umwelt ist zwar [scil. beim Hypochonder] ungestört, aber diese Umwelt bietet kein Interesse, weder die belebten noch die unbelebten Teile der Umwelt."

Im Zuge dieses Rückzugs der Libido auf das Ich wird die von der Außenwelt abgezogene Libido auf einen bestimmten Körperteil oder ein bestimmtes Körperorgan konzentriert. Dieser Prozeß läßt sich als verstärkte libidinöse Besetzung eines Körperteils in der Körper-Selbst-Repräsentanz beschreiben, die mit einer Verschiebung der Aufmerksamkeitsbesetzung im Ich einhergeht. So zieht das schmerzende Organ die „Selbstbeobachtung" (Schilder, 1973, S. 26) auf sich. Diese Aufmerksamkeitsverschiebung läßt das narzißtisch besetzte Organ aus dem Bereich des vorgängigen Erlebens heraus in den Bereich der Wahrnehmung treten. Daher wird in der Hypochondrie nach *Schilder* (1973, S. 31) auch eine „Empfindung zur Wahrnehmung gemacht." Ein Vorgang, der von den Phänomenologen minutiös beschrieben und im zweiten Kapitel dargestellt wurde. Das so narzißtisch belehnte Organ ist dadurch für das Ich, in dessen Erleben es vormals integriert war, zum Objekt der Wahrnehmung geworden, wodurch das Organ für das Ich einen objekthaften Charakter annimmt, der in der Folge immer stärker hervortritt. Das Organ wird aufgrund der in der Körper-Selbst-Repräsentanz vorgehenden Verschiebung immer mehr zu einem Teil der Außenwelt und damit anderen äußeren Objekten und Gegenständen immer ähnlicher. Die Untersuchungen der Phänomenologen, die im zweiten Kapitel dargestellt wurden, haben diesen Prozeß der „Objektwerdung" und Vergegenständlichung des Körpers bzw. einzelner Körperteile bei körperlicher Krankheit prägnant beschrieben.

4.4.2 Abspaltung einzelner Körperteil- oder Organ-Repräsentanzen in der Hypochondrie

In der Hypochondrie findet sich nach *Schilder* dieser Mechanismus der Hervorhebung und Abspaltung einzelner Körperteil- und Organ-Repräsentanzen von der Körper-Selbst-Repräsentanz in extremer Weise. In der Hypochondrie werden diejenigen Organe hypochondrisch beachtet, „welche ein Übermaß libidinöser Spannung in sich enthalten" (Schilder, 1973, S. 27). Während es bei einer gewöhnlichen körperlichen Erkrankung nur zu einer temporären und geringgradigen narzißtisch-libidinösen Besetzung eines spezifischen Körperteils oder Organs kommt, ruft die ausgeprägte Organbesetzung bei der Hypochondrie nach *Schilder* jedoch einen Verdrängungsmechanismus des Ich auf den Plan. Das Ich wehrt sich gegen die libidinöse Überladung des Organs, indem es das Organ gleichsam dauerhaft von sich abzuspalten trachtet und es zu einem Objekt der eigenen Wahrnehmung macht.

Die hypochondrische Beachtung eines Körperteils bedeutet daher für *Schilder* (1973, S. 27), es „teilweise zur Außenwelt" zu machen. Im Zuge dieser hypochondrischen Beachtung kommt es zwar nicht zu einer grundsätzlichen Auflösung der an den Körper gebundenen Subjekt-Objekthaftigkeit, aber es vollzieht sich eine Dissoziation innerhalb der Körper-Selbst-Repräsentanz, bei der gleichsam ein Teil des Subjekts einen anderen Teil zum Objekt zu machen trachtet. *Schilder* (1973, S. 27) faßt diesen Prozeß wie folgt zusammen:

„Der Besitzstand zwischen Subjekt und Objekt ist also bei hypochondrischer Selbstbeobachtung zwar nicht verändert, aber Teile des Subjekts sind zur Ausstossung ins
Objekt vorbereitet."

Den Grund für diese Abstoßungstendenz sieht *Schilder* (1973, S. 27) in
einer rigiden Über-Ich- bzw. „Ich-Idealstruktur", von der die autonom-narzißtische Besetzungen einzelner Körperteile nicht toleriert wird, da sie die
auf der narzißtischen Besetzung des Gesamtichs basierende synthetische
Struktur des Ich gefährden. Dieses Ich-Ideal gehört damit einer Entwicklungsstufe des Ich an, in der sich das Ich als Gestalt in Form einer integrierten Körper-Selbst-Repräsentanz bereits herausgebildet hatte. Erst vor dem
Hintergrund einer solchen narzißtischen Besetzung des Ich als einer Gesamtgestalt kann der Abwehrmechanismus der Abspaltung einer Körperteil-
Repräsentanz eine stabilisierende Funktion für die Integrität der Gesamtge-
stalt des Körperschemas entfalten. Entsprechend heißt es bei *Schilder* (1973,
S. 33), daß „erst vom Körperschema aus die libidinöse Besetzung einzelner
Körperteile erfolgen" kann. Und an anderer Stelle schreibt er:

„Um einen bestimmten Körperteil libidinös besonders zu besetzen, muß man eine
Kenntnis von diesem Körperteil haben" (Schilder, 1973, S. 31).

Diese narzißtisch besetzte Gesamtgestalt in Form einer integrierten Körper-Selbst-Repräsentanz ist nun durch die in einer späteren Lebensphase des
Individuums einsetzende übermäßige narzißtische Besetzung einzelner Organ-Repräsentanzen bedroht. Um diese Stufe der Integration, die als Grundmoment der Ichfunktion aufzufassen ist, nicht zu gefährden, geht vom Ich
ein Abwehrmechanismus aus, bei dem über die Abspaltung des problematischen Körperorgans die Integrität des Ich als Gesamtstruktur gesichert wird.

So ist es nach *Schilder* (1950, S. 142) das Resultat dieses Abwehrmechanismus des Ich, „to isolate the disease organ, to treat it like a foreign body in
the body-image." Insofern hat die Überzeugung der an Hypochondrie Erkrankten, daß bei ihnen eine Organveränderung vorliegt, durchaus ihre Be-
rechtigung, da es in der Körper-Selbst-Repräsentanz aufgrund der Libidobe-
setzung wirklich zu einer Veränderung gekommen ist, die jedoch in diesem
Fall nichts mit einer realen Veränderung des Organs zu tun hat, sondern lediglich die Körper-Selbst-Repräsentanz betrifft.

Nach *Schilder* liegt der Hypochondrie eine frühe Störung beim Aufbau des Körperschemas bzw. der Körper-Selbst-Repräsentanz zugrunde. Bei der Bildung des Körperschemas bzw. der Körper-Selbst-Repräsentanz ist es an einzelnen Organen zu Fixierungen gekommen, die durch eine Libidostauung in der späteren Lebens- und Entwicklungsphase des Individuums reaktiviert werden, so daß „single parts of the body image are chosen out of the whole bodily picture and attract more libido than they should" (Schilder, 1930, S. 175). Der Kohäsions- bzw. Fragmentierungsgrad ist nach *Schilder* des Körperbildes demnach von der Stärke der narzißtischen Besetzung abhängig. Im Anschluß an *Schilder* war es dann besonders *Federn* (1978), der auf eine ausreichende narzißtische Besetzung des eigenen Körpers und des körperlichen Ich als Bedingung psychischer Gesundheit hinwies.

4.4.3 Die Binnenstruktur des Körperbildes: Zur qualitativ ungleichwertigen Repräsentanz einzelner Organe und Körperteile in der Körper-Selbst-Repräsentanz

Darüber hinaus liefert *Schilders* Konzept einer libidinösen Besetzung der integrierten Körper-Selbst-Repräsentanz wie auch seiner Teile, der einzelnen Organ- und Körperteil-Repräsentanzen, einen Erklärungsansatz für einige spezifische Phantomgliedphänomene, die ohne den von ihm postulierten libidinös-narzißtischen Besetzungsmechanismus nicht erklärbar wären.
So schließt *Schilder* (1923, S. 27) aus dem Phänomen, daß einige amputierte Patienten unmittelbar im Anschluß an die Amputation ihres Fußes zunächst noch Knöchel, Zehen und Ferse des Phantomfuß spüren, jedoch schließlich das Bewußtsein der Ferse verlieren, daß für uns unser Körper „nicht in allen Teilen psychologisch gleichmäßig repräsentiert" ist. Der „weniger wichtige Teil des Körperschemas" wird im Verlauf der Rückbildung des Phantomglieds „unterschlagen" (Schilder, 1923, S. 27).
Darüber hinaus spüren wir nach *Schilder* (1923, S. 27) diejenigen Teile des Körperschemas deutlicher, die in „unmittelbarer Berührung mit den Kleidungsstücken stehen", was ebenfalls als ein Beleg für die qualitativ unterschiedliche Repräsentanz der einzelnen Körperteil-Repräsentanzen in der Gesamtkörperrepräsentanz zu werten ist.
In „The Image and the Appearance of the Human Body" faßt er diese Be-

obachtungen von der qualitativ unterschiedlichen Repräsentanz einzelner Körperteil-Repräsentanzen dann zu der Auffassung zusammen, daß das Körperbild noch in sich differenziert ist und aus Teilstrukturen besteht. Er führt weiter aus, das in diesen Teilstrukturen den erogenen Zonen eine herausgehobene Bedeutung zu kommt, da sie als Kristallisationszonen der psychosexuellen Strebungen prägenden Einfluß auf die Grundstruktur des Körperbildes ausüben.

4.5   Das Körperbild als soziale Gestalt

4.5.1   Die Integration äußerer Gegenstände in das Körperbild als Ausdruck seines sozialen Charakters

In seiner Abhandlung „Das Körperbild und die Sozialpsychologie" unterstreicht *Schilder* (1933) den sozialen Charakter des Körperschemas bzw. des Körperbildes. Dieser soziale Charakter macht sich für ihn zunächst an der prinzipiellen Variabilität des Körperbildes fest. So können auch äußere Objekte, beispielsweise ein individuell bedeutsames Kleidungsstück vollständig in das Körperbild integriert werden, wobei sich das Körperbild gleichsam um dieses Objekt erweitert und mit ihm verschmilzt. Dabei ist die Distanz, welche die äußeren Objekte jeweils zum Körperbild bzw. genauer zur Körper-Selbst-Repräsentanz haben, abhängig von der Intensität der libidinösen Besetzung dieser Objekte. Aufgrund des libidinös-projektiven Charakters der Körper-Selbst-Repräsentanz fällt das „Körperbild keineswegs mit den Grenzen des wirklichen Körpers zusammen" (Schilder, 1933, S. 369). Der dem Körperbild zugrundeliegende Raumbegriff unterscheidet sich mithin fundamental vom Raumbegriff physikalischen im Sinne. Das Körperbild entspricht einem sozialen Raum (Vgl. Schilder, 1933, S. 369). Bei *Schilder* (1933, S. 370) heißt es dazu:

> „Der Raum um das Körperbild hat daher besondere Eigentümlichkeiten, die Distanz der Objekte vom Körper ist durch das Triebleben bestimmt."

Da für *Schilder* (1933, S. 371) die „libidinösen Strebungen", aus denen das Körperbild aufgebaut ist, „notwendigerweise soziale Phänomene" sind, ist das Körperbild ein genuin „soziales Phänomen".

Weil es letztlich die libidinösen Besetzungen sind, die für die Zugehörigkeit eines Objekts zur Körper-Selbst-Repräsentanz entscheidend sind, fallen die Grenzen des Körperbildes nicht mit den anatomischen Grenzen des Körpers zusammen, sondern diese Grenze ist prinzipiell variable und dynamisch. Daher können äußere Objekte wie Kleidungsstücke in das Körperschema integriert werden, ebenso wie auch Körperteile aus dem Körperschema ausgegliedert werden. Dies wurde dies am Beispiel der Hypochondrie gezeigt.

4.5.2 Das Körperbild als intersubjektive Gestalt

In einigen sehr kurzen Bemerkungen weist *Schilder* neben dem Mechanismus der Projektion noch auf die Bedeutung von Identifizierungsprozessen bei der Herausbildung eines ersten Körper-Selbst bzw. Körperschemas hin, womit er auf die Entstehung der Körper-Selbst-Repräsentanz bzw. einzelner Teile dieser Körper-Selbst-Repräsentanz als Resultat intersubjektiver Beziehungen hindeutet.

Bei seiner Beschreibung, wie beim Neugeborenen das Bewußtsein eines von der übrigen Welt abgrenzten eigenen Körpers entsteht, geht *Schilder* (1933, S. 368) von dem Postulat aus, daß Körper und Welt „Korrelatsbegriffe" seien. Damit weist *Schilder* darauf hin, daß das Bewußtsein der eigenen Körperlichkeit nichts primordial gegebenes ist, sondern ebenso aufgebaut werden muß wie die Kenntnis der Außenwelt. Denn jegliches Bewußtsein des eigenen Körpers setzt das Bewußtsein einer Welt voraus und umgekehrt. Neben seiner Auffassung, daß das Bewußtsein der Welt beim Neugeborenen erst aufgebaut werden müsse, konzediert *Schilder* dieser Außenwelt jedoch eine gewisse Eigenständigkeit. So verwahrt sich *Schilder* gegen die im Rahmen des Konzepts des primären Narzißmus vertretene Auffassung der Psychoanalyse, wonach für das neugeborene Kind die Außenwelt ausschließlich ein durch Projektion entstandenes Gebilde[24] sei. Demgegenüber sieht *Schilder* (1973, S. 59) in dem Umstand, daß das Neugeborene von Beginn an bestimmten Reizen wie beispielsweise Gehörreizen und taktilen Reizen gegenüber Aktivität entfaltet, daß in einem logisch-analytischen Sinne eine Besetzung der Außenwelt bereits stattgefunden haben muß, die Außenwelt sich also in irgendeiner Weise dem Neugeborenen bereits vermittelt haben muß.

Dies bedeutet, daß bereits Strukturen vorhanden sein müssen, die in einem rudimentären Sinne als Ichfunktionen angesehen werden können. Aus dem Umstand, daß das Neugeborene gegenüber der Außenwelt Handlungstendenzen zeigt und es mithin Ansätze eines Bewußtseins der Außenwelt geben muß, kann jedoch keineswegs geschlossen werden, daß das Neugeborene die „Struktur der Außenwelt im gleichen Ausmaß" (Schilder, 1973, S. 59) wahrnimmt, wie dies bei einem Erwachsenen der Fall ist. Nach *Schilder* (1973, S. 59) zeichnet sich dieses entwicklungsgeschichtlich frühe Stadium demgegenüber gerade dadurch aus, daß Körper und Welt noch näher aneinander gerückt sind. Für das Neugeborene hebt sich das „Außen" viel „weniger scharf" ab. Die Grenze zwischen Körper und Welt hat sich noch nicht zu einer endgültigen verfestigt. Auf dieser Stufe gibt es eine breitere Zone der Unbestimmtheit zwischen Körper und Welt, bezüglich der die Unterscheidung welcher Teil zur Außenwelt und welcher zum Körper und damit zum

---

24 Schilder (1973, S. 59) führt aus: „Die Psychoanalyse ist ja im allgemeinen nicht geneigt, in der Außenwelt anderes zu sehen, als ein durch Projektion entstandenes Gebilde. Sie setzt in dem primitiven Organismus ein Wesen voraus, das zwischen Körper und Welt nicht scheidet. Diese Scheidung werde erst auf Grund von Triebeinstellungen vorgenommen, aber Triebeinstellungen sind doch nur möglich an Gegenständen, und wir haben keinen Grund anzunehmen, daß Gegenstände jemals lediglich von innen her, heraus geschaffen werden können, es sei denn von Spuren her, welche in der früheren Entwicklung gegraben wurden. Aber immer wieder muß man, zumindest im psychologischen Bereich, eine Außenwelt annehmen. Selbst der Körper ist in gewissem Sinne auch Außenwelt und nur die Empfindung wäre keine; gibt es aber Stufen, in denen wir das Bestehen von Empfindungen an Stelle von Wahrnehmungen voraussetzen dürfen? Jedenfalls würde ein derartiger Zustand weder Subjekt noch Objekt kennen, womit die Möglichkeit des Verlegens vom Subjekt ins Objekt entfallen würde. Vielmehr muß doch an einen primitiven Organismus die Außenwelt irgendwie herantreten und sich als solche kenntlich machen. Erst auf das Erlebnis Außenwelt hin könnten dann Zuordnungen zu Subjekt und Objekt erfolgen."

Selbst gehört noch nicht endgültig festgelegt erscheint. Er schreibt:

> „Man kann eine Zone der Unbestimmtheit zwischen Körper und Welt annehmen, bezüglich derer die Entscheidung aussteht, ob sie zum Körper oder zur Welt zu rechnen sei, obwohl sich hinter ihr Körper und Welt bereits abzeichnen, denn es ist wahrscheinlich, daß selbst in primitivsten Zuständen sich die Außenwelt irgendwie abhebe, daß das Gerüst bereits da sei, auch wenn über die Zuordnung der einzelnen Elemente zum Körper oder zur Welt noch nichts entschieden ist" (Schilder, 1973, S. 60).

Auf dieser Entwicklungsstufe ist nicht nur das Bewußtsein der Außenwelt, sondern auch das Bewußtsein des Körpers ein Unvollkommenes. Aufgrund der noch flüssigen Grenze zwischen Außen- und Innenwelt, der noch nicht endgültig vollzogenen Differenzierung, findet auf dieser Stufe der Entwicklung noch beständig eine Oszillation zwischen der Zuordnung eines Objektes zur Außenwelt oder zum eigenen Körper statt. Nach *Schilder* begünstigt nun diese Zone der Unbestimmtheit das Phänomen der Halluzination bzw. der Projektion. Obwohl von Beginn des psychischen Lebens an die Außenwelt als etwas Reales und als Gerüst gegebenes ist, wird der „endgültige Bestand" (Schilder, 1973, S. 61) von Körper und Welt jedoch wie *Schilder* (1973, S. 61) betont vom Triebhaften her auf dem Wege der „Projektion", der „Identifikation" (1973, 62) geregelt. Das heißt, das die Grenzziehung, im Sinne einer endgültigen Festlegung dessen, was der eigenen Innenwelt und was der Außenwelt angehört, erst vermittels einer triebhaften Besetzung stattfindet. *Schilder* (1973, S. 62) faßt dies wie folgt zusammen:

> „Wir kämen also dazu, eine reale Außenwelt anzunehmen, welche Haftpunkte für die Ichtriebe darbietet. Gleichwohl scheint jenes Haften auch sofort mit libidinösen Bindungen verbunden zu werden. Auch für das primitive Bild der Außenwelt wären bereits neben den Ichtrieben die libidinösen Einstellungen heranzuziehen."

Anhand des Beispiels der Saugtätigkeit des Säuglings zeigt *Schilder* auf, daß das Neugeborene äußere Objekte, beispielsweise in Form der Brust, erst vermittelt über die Identifizierung mit einer Person in der Außenwelt sehen und damit auch differenzieren lernt. Indem *Schilder* hier den Mechanismus der Identifizierung mit einer anderen bedeutsamen Person als entscheidend für die endgültige Differenzierung und damit des Kenntnisnahme der Außenwelt bestimmt, weist er auf die konstitutive Verbindung zwischen dem Prozeß der Subjekt-Objekt-Differenzierung und der Etablierung einer eigenen und einer fremden Erfahrungswelt hin. Wenn er schreibt, daß erst

„durch die Identifizierungen hindurch ... die Außenwelt ...ihre endgültige Form" (Schilder, 1973, S. 62) gewinnt und diese Außenwelt zunächst der eigene Körper ist, so bedeutet dies, daß der Körper primär durch den Umgang mit anderen – also immer schon intersubjektiv vermittelt – als eigener angeeignet wird. Bei der Herausbildung einer ersten rudimentären Vorstellung dessen, was beispielsweise der eigene Mund ist, also einer ersten Repräsentanz des Körperteils Mund, schlagen sich die in der intersubjektiv Begegnung gemachten Erfahrungen, die das Kind mit der fütternden Person macht, nieder. Damit weist *Schilder* interaktionellen Vorgängen eine entscheidende Bedeutung bei der Konstitution des Körperbildes zu. So führt er aus:

„The building up of the body image is based ... on the individual relations to others" (Schilder, 1950, S. 138).

Und an anderer Stelle:

„The child takes part of the bodies of others into its own body image. It adopts in its own personality the attitude taken by others towards parts of their own body" (Schilder, 1950, S. 138).

Aufgrund der Bedeutung die *Schilder* hier den intersubjektiven Beziehungen beim Aufbau des Körperbildes einräumt und seines Postulats eines Stadium der Ungeschiedenheit von Körper und Welt wurde *Schilder* zu einem Wegbereiter der Objektbeziehungspsychologie.

4.6 Schilders Entwicklungsmodell des Körperbildes

Wie bereits erwähnt geht *Schilder* in seinem Entwicklungsmodell des Körperbildes von einem undifferenzierten Stadium aus, in dem Körper und Welt noch nicht endgültig unterschieden sind. Der Säugling kann seinen Körper noch nicht vollständig von der Welt abgrenzen, die Subjekt-Objekt-Differenzierung ist folglich zunächst eine unvollkommene.

Über motorische und viszerale Erfahrungen bildet sich eine erste Vorstufe des Körperbildes heraus. *Schilder* (1950, S. 195) spricht in diesem Zusammenhang vom „motor body ego". Über diese motorischen Erfahrungen, die mit optischen Vorstellungsbildern des Körperteils verknüpft werden, entstehen erste Repräsentanzen der Gliedmaße, die jedoch noch nicht zu einem kohärenten Gesamtbild integriert sind, sondern erst sukzessive zu einem solchen zusammenwachsen. Die noch nicht vollzogene Integration zu einer Gesamtgestalt geht mit einer Vielgestaltigkeit der einzelnen Körperteil-Repräsentanzen einher. Erst mit diesem Zusammenwachsen der disparaten Körperteil-Repräsentanzen zu einer kohärenten Gestalt, auf dessen Prozeß *Schilder* jedoch nicht näher eingeht, kommt es zur endgültigen Differenzierung von Körper und Welt.

4.7 Fazit

Mit seinem dynamischen und intersubjektiven Konzept des Körperbildes geht *Schilder* über die neurophysiologische Determinierung des Körperschemas hinaus und erweitert es um den Aspekt des psychischen Erlebens. Dabei räumt er der psychischen Komponente den Vorrang in der Genese des Körperbildes ein. Darüber hinaus konzipiert *Schilder* das Körperbild als Gestalt im Sinne einer libidinösen Konstruktion. Damit ist das Körperbild nicht nur lediglich das Resultat frühester Körpererfahrungen, sondern das Körperbild ist eine aktive Syntheseleistung des Organismus, wobei diese Integrationsleistung an die visuelle Gegenständlichkeit des Körperbildes gebunden ist. Diese Konzept des Körperbildes als einer dynamischen und kohärenten Gestalt, der eine aktive Synthese- und Integrationsleistung entspricht, ist in der Psychoanalyse lange Zeit ein einzigartiges Modell geblieben (Vgl. Lemche, 1993, S. 48f), auch wenn sich Ansätze zu einer solchen Gestaltauffassung bereits bei *Freud* finden.

5. Kapitel: Lacans Konzept des Spiegelkörper-Ich

5.1 Einleitung

Freuds Konzept des Körper-Ich lieferte ein erstes Modell, daß die Herausbildung einer Vorstellung vom Körper bzw. den Aufbau eines imaginären
Körperbildes mit der Ich-Entwicklung in Zusammenhang brachte. Dieser
auf *Freud* zurückgehende Imagobegriff wurde von *Schilder* in seinem Konzept des dynamischen Körperbildes aufgegriffen. Er beschrieb das Körperbild explizit als eine libidinös-dynamische Gestalt bzw. Konstruktion, wobei
er gestaltpsychologische und sozialpsychologische Theorieansätze in das
psychoanalytische Konzept integrierte. An dem Hervortreten bzw. der Abspaltung einzelner Organ- und Körperteil-Repräsentanzen und der Integration fremder Gegenstände in das Körperbild wies er auf, daß das Körperbild
nicht mit den Grenzen des empirischen Körpers zusammenfällt. Es handelt
sich beim Körperbild vielmehr um eine phantasmatische Konstruktion, die
erst im Verlauf der kindlichen Entwicklung mit den realen Grenzen des
Körpers synchronisiert wird, wobei diese Synchronisation aufgrund des
imaginären Charakters des Körperbildes nicht statisch ist. *Lacans* Spiegelstadium, das die Genese des Ich als ein aus der Identifzierung mit dem ganzheitlichen Körperbild entstehendes Spiegelkörper-Ich beschreibt, zeichnet
dabei den qualitativen Sprung in der Veränderung der Wahrnehmung des
Selbst wie des Körpers nach. Im Spiegelstadium identifiziert sich das Kind
mit dem Bild vom eigenen Körper. Hierbei erkennt das Kind nicht nur sei-

nen Körper, sondern es erkennt sich in seinem Körper. Das Kind lebt und erlebt seinen Körper nicht mehr nur, sondern es wird sich im Spiegelstadium dieses Erlebens bewußt. Dieses auftauchende Ich-Bewußtsein ist, wie *Lacan* zeigt, konstitutiv an die Ausbildung eines, die disparaten Körperzonen und Körperteile integrierenden Bildes vom Körper – einer Ganzkörper-Repräsentanz – gebunden. Mit dem Aufkommen dieses kohäsiven Vorstellungsbild vom Körper wird das „Körperhaben" als bewußte Erlebensdimension möglich. Die psychische Repräsentation des eigenen Körpers – in Form einer integrierten Körper-Selbst-Repräsentanz – ermöglicht sowohl ein Erleben des Einsseins wie auch eine Beziehung zum Körper. Bevor *Lacans* Konzept des Spiegelkörper-Ich detailliert dargestellt wird, wird im folgenden die Entwicklung und die Funktion des Selbst- und Körpererleben vor der Herausbildung eines solchen imaginären Ich beschrieben. Dazu wird der Versuch unternommen, den Begriff des Selbst und das Verhältnis von Selbst und Körper in dieser Vorphase des Spiegelstadiums genauer zu bestimmen.

5.2 Das Erleben des Körpers vor der Phase des Spiegelstadiums

Wie in den vorangegangen Kapiteln gezeigt, ist das Körpererleben eng mit dem Selbsterleben und Selbstempfinden verbunden. Um das Selbst- und Körpererleben in der Vorphase des Spiegelstadiums genauer beschreiben zu können, wird zunächst der Begriff des Selbst von dem des (reflexiven) Ich abgegrenzt, daß sich im Spiegelstadium herausbildet. Der Begriff des Selbst wurde von *Hartmann* in die psychoanalytische Theorie eingeführt. Er versteht unter Selbst die Gesamtpersönlichkeit im Gegensatz zum Ich, das lediglich eine Teilstruktur der Persönlichkeit ist (Hartmann, 1972, S. 131). Eine für den Fortgang der Untersuchung bedeutsame Unterscheidung zwischen Selbst und Ich stammt von *Levin*. Dieser unterscheidet Selbst und Ich hinsichtlich ihres Erfahrungsmodus (Levin, 1969, S. 41). Danach zeichnet sich das Ich vorrangig durch seine Erkenntnis- und Wissensfunktionen aus, während das Selbst erlebt. Auch die Auffassungen der neueren Säuglingsforscher gehen dahin, ein differenziertes Selbstempfinden anzunehmen, lange bevor sich ein reflexives Selbstbewußtsein entwickelt hat. Wie läßt sich nun das Körpererleben und das Verhältnis Körper – Selbst in den Entwicklungsphasen vor dem Spiegelstadium unter dem Blickwinkel einer systematischen Betrachtung darstellen.

In der Phase vor Eintritt in das Spiegelstadium wird der Körper vom Kleinkind noch als ein Leibich und als ein leibseelisches Gesamterleben erlebt. Diese größere Nähe von Selbst und Körper im Vorfeld des sich erst mit dem Spiegelstadium herausbildenden Ich wird von verschiedenen Autoren betont. So sieht *Winnicott* (1972, S. 7) die „Basis für das Selbst im Körper". Er schreibt:

„The self finds itself naturally placed in the body, but may in certain circumstances become dissociated from the body or the body from it." (Winnicott, 1972, S. 16).

Das Selbstempfinden ist in diesem Abschnitt der kindlichen Entwicklung also körpernäher. Entsprechend heißt es bei *Winnicott* (1984, S.193):

„Das wahre Selbst kommt von der Lebendigkeit der Körpergewebe und dem Wirken von Körperfunktionen, einschließlich der Herzarbeit und der Atmung (…) Das wahre Selbst erscheint, sobald es auch nur irgendeine psychische Organisation des Individuums gibt, und es bedeutet wenig mehr als die Gesamtheit der sensomotorischen Lebendigkeit."

Winnicott (1972) charakterisiert dieses körpernahe Selbst als eines, das zunächst nicht viel mehr zum Inhalt hat, als das Erleben und die Erfahrung des Lebendigseins. Dieses Selbst besteht aus Teilen, die sich im Laufe der Entwicklung miteinander verkleben und zwar in der Richtung von Innen nach Außen. Diese Auffassung erinnert stark an die Leibinseln von *Schmitz* (1965, S. 27), die verlötet und mit dem vorgefundenen empirischen Körper zur Deckung gebracht werden müssen. Im Zusammenhang mit körperlichen Bedürfnissen und deren Befriedigung durch Gefüttertwerden und den Körperkontakt bei der Säuglingspflege werden bestimmte Körperzonen und Körperteile vom Säugling als besonders lustvoll oder unlustvoll erfahren. Auf der Basis dieser Erfahrungen bilden sich erste psychische Repräsentanzen dieser Körperzonen wie auch einzelner Körperteile heraus. Diese einzelnen Körperteil- und Körperzonen-Repräsentanzen sind in Anlehnung an *Schmitz* (1965) Leibinseln vergleichbar und stellen mithin so etwas wie eine erste Kartographie des im Aufbau begriffenen inneren Bilds vom Körper dar, wobei die Leibinseln noch nicht in einem kohäsiv integrierten Bild miteinander verknüpft sind. Dieses Teil-Körper-Erleben geht mit einem disparaten Selbsterleben einher, das ebenfalls aus unterschiedlichen Teil-Selbst-

Erfahrungen besteht. Die im Zusammenhang mit der Befriedigung biologisch-physiologischer Bedürfnisse und der Körperpflege gemachten Erfahrungen führen über die Repräsentation einzelner Körperteile und Körperzonen so zu einer Binnendifferenzierung des Körpers. Daneben haben die taktilen Erfahrungen an den Körper-Grenzen -- besonders die Doppelempfindung bei der Berührung – die Ausbildung einer Tasthülle – mithin einer Begrenzung der Empfindens und des Erlebens in Richtung auf die empirischen Grenzen des Körpers zum Ergebnis. Durch die taktilen Erfahrungen an den Körpergrenzen bildet sich die Tasthülle als Matrix eines Vorstellungsbildes vom Körper als eines begrenzten Objekts. Dieses taktile „Vorstellungsbild" wird zunehmend mit den realen Grenzen des Körpers synchronisiert. Die taktil vermittelte Tasthülle führt dabei zu einem ersten Vorstellungsbild eines abgegrenzten Körpers und der Differenzierung des eigenen Körpers von anderen Körpern. Daraus folgt, daß der reale Körper psychisch angeeignet werden muß und keineswegs natürlich gegeben ist. Auch *Laing* (1987) hat diese Aneignung des Körpers durch das Selbst im Auge, wenn er von „verkörpertem" und „unverkörpertem" Selbst spricht.

Ergebnis dieses frühen körperlich vermittelten Selbstempfindens und der sich differenzierenden psychischen Repräsentation des Körpers ist die lebendige Überzeugung „das bin ich körperlich, alle die verschiedenen Teile des Körpers gehören zu mir" (Rudolf, 1996, S. 57). Der Körper ist kein „fremdes Objekt, keine Außenwelt mehr, sondern gehört in allen seinen angenehmen und schmerzhaften Erfahrungen zu mir" (Rudolf, 1996, S. 57). Bei diesem körpernah-erlebenden Selbstempfinden handelt es sich um ein präreflexives, nicht um ein bewußtes Erleben. Ein solches bewußtes Selbst-Erleben im Sinne „ich erlebe, d.h. ich nehme wahr, denke und fühle, daß ich es bin, der hier sitzt und liest", ist ein strukturell anderer psychischer Akt als das „ich bin es" (Rudolf, 1996, S. 66), das die Phase vor dem Spiegelstadium charakterisiert. Das bewußte Selbsterleben beschränkt sich nicht auf den „psychische[n] Akt (ich bin es und nicht ein anderer), sondern ist begleitet von einer inneren Vorstellung dieses Ich; diese Vorstellung ist zu einem großen Teil eine optische (ein Bild von mir selbst in seiner körperlichen Erscheinung)" (Rudolf, 1996, S. 66). Beim bewußten Selbsterleben nimmt sich das Selbst selbst zum Objekt. Voraussetzung dafür, das sich das Selbst selbst zum Objekt nehmen kann, ist, daß sich eine Selbst-Repräsentanz im

Sinne eines „anschaubaren" Selbstbildes herausgebildet hat. Dieses anschaubare Selbstbild ist vom Bild des eigenen Körpers abgeleitet, daß das Kind erst im Spiegelstadium zu erkennen vermag. Aus dem präreflexiv erlebenden Selbst wird durch diese Operation – bei dem sich das Selbst zum Gegenstand/Objekt der Betrachtung macht, sich mithin von außen betrachtet – ein reflexives Ich. In der Spiegelphase wird also das körpernahe Selbstempfinden und Selbsterleben in eine psychische Abbildung – in eine Selbst- und in eine davon unterschiedene Körper-Repräsentanz – transformiert. Auch *Winnicott* betont, daß ein personales Selbsterleben an den Aufbau eines personalen Körperschema gebunden ist. Er schreibt (1984, S. 59):

> „Man könnte sagen, das zentrale Selbst sei das ererbte Potential, das eine Kontinuität des Seins erlebt und in seiner eigenen Geschwindigkeit eine personale psychische Realität und ein personales Körperschema erwirbt."

Resümierend läßt sich das Selbst in der Vorphase des Spiegelstadiums als körpernahes Lebendigkeitserleben beschreiben, ohne das die einzelnen Teil-Selbst-Erfahrungen bereits unter einer zentralen Erlebensinstanz subsumiert sind. Dieses Selbstempfinden erlaubt dabei bereits eine Abgrenzung von der Außenwelt und von anderen Personen. Bei diesem körpernahen Selbstempfinden handelt es sich aber noch nicht um ein bewußtes Wahrnehmen des Getrenntseins von den anderen, sondern eher um das Wahrnehmen eines Geschiedenseins. Ein solches Selbstempfinden ist ähnlich wie das in den Mythen dargestellte Selbstempfinden eines, bei dem sich das Selbst nur „insofern als Selbst empfindet, wie es zugleich in seinem Gegenüber ist und sich auf dies Gegenüber, auf ein Du" bezieht" (Cassirer, 1929, S. 105). Beim diesem bereits von den ersten Lebensmonaten an existierenden Selbstempfinden handelt es sich nach *Rudolf* (1996, S. 66) um ein „intentionales Ich, das erlebend, fühlend und handlungsbereit den Objekten gegenübertritt", nicht jedoch um ein Selbstbewußtsein. Dieses ist untrennbar an das Vorhandensein einer kohäsiv-integrierten Ganzkörper-Repräsentanz und an die Übernahme einer Außenperspektive gebunden. Mit *Stern* (1985, S. 241) kann hier von einem „Selbst in Bezug auf den Anderen" gesprochen werden. *Buchholz* (1990, S. 130) weist mit Blick auf dieses „Selbst in Bezug auf den Anderen" darauf hin, daß der Begriff des Selbst nicht per se mit einer „individualistischen Perspektive zusammen [fällt], vielmehr realisiert sich das Selbst gerade in der Opposition: in der Begegnung, der Anerkennung des Anderen und bringt so die fundamentale Gesellschaftlichkeit des Menschen in exzentrischer Positionalität zur Geltung". Diese „Bezogenheit des Selbst auf den Anderen", die von der neueren Säuglingsforschung besonders betont wird, hat ihre Entsprechung in *Cassirer's* Analyse des Mythos wie auch in der klassischen anthropologischen Auffassungen *Schelers* (1948, S. 266), nach der der Mensch „zunächst … mehr in den Anderen als in sich selbst [lebt]; mehr in der Gemeinschaft als in seinem Individuum". Hier ist auch *Merleau-Ponty's* Zwischenleiblichkeit anzusiedeln. Aufgrund unserer Leiblichkeit sind wir immer schon auf den Anderen bezogen, was sich in dem Vorrang des Anderen bei der Herausbildung des Selbst niederschlägt. *Merleau-Ponty* postuliert dementsprechend eine vorgängige anonyme Kollektivität, in der wir durch den Leib miteinander verbunden sind.

Wie bildet sich nun eine Selbst-Repräsentanz im Sinne einer bewußten Vorstellung von einem Ich als Zentrum des eigenen Erlebens im Zuge des Spiegelstadiums aus. Und welche qualitativen Veränderungen in der Wahrnehmung und dem Erleben von Selbst und Körper ergeben sich aus diesem aufkommenden Ich-Bewußtsein. *Lacan* hat mit seinem Spiegelstadium ein Modell vorgestellt, mit dem die Herausbildung eines bewußten Vorstellungsbilds von einem Ich – eines anschaubaren Selbstbilds – als einer abgegrenzten, einheitlichen Instanz aus einer Identifizierung mit dem Bild vom eigenen Körper verstanden werden kann. Die Einheitlichkeit des Ich als innerer Erlebensinstanz hat ihr Modell in der Wahrnehmung der Einheitlichkeit und Ganzheitlichkeit der Körper-„Gestalt", als welcher der Körper im Spiegel erscheint. Das Erleben und Fühlen wird zunehmend mit der Einheitlichkeit und Abgegrenztheit des körperlichen Spiegelbildes gleichgesetzt. In der Spiegelphase wird das körpernahe und daher noch disparate Selbstempfinden und Selbsterleben in eine integrierte psychische Abbildung – Selbst-Repräsentanz – transformiert, was mit einer Distanzierung von dem körpernahen Erleben verbunden ist.

5.3 Das Spiegelstadium als das *sich* erkennen in der Gestalt des Anderen

Lacan entwickelte sein später berühmt gewordenes Konzept des Spiegelstadiums als Bildner der Ich-Funktion erstmals 1936 in einem Vortrag auf dem 14. Internationalen Psychoanalytischen Kongreß in Marienbad. 1949 veröffentlichte er dann eine überarbeitete Fassung dieses Beitrags mit dem Titel „Das Spiegelstadium als Bildner der Ich-Funktion", indem er sein Konzept von der Imaginarität des Ich als ein zentrales Element seiner Theorie ausweist. *Gorsen* (1980, S. 253) hat als erster darauf hingewiesen, daß sich *Lacan* bei der Entwicklung seines Konzepts des Spiegelstadiums maßgeblich auf Konzepte der Gestaltpsychologie und deren Axiom von der Einheitlichkeit der Wahrnehmung bezogen hat.[25]

So knüpft *Lacan* in seinem Beitrag „Das Spiegelstadium" die Entstehung des Ich an das Gewahrwerden des Bildes vom eigenen Körper und die Identifizierung mit diesem Bild. Hierbei erkennt das Kind nicht nur seinen Körper, sondern es erkennt *sich* in der Gestalt seines Körpers. Dabei ist die Spiegelerfahrung keineswegs an das reale Vorhandensein eines Spiegels gebunden. Der Spiegel ist nach *Lacan* (1986a, S. 59) lediglich das „intuitivste" Instrument, das dem Kind seine Identität widerzuspiegeln vermag.

Dabei wird, wie sich in Anlehnung an *Cassirer* (1929, S. 134) formulieren läßt, der Schritt von der bloßen Gegenwart des Körpers zur Repräsentation, d.h. zu seiner 'Vergegenwärtigung' gemacht, wozu es eines „Von-sich-abrückens" bedarf. Dieses „Von-sich-abrücken" entspricht dem Sich-sehen aus der Perspektive eines Anderen. Das Sich-Erkennen im gespiegelten Bild ist daher erst möglich, wenn das Kind gelernt hat, sich aus der Perspektive eines Anderen zu sehen. Dabei mag der „eigentliche Spiegel eine mehr oder weniger wichtige Rolle spielen" wie *Beauvoir* (1987, S. 266) mit Bezug auf

---

25 So schreibt Gorsen (1980, S. 253): „Der junge Lacan war nicht von der Freudschen Psychoanalyse ausgegangen, sondern am gestalttheoretischen Modell aus der Kinderpsychologie Charlotte Bühlers und Elsa Köhlers."

Lacan treffend bemerkt, „sicher ist jedenfalls, daß das Kind etwa mit sechs Monaten das Gebärdenspiel seiner Eltern zu verstehen und sich unter ihrem Blick als ein *Objekt* zu erfassen beginnt". Das reflexive Ich bildet sich also über den Blick des Anderen heraus. „Mit den Augen des Objekts (des Anderen) – lernt das Kind sich sehen" (Rudolf, 1996, S. 66). Beim Spiegelstadium handelt es sich folglich um die Entdeckung und die Internalisierung eines Blickverhältnisses, das mit dem „Innewerden des eigenen Körpers in Gestalt eines räumlichen Vorstellungsbildes" (Frostholm, 1978, S. 108) einhergeht und zu einer veräußerlichten Idee vom Körper – der (Objekt-)Körper-Repräsentanz – führt. Mit dem Aufkommen dieses einheitlichen Vorstellungsbild vom Körper etabliert sich auch das „Körperhaben" als bewußte Erlebensdimension. Erst über den Anderen lernt das Kind sich als eine Ganzheit wahrnehmen. Die Übernahme der Perspektive des Anderen läßt den Körper für das Kind bewußt werden. *Lang* (1973, S. 50) stellt dazu resümierend fest:

> „Die Erfahrung des ich im Spiegel gibt so das Modell ab für die Erfahrung des ich im Anderen und somit auch für die Erfahrung des Anderen als Anderen."

5.4 Das Spiegelstadium: Die Identifizierung mit dem eigenen Körperbild

Der Blick von außen auf den Körper geht mit einer Dissoziation des ursprünglichen Leibichs einher, die zugleich zur Entdeckung des Ich führt. Die Entdeckung des Körpers als eigener Körper und die Entdeckung des Ich sind zwei Seiten eines Prozesses, an dessen Ende sich das Kind selbst thematisieren kann.[26]

Das Bild vom eigenen Körper als einer Gestalt liefert dabei zugleich das erste Modell bzw. die erste „Identitätsform" (Seitter, 1984, S. 20) der Vorstellung von einem einheitlichen Selbst. Den Prozeß dieses Erkennens des

---

[26] Hier sei nochmals auf die Odyssee als erstes Beispiel einer Selbstthematisierung im Mythos hingewiesen und dem Umstand, daß Odysseus erstmals in der Lage ist "Ich" zu sagen und in einer Ich-Erzählung seine Abenteuer berichtet.

eigenen Bildes beschreibt *Lacan* (1991, S. 63) wie folgt:

> „Das Menschenjunge erkennt auf einer Altersstufe von kurzer, aber durchaus merklicher Dauer, während der es vom Schimpansenjungen an motorischer Intelligenz übertroffen wird, im Spiegel bereits sein eigenes Bild. Dieses Erkennen wird signalisiert durch die illuminative Mimik des Aha-Erlebnisses ... Dieser Akt erschöpft sich nicht, wie beim Affen, im ein für allemal erlernten Wissen von der Nichtigkeit des Bildes, sondern löst beim Kind sofort eine Reihe von Gesten aus, mit deren Hilfe es spielerisch die Beziehung der vom Bild aufgenommenen Bewegungen zur gespiegelten Umgebung und das Verhältnis dieses ganzen virtuellen Komplexes zur Realität untersucht, die es verdoppelt, bestehe sie nun im eigenen Körper oder in den Personen oder sogar in Objekten, die sich neben ihm befinden."

Lacan erklärt den Modellcharakter, den das Bild vom Körper für das entstehende Ich hat, aus der „Frühgeburtlichkeit"[27] des Menschen. Das Kind besitzt im Vergleich zu den Primaten relativ reif entwickelte Wahrnehmungs- und Intelligenzfunktionen, während seine motorischen Fähigkeiten und Funktionen äußerst unreif sind. Diese relativ reifen Wahrnehmungs- und Intelligenzfunktionen erlauben dabei dem Kind sich in einem Stadium, in dem sein Körpererleben aufgrund der unentwickelten „Pyramidenbahnen" (Lacan, 1991, S. 66) objektiv noch ein inkohärentes und uneinheitliches ist und es seine Motorik noch nicht zu koordinieren und kontrollieren vermag, sich dennoch im Spiegel bereits als einheitliche Gestalt zu erkennen. Der Mensch ist also sehr viel früher in der Lage, die Einheitlichkeit des eigenen Körpers im Bild wahrzunehmen als diese Einheit auch körperlich zu erleben. Ausgehend von den körperlichen Regungen und den Empfindungen an der Körperoberfläche, ist das Kind in der Lage eine erste Vorstellung von sich selbst als Ich zu entwickeln. Das aus den unmittelbaren körperlichen Regungen und Funktionen abgeleitete Erleben ermöglicht dabei die Differenzierung einzelner Körperzonen und läßt eine erste Vorstellung von einer Außengrenze entstehen, die jedoch noch weitgehend variable ist, sich auszudehnen oder zu schrumpfen vermag. Dieses anfängliche Körper-Ich kann sich jedoch noch nicht als individuelle Einheit und kohäsive Gestalt empfinden, da diese Einheitlichkeit zu diesem Zeitpunkt noch nicht körperlich er-

---

[27] Von der klassischen Anthropologie wurde wiederholt betont, daß der Mensch im Vergleich zu den meisten anderen Säugetieren nur mangelhaft ausgestattet sei. *Herder* (1952, S. 352) prägte in diesem Zusammenhang den Begriff vom "Mängelwesen", daß der Mensch im Vergleich zum Tier sei.

lebbar ist. Demgegenüber ist das Kind jedoch bereits in der Lage, seinen Körper als einheitliche Gestalt – als Objekt und damit als Identität – zu erkennen, obwohl es aufgrund seiner körperlichen Unreife diese vom Spiegel oder den Bezugspersonen reflektierte Identität des Körpers noch nicht selbst körperlich erleben kann. Daher kommt dem unmittelbaren Körpererleben zu diesem Zeitpunkt noch keine identitätsstiftende Wirkung in einem umfassenden Sinn zu. Eine relative Stabilität dieser Vorstellung, Besitzer eines einheitlichen, von anderen getrennten Körpers zu sein, wird erst über die Identifizierung mit dem einheitlichen Bild vom Körper im Spiegelstadium erreicht, da sie im unmittelbar leiblichen Erleben gerade nicht erfahrbar ist. *Lacan* macht das am Verhalten fest, daß das Kind vor dem Spiegel zeigt. Der Säugling begleitet den Anblick seines Spiegelbildes mit einer „jubilierende[n] Energieverschwendung" (Lacan, 1986a, S. 58). Dieses Jubilieren, das der Anblick „jenes göttlichen Zwillings im Spiegel" (Seitter, 1984, S. 18) beim Kind auslöst, ist ein Indiz dafür, daß sich das Kind mit dem „Bild von etwas, das wie eine vollständige und kontrollierte Person aussieht, identifiziert" (Sass & Piscataway, 1992, S. 631). Dabei ist der „libidinöse Dynamismus" (Lacan, 1991, S. 63), der dieser Identifizierung zugrunde liegt, vergleichbar mit einem narzißtischen Triumph, der in Widerspruch zu der realen Hilflosigkeit und Abhängigkeit des Kindes steht. So ist es gerade die reale „motorische Ohnmacht" (Lacan, 1991, S. 63) des Kindes und das Fehlen einer gefühls- und erlebensmäßigen Einheit der eigenen leiblichen Empfindungen, aufgrund dessen sich das Kind mit dem Spiegelbild identifiziert, das ihm eine Einheit und eine Selbstbeherrschung vorspiegelt, die seinem realen Erleben und seinen Handlungsmöglichkeiten noch nicht entspricht. Dabei wird die „totale Form des Körpers" (Lacan, 1991, S. 64), die dem Kind als Körper-„Gestalt" (Lacan, 1991, S. 64) vom Spiegel reflektiert wird, zur Prägeform einer Einheitlichkeit, die gegenüber den erlebten disparaten und pluralen leiblichen Empfindungen für das Kind ein triumphales Machtversprechen von der autonomen Beherrschung seines Körpers darstellt. Das Erkennen und die Identifikation mit dieser Körper-"Gestalt" übt fortan auf das Individuum eine vereinheitlichende Wirkung aus die chaotischen und fragmentierten körperlichen Empfindungen zentriert und gebündelt, indem sich ihnen das Bild einer einheitlichen Körperform überstülpt. Die gespiegelte Gesamtgestalt, die das Modell des Ich abgibt, überformt dabei das ursprüngliche chaotisch-fragmentierte körperliche Erleben und wirkt im Sinne einer Zentrierung strukturierend auf den Organismus zurück. Die imaginäre Einheitlichkeit des Ich, übt fortan eine vereinheitlichende Wirkung auf das disparate Körpererleben aus. Dabei kann der im Spiegelstadium stattfindende Prozeß der Vereinheitlichung mit der Ablösung eines dezentralisierten Körperbildes durch ein zentralisiertes Körperbild in Form einer kohärenten zentralen Repräsentanz verglichen werden – ein Vorgang, der anhand der zu Beginn der Arbeit behandelten mythischen Erzählungen verdeutlicht werden sollte. Zur Erinnerung sei an dieser Stelle noch einmal darauf hingewiesen, daß das dezentralisierte Körperbild, wie es in der Ilias erscheint, mit dem Fehlen unserer heutigen Vorstellung eines Ich als einer bewußten und zentralen Willens- und Verfügungsinstanz einhergeht.

Es ist mithin das Gewahrwerden des eigenen Spiegelbildes, das im Subjekt die Idee bzw. die Illusion eines kontrollierten, einheitlichen Ich entstehen läßt. Die über das Spiegelbild vermittelte Einheitserfahrung des Körpers wird dabei zum Modell eines einheitlichen Ich, dessen Einheitlichkeit objektiv noch fehlt. Die Idee eines einheitlichen, abgegrenzten Selbst – mithin des Ich – geht also auf die Kaschierung des erlebten „zerstückelten" (Lacan, 1991, S. 67) Körpers zurück. Mit der Entstehung des Ich als einer einheitlichen Instanz im Spiegelstadium etabliert sich folglich eine monozentristische Perspektive, die der Disparatheit der gelebten Leiblichkeit entgegensteht und fortan erlaubt, den Körper als ein kohäsives Objekt wahrzunehmen.

Diese so entstandene imaginäre Vereinheitlichung des Ich strukturiert in der Folge sämtliche Objekte nach dem Bild des Ich und dessen Einheit. Die Erfahrung, die zur Identifizierung von Ich und Spiegelbild führt, geht mit einer Verarmung innerhalb des mehrdimensionalen Erlebens- und Erfahrungsfeldes des Kindes einher. So bedeutet die Zentrierung im Spiegelstadium, die eine Integration der disparaten leiblichen Empfindungen durch die Etablierung einer monozentristischen Perspektive im Spiegelbild ermöglicht, auch den Verlust der vor dem Spiegelstadium herrschenden disparaten Erfahrungs- und Empfindungsvielfalt. Das Kind hat noch nicht die Erfahrung verinnerlicht, daß es sich in seinem Eigenleib von seinem wahrgenommen Spiegelbild unterscheidet. Das Ich ist damit keine „herrschende Instanz, die Einheit verbürgt, sondern es ist Moment eines Prozesses, der im Bildwerden des eigenen Leibes eine erste notdürftige Einheit erreicht" (Waldenfels, 1987, S. 428). Das Spiegelstadium stellt folglich nicht nur eine singuläre Phase in der Entwicklung des Individuums dar. Vielmehr wirkt die Einheit stiftende Funktion der in ihm stattfindenden anfänglichen Identifizierung beständig fort und gibt jeder künftigen Identifizierung ihr Modell vor. *Lacan* (1980, S. 213) faßt die zentrale Aussage zum Spiegelstadium wie folgt zusammen:

> „Es ist das Bild seines Körpers, das das Prinzip jeder Einheit ist, die er an den Objekten wahrnimmt. Von diesem Bild nun nimmt er die Einheit nur außerhalb und in einer antizipierten Art und Weise wahr. Aufgrund dieser doppelten Beziehung, die er zu sich selbst hat, werden sich sämtliche Objekte seiner Welt immer um den irrenden Schatten seines eigenen Ich strukturieren."

Lacan (1991, S. 67) bezeichnet das Ich daher auch als ein „Panzer". Der Panzercharakter des Ich wie auch die dadurch abgewehrten Erfahrungen des fragmentierten Körpers zeigen sich in bestimmten Formen der Psychosen (Vgl. Pankow, 1974), in den Mythen der Hochkulturen (Vgl. Warsitz 1983), in der Kunst und in den Träumen. *Lacan* (1991, S. 67) führt dazu aus:

> „Dieser zerstückelte Körper, dessen Begriff ich ebenfalls in unser System theoretischer Bezüge eingeführt habe, zeigt sich regelmäßig in den Träumen, wenn die fortschreitende Analyse auf eine bestimmte Ebene aggressiver Desintegration des Individuums stößt. Er erscheint dann in der Form losgelöster Glieder und exkopisch dargestellter, geflügelter und bewaffneter Organe, die jene inneren Verfolgungen aufnehmen, die der Visionär Hieronymus Bosch in seiner Malerei für immer festgehalten hat, als sie im fünfzehnten Jahrhundert zum imaginären Zenit des modernen Menschen heraufstiegen. Aber diese Form erweist sich als greifbar im Organischen selbst, an den Bruchlinien nämlich, welche die fantasmatische Anatomie umreißen und die offenbar werden in den Spaltungs- und Krampfsymptomen, in hysterischen Symptomen."

Entsprechend stellt sich die „Ich-Bildung" (1991, S. 67) gemäß *Lacan* „in Träumen als ein befestigtes Lager, als ein Stadion"[28] dar. Weil beim Menschen „die imaginären Körpergestalten der Beherrschung des eigenen Körpers vorausgehen" (Lacan, 1980a, S. 69), kommt diesen „Körpergestal-

---

28 An der entsprechenden Textstelle hat der Übersetzer folgende Anmerkung in der Fußnote gemacht, die für das Verständnis bedeutsam ist und daher hier wiedergegeben wird: "A.d.Ü.: Das französische Wort *stade* kann sowohl 'Stadium' wie 'Stadion' bedeuten, also sowohl etwas zeitlich wie etwas räumlich Begrenztes."

ten" eine „Abwehrfunktion gegen die Angst vor vitaler Zerrissenheit" zu.
Zusammenfassend kann gesagt werden, das das Erleben eines integrierten Körpers weder die bloße Folge eines biologischen Reifungsprozeß, noch
des Wahrnehmungsprozeß ist, sondern die Einheitserfahrung des Körpers ist
über ein Bild vermittelt und mithin imaginär. *Winnicott* (1988) spricht in
diesem Zusammenhang explizit von der imaginativen Repräsentation des
Körpers. Über das Spiegelstadium stellt das Kind erstmals eine Verbindung
zwischen seinem inneren Erleben motorischer Unentwickeltheit und dem
Außen, der Wahrnehmung seiner selbst als ener koordinierten Person her;
eine Verbindung, die aufgrund der Frühgeburtlichkeit des Menschen nicht
naturwüchsig existiert. Dabei ist die entbehrte leiblich nicht erlebbare Einheit, die durch die Identifikation mit dem Spiegelbild, das diese ideale Einheit zu beweisen scheint, überbrückt wird, in einem Außen angesiedelt. Entsprechend schreibt *Lacan* (1991, S. 64):

> „Die totale Form des Körpers, kraft der das Subjekt in einer Fata Morgana die Rei-
> fung seiner Macht vorwegnimmt, ist ihm nur als Gestalt [Deutsch auch im Original]
> gegeben, in einem Außerhalb, wo zwar diese Form eher bestimmend als bestimmt
> ist, wo sie ihm aber als Relief in Lebensgröße erscheint, das sie erstarren läßt, und
> einer Symmetrie unterworfen wird, die ihre Seiten verkehrt – und dies im Gegensatz
> zu der Bewegungsfülle, mit der es sie auszustatten meint."

Bei der Identifikation mit dem Spiegelbild vollzieht sich eine Entfrem-
dungsbewegung, in der das Subjekt sich mit einem äußerlichen Bild des
Ähnlichen identifiziert, folglich mit einem Wesen, „das sich, wie eine andere Person ..., außerhalb des Selbst befindet" (Sass & Piscataway, 1992, S.
631). Denn das „visuelle Körperbild" ist nach *Küchenhoff* (1992, S. 18) „ein
Körperbild, das aus der Identifikation mit dem Spiegelbild, d.h. mit der anderen Person im Spiegel, resultiert." Und an anderer Stelle heißt es bei *Küchenhoff* (1992, S. 78) weiter:

> „Schließlich entdeckt das Kind, daß hinter der Form des 'Spiegelkindes' der eigene
> Körper steht, so wie ihn andere sehen. Vorher hatte es den eigenen Körper nur
> teilweise und das Gesicht gar nicht gesehen; es konnte den Körper ertasten oder im
> Kontakt oder durch Lust und Schmerz spüren. Jetzt weiß es, das es einen Körper hat,
> der anderen vergleichbar, der aber auch von ihnen getrennt ist."

Das Kind identifiziert sich mit „diesem Bild, das nicht es Selbst ist und
das ihm doch erlaubt, sich zu erkennen" (Ruhs, 1980, S. 889).
Damit etabliert sich eine Differenzierung der Strukturen im Subjekt, die

Lacan in der Rezeption von *Rimbauds* (1979, S. 11) Äußerung: „Ich ist ein Anderer" konzeptionalisiert. Diese Erfahrung entspricht der an den Körper gebundenen Doppelsinnigkeit des Körper-Seins und des Körper-Habens, auf den die Phänomenologen aufmerksam machten. Das Kind macht im Spiegelstadium die Erfahrung, „daß es selbst in einer Form repräsentiert werden kann, die außerhalb seines gefühlten Selbst besteht" (Bohleber, 1992, S. 348), daß also ein erlebtes Körpersein einem objektivierten Körperhaben gegenübersteht. Dabei kann diese Spiegelerfahrung nun sowohl eine Ermächtigung wie auch eine Entmächtigung bedeuten. Denn das Blickverhältnis, das sich auf dem Grunde des Spiegelstadiums findet, setzt das Kind dem Blick des Anderen aus, was sich bis zu einem Ausgeliefertsein an diesen Blick hin zu steigern vermag. Gleichzeitig ermöglicht es dem Kind jedoch auch, sich zu sich selbst in eine Beziehung zu setzen, damit ein reflexives Ich auszubilden und in Ansätzen über seinen Körper instrumentell zu verfügen. Aufgrund der im Spiegelstadium etablierten Objekthaftigkeit des Körpers ist es möglich, unter dem Blick des Anderen auf eben dieses Objektseins reduziert und aller subjekthaften Momente beraubt zu werden.

„Insofern ich einen Leib [scil. einen erlebenden und erlebten Körper] habe, kann ich unter dem Blick des Anderen zum bloßen Gegenstand herabsinken und nicht mehr als Person für ihn zählen" (Merleau-Ponty, 1966, S. 199).

Lacans Aufweis des Vorrangs des Bildes (als des Anderen), das ist, bevor das Ich (das identische Eine) ist, umgreift damit das, was *Lichtenberg* in Anlehnung an *Erikson* als eine Grundspannung des Identitätsbegriffes ansieht.

„Identität als Erfahrung der reinen Aktualität des Seins bleibt unbestimmbar und unweltlich. Jede definierbare Identität erfordert, daß wir uns selbst als Objekte wahrnehmen, was bedeutet, die Identität mit derjenigen Identität gleichzusetzen, die uns durch soziale Rollen angeboten wird. Damit aber verlieren wir das Gefühl einer Identität als reine Aktualität des Seins. Eine psychologische Untersuchung des Problems der menschlichen Identität muß dieses Dilemma als das Grundproblem der menschlichen Identität akzeptieren" (Lichtenberg, 1991, S. 166).

Das Kind muß im Spiegelstadium erkennen, daß es fortan gleichsam zwei „Ichs" hat: Das eigene gespürte und das im Spiegelbild erscheinende. So tritt im Spiegelstadium eine ursprüngliche und persönliche Ich-Funktion (*je*) einer fiktiv aufgebauten Ich-Instanz (*moi*) gegenüber. Dabei sind diese beiden „Iche" verschieden und doch identisch. Es bildet sich mithin die dialektische Beziehung der Subjekt-Objekteinheit aus, bei der das Kind schließlich das Spiegelbild mit der Perspektive des Anderen bzw. der Bezugspersonen identifiziert. Das Kind „erlebt, daß der andere es betrachtet, wie es selbst den anderen anschauen kann" (Küchenhoff, 1992, S. 96).

Winnicott hat diesen Prozeß der Herausbildung des Selbst folgendermaßen beschrieben, wobei er seinen Bezug auf *Lacan* nicht expliziert hat.

Die Erfahrung des Selbst bzw. des Ich als einer „objektivierbaren Repräsentanz" (Bohleber, 1992, S. 350), die im Erkennen des eigenen Spiegelbilds eine erste feste Form und Struktur erhält, hat Vorläufer in den gegenseitigen, sich widerspiegelnden Interaktionsprozessen von Mutter und Kind. So fungiert das Gesicht der Mutter als ein Vorläufer des Spiegels. Das Kind kann sein Selbst nur wahrnehmen, wenn dieses durch die Mutter widergespiegelt wird. Dabei spiegelt die Mutter kein vermeintlich objektives Bild des Kindes wider, sondern in ihren Blick gehen ihre Vorstellungen, Wünsche und Phantasien mit ein. Genau wie *Lacan* geht *Winnicott* davon aus, daß es des Anderen bedarf, damit sich das Kind erkennen kann. *Bohleber* (1992, S. 351) führt dazu aus, „das Kind sucht im Anderen sich selbst."

Daher erfolgt auch die körperliche Selbstaneignung, die das Kind lediglich im gespiegelten Bild zu antizipieren vermag, der es sich aber aufgrund seiner biologischen Unreife nicht selbst vergewissern kann, „am Ort des anderen" (Küchenhoff, 1992, S. 43) und vom Ort des Anderen aus. Die körperliche Selbstaneignung bleibt damit konstitutiv an den Anderen und den intersubjektiven Austausch gebunden. Körperliche Einheit und Ganzheit ist aufgrund ihrer imaginären Struktur nicht ein für alle Mal konstituiert und gesichert, sondern bleibt trotz einer gewissen Stabilität ein Leben lang auf die Bestätigung durch den Anderen angewiesen. Hier ist auch der Ansatzpunkt körperpsychotherapeutischer Maßnahmen zu sehen, sofern diese das Körpererleben als intersubjektiv vermittelt und auf eine solche Vermittlung angewiesen betrachten und nicht vermeinen, im Körper als solchem eine Wahrheit zu finden.

5.5 Konsequenzen des imaginär-spekularen Charakters des Körperbildes

Die frühen Körperbilder eines dissoziierten Körpers gehen im Spiegelstadium jedoch nicht für immer unter, sondern werden lediglich durch die übergestülpte Identitätsform – des einheitlich-kohäsiven Körperbildes – abgeschattet und eingedämmt. Hierbei ist anzumerken, daß das Kleinkind die Dissoziation des Körpers in Form nebeneinander existierenden Teil-Körper-Repräsentanzen nicht als ängstigend erlebt, da für das Kind das nebeneinander existieren unterschiedlicher Teil-Körper- wie auch Teil-Selbst-Repräsentanzen ein entwicklungsbedingter Normalzustand ist.

Nach *Küchenhoff* (1992, S. 43) bleiben die dem Spiegelstadium vorausgehenden Phantasmen des dissoziierten Körpers als „eines Körpers ohne integrierenden Zusammenhalt" trotz der Einheitserfahrung des Spiegelstadiums „in der Tiefe dynamisch wirksam". Die imaginäre und spekulare körperliche Einheit, die sich im Spiegelstadium herausbildet, „bleibt vor dem Hintergrund des zerstückelten Körpers und als Funktion des Imaginären brüchig, sie muß durch die Begegnung mit anderen immer wieder bestätigt werden" (Küchenhoff, 1992, S. 43).

Aus der Angst, daß der Körper wieder in den Zustand der Dissoziation und Unbeherrschbarkeit zurückgleiten könnte, speist sich nach *Bowie* (1994, S. 31) der Wunsch „Besitzer und Bewohner eines sicheren körperlichen ‚Ichs' zu sein." Die imaginäre Körpergestalt in Form eines integrierten Körperbildes bzw. einer Körper-Selbst-Repräsentanz ist aufgrund ihrer anfänglichen imaginären Struktur instabil. Sie kann, wie *Schilder* dies am Beispiel der Hypochondrie eindrücklich gezeigt hat, durch eine übermäßige libidinöse Besetzung in ihrer Kohäsion massiv gefährdet sein, was spezifische Abwehrmechanismen der Ausgrenzung und Abspaltung einzelner Körperteil-Repräsentanzen bzw. eine Dissoziation der Körper-Selbst-Repräsentanz hervorruft.

Zur Erinnerung sei hier noch einmal darauf hingewiesen, daß bereits *Schilder* sowohl das Phänomen des Phantombildes wie auch die Hypochondrie in einem direktem Zusammenhang mit der Ichfunktion bzw. Ich-Idealstruktur gesehen hat. *Schilder* (1923, S. 27) geht davon aus, wie bereits in Kapitel IV erwähnt, daß nicht nur das Phantombild ein direkter Ausdruck der Unfähigkeit ist, auf die „Integrität des eigenen Körpers zu verzichten." Den in der Hypochondrie stattfinden Prozeß beschreibt er explizit als eine von der „Ich-Idealstruktur" (Schilder, 1973, S. 27) ausgehende Ausstossungstendenz, von der die autonom-narzißtische Besetzungen einzelner Körperteile nicht toleriert wird, da sie die auf der narzißtischen Besetzung des Gesamt-Ich basierende synthetische Struktur des Ich gefährden. Dieses Ichideal gehört nach *Schilder* einer Entwicklungsstufe des Ich an, in der sich das Ich als Gestalt in Form einer integrierten Körper-Selbst-Repräsentanz bereits herausgebildet hat.

Diese narzißtisch besetzte Gesamtgestalt in Form einer integrierten Körper-Selbst-Repräsentanz ist nun durch die in einer späteren Lebensphase des Individuums einsetzende übermäßige narzißtische Besetzung einzelner Organ-Repräsentanzen bedroht. Um diese Stufe der Integration, die auch für *Schilder* ein Grundmoment der Ichfunktion darstellt, nicht zu gefährden, geht vom Ich ein Abwehrmechanismus aus, bei dem über die Abgrenzung und Abspaltung des problematischen Körperorgans die Integrität des Ich als Gesamtstruktur gesichert wird. Nach *Lacan* (1986a, S. 59) bildet die Identifizierung mit dem einheitlichen Bild des Körpers, die im Spiegelbild ihren eingängigsten und „intuitivsten" Ausdruck findet, die Matrix für alle folgenden Identifizierungen des Kindes. Nach *Lacan* sind es also primär die Identifizierungen, denen sich das Ich verdankt und nicht biologische Reifungsschritte. Diesen Vorrang der Außenwelt für die Identitätsentwicklung kommt der Außenwelt gerade aufgrund der physiologischen Unreife des Kindes zu. Denn erst durch Integration und Assimilation an diese Umwelt kann das Kind seine physiologische Unreife kompensieren. Es ist aber gerade diese Assimilation an die Umwelt, die sich teilweise über Identifikationsprozesse vollzieht, die jeder menschlichen Identität ihre höchst individuelle Prägung verleiht.

In Anlehnung an *Küchenhoff* (1992, S. 79) kann der ideal-imaginäre Aspekt des Körperbildes, der sich im Spiegelstadium herausbildet, folgendermaßen bestimmt werden. Im Spiegelstadium wird das Abbild des eigenen Körpers als einheitliche Gestalt erfaßt und als das eigene einheitliche

Körperbild verinnerlicht. Diese verinnerlichte kohärente Körper-"Gestalt" ist narzißtisch besetzt. Der ideal-imaginäre Aspekt des Körperbildes speist sich aus dem Wunsch, „Besitzer" (Bowie, 1991, S. 31) eines kohärenten und sicheren körperlichen „Ichs" zu sein und vermittelt darüber, über den Körper verfügen zu können.

Die Erfahrung eines einheitlichen Körpers bildet sich über Spiegelungsprozesse aus, bei denen die gespiegelten Bilder verinnerlicht werden. Das Kind kann sich der Erfahrung eines einheitlichen Körpers anfänglich nicht selbst versichern, die körperliche Einheit und Integrität „ist nicht triebhaft erlebbar oder biologisch abgesichert, sondern imaginär" (Küchenhoff, 1992, S. 79).

Weil die anfänglich körperliche Integrität Resultat eines Spiegelphänomens, mithin imaginär ist, ist die „Bewahrung der körperlichen Integrität an Begegnungen" (Küchenhoff, 1992, S. 79) mit anderen gebunden, „das imaginäre Bild des Körpers ist dadurch sozial determiniert und unterliegt sozialen Einflüssen." Das Spiegelstadium ist aufgrund seiner Vereinheitlichungsfunktion ein Wendepunkt im Erleben des eigenen Körpers. In ihm etabliert sich die Erfahrung, daß der eigene Körper in einer Form repräsentiert zu werden vermag, die außerhalb des eigenen Selbsterlebens liegt, daß also ein erlebtes Körpersein einem objektivierten Körperhaben gegenübersteht. Ist diese Erfahrungsdimension, die zugleich eine Entfremdungserfahrung ist, erst einmal etabliert, so ist sie nur noch um den Preis einer psychotischen Dekompensation hintergehbar. Von hier aus werden nun auch die verschiedenen Formen der Dissoziation- und Abspaltungsmechanismen verständlich, mit deren Hilfe die etablierte integrierte Körper-Selbst-Repräsentanz und das reflexive Ich vor einer Desintegration geschützt werden soll.

Lacans Auffassung vom einheitlichen Körperbild als einer ideal-imaginären Konstruktion erlaubt so, die Einschreibungs- und Vermittlungsprozesse des Sozialen in den Körper zu verstehen. Er liefert ein Modell, wie sich in das individuelle Erleben des eigenen Körpers sozial präformative Wahrnehmungsweisen des Körpers einschreiben. Neben der sozialen Performation, die nach *Lacan* einer Form- und Gestaltgebung entspricht, existiert aber das zu Formende weiter. Der Körper und das Körpererleben gehen in der integrierten Einheits-"Gestalt" nicht auf, sondern bilden als sinnlich subjektives Erleben einen beständigen Reibungspunkt. Mit der im Spiegelstadium gebildeten integrierten Körper-Selbst-Repräsentanz etabliert sich eine Struktur, die dem Subjekt ein Oszillieren zwischen dem subjekthaften und dem objekthaften Erlebensaspekt in einer körperlich-psychischen Einheit ermöglicht, wobei die imaginäre Struktur dieser Repräsentanz auch Ansatzpunkt für ein mögliches Auseinandertreten der beiden Erlebensaspekte ist. Unter bestimmten Bedingungen kann es zu Dissoziations- und Desintegrationsprozessen kommen, die mit einer Fixierung auf einen Erlebensaspekt des Körpers einhergehen. Den Bedingungen solcher Dissoziations- und Desintegrationen in der Körper-Selbst-Repräsentanz wird im folgenden anhand neuerer psychodynamischer Konzepte psychosomatischer Erkrankungen nachgegangen.

6. Kapitel: Konzepte der Dissoziation und Desintegration der Körper-Selbst-Repräsentanz: Kutters und Plassmanns psychodynamisches Konzept der Störung des Körperselbst bei psychosomatisch Kranken

Lacan betont in seinem Konzept des Spiegelstadiums einen besonderen Aspekt der Intersubjektivität, bei der Entdeckung und Aneignung des eigenen Körpers und des reflexiven Ich. Er knüpft die Herausbildung des kohäsiven Körper- und Selbstbilds an die Übernahme der Perspektive des Anderen. Über die Spiegelungen durch bedeutsame Andere erfolgt die Aneignung des eigenen Körpers. Körperliche Ganzheit wird so für das Kind erst über Interaktionen mit Anderen erfahrbar. Während *Lacan* mit seinem Spiegelstadium die Integration bereits repräsentierter Teil-Köper-Repräsentanzen zu einer kohäsiven Ganzkörper-Repräsentanz und die sich parallel dazu ausbildende kohäsive Selbst-Repräsentanz beschreibt, soll im folgenden Kapitel die Herausbildung der einzelnen Teil-Körper-Repräsentanzen unter einem objektbeziehungstheoretischen Blickwinkel betrachtet werden. Erste

Ansätze zu einer solchen interaktionalen oder objektbeziehungstheoretischen Interpretation finden sich bereits bei *Freud*. Wie im dritten Kapitel dargestellt, beschreibt *Freud* in „Das Ich und das Es" und in „Zur Einführung des Narzißmus" den Prozeß, in dessen Zuge einzelne Körperzonen und Körperteile repräsentiert werden, im Zusammenhang mit der biologisch-physiologischen Bedürfnisbefriedigung. Die Befriedigung biologisch-physiologischer Bedürfnisse ist beim Kind immer schon in die Interaktion mit den versorgenden Personen eingebunden. Es liegt nahe anzunehmen, daß die im Zusammenhang mit der Bedürfnisbefriedigung gemachten Interaktionserfahrungen ihrerseits einen Einfluß auf den Repräsentationsprozeß des Körpers und seiner Teile ausüben. Im folgenden Kapitel werden ausschnitthaft zwei neuere objekt- und selbstpsychologische Erklärungsansätze psychosomatischer Erkrankungen vorgestellt, um mittels dieser Ansätze die Bedeutung aufzuweisen, die Beziehungserfahrungen auf die Repräsentation des Körpers und seine Teile haben. Dabei wird der Fokus besonders auf den intersubjektiv vermittelten Prozeß der Herausbildung der einzelnen Teil-Körper-Repräsentanzen.gelenkt. Die Ausbildung dieser Teil-Körper-Repräsentanzen und ihre Differenzierung ist als Vorstufe der Integration zu einer kohäsiven Körper-Selbst-Repräsentanz im Spiegelstadium anzusehen. Im wieteren werden dann Desintegrationsphänomene dargestellt, die das Entstehen einer integrierten leib-seelischen Einheit partiell oder ganz behindern.

Dabei kommt *Schilder* das Verdienst zu, mit seiner Konzeption eines dynamischen und sozialen Körperbildes als erster den intersubjektiven Charakter der Körper-Selbst-Repräsentanz explizit hervorgehoben und das Körperbild objektpsychologisch aufgefaßt zu haben.[29] Bei dem objektpsychologischen Ansatz handelt es sich um eines der gängigsten Erklärungsmodelle psychosomatischer Erkrankungen, auf das diverse Autoren (Mahler et al., 1980; McDougall, 1987; Hirsch, 1989; Kutter, 1980 & Plassmann, 1989) zurückgreifen, um die in psychosomatischen Erkrankungen zutage tretende gestörte Verbindung der körperlich-seelischen Einheit zu erklären.

Im Rahmen des objektbeziehungspsychologischen Ansatzes läßt sich der Umgang mit dem eigenen Körper als Umgang mit verinnerlichten Erfahrun-

---

29 Siehe Kapitel 4.5.2 der vorliegenden Arbeit.

gen des Kindes mit den relevanten Bezugspersonen begreifen. Das Auseinandertreten der leibseelischen Einheit – der Dissoziation von Körper und
Selbst – bei psychosomatischen Erkrankungen kann im Rahmen dieses Ansatzes als Störung der frühkindlichen Entwicklung aufgrund von internali-
sierten mangelhaften Objektbeziehungen aufgefaßt werden, die zu Fixierungen führen und die ein Fortschreiten der psychischen Entwicklung in
Richtung auf die Ausbildung einer integrierten Körper-Selbst-Repräsentanz
verhindern. Die objektpsychologische Sichtweise erlaubt körperlich-seeli-
sche Dissoziations- oder Desintegrationstendenzen als Resultat der Reaktivierung früher Erlebnisformen bzw. früher Beziehungsmodi aufzufassen.
Damit wird die Annahme eines strukturellen Ich-Defekts, bei der sich die
imaginäre Einheit des Körpers wie in der psychotischen Dekompensation
auflöst, zugunsten einer entwicklungspsychologischen Betrachtungsweise
relativiert. Unter diesem Blickwinkel erscheint die Körper-Ich-Störung als
eine Regression auf eine frühe Form der Beziehung zwischen einem noch
unreifen Ich und einer wenig personal erlebten versorgenden Objektwelt.

Für die Herausbildung einer integrierten Körper-Selbst-Repräsentanz
kommt den frühkindlichen Interaktionserfahrungen eine entscheidende Bedeutung zu, da mit der Integration der einzelnen Körperteil-Repräsentanzen
zu einem einheitlichen Bild sich die Körper-Selbst-Repräsentanz als relativ
stabile Struktur herausbildet. Die kohäsive Körper-Selbst-Repräsentanz ist
aufgrund ihrer imaginären Struktur jedoch nicht statisch, sondern stellt lediglich eine relativ stabile Struktur dar, wobei sich das Integrationserleben
unter ungünstigen Lebenseinflüssen in Richtung auf eine zunehmende Dissoziation von Körper- und Selbst verschieben kann. Ein solches phasenspe-
zifisches Entwicklungsmodell einer integrierten Körper-Selbst-Repräsentanz ermöglicht neben dem Verständnis entwicklungsbedingter Störungen
auch Ansatzpunkte für ein Verständnis der Regressions- und Abwehrprozes-
se, bei denen es zu einem Zerreißen der körperlich-seelischen Einheit im Erleben durch die Reaktivierung früher Erlebnisformen kommt.

6.1 Dissoziations- und Desintegrationstendenzen als Ausdruck einer Störung der Körper-Selbst-Repräsentanz bei psychosomatisch Kranken

Kutter (1981) hat mit seinem Konzept des Basiskonflikts ein theoretisches Modell psychosomatischer Erkrankung vorgelegt, das es erlaubt, die psychosomatische Erkrankung als eine Störung der Körper-Selbst-Repräsentanz zu verstehen. Spezielle klinische Phänomene der Dissoziation leib-seelischen Einheitserlebens, die wiederholt von Autoren im Zusammenhang mit psychosomatischen Erkrankungen beschrieben wurden, können mit seinem theoretischen Modell abgebildet werden. Dabei handelt es sich bei *Kutters* Modell nach *Porsch* (1997, S. 93) um ein „Amalgam" aus verschiedenen theoretischen Strömungen, wie „objektpsychologischen, triebtheoretischen und aktualneurotischen Betrachtungsweisen", wobei im Zusammenhang dieser Arbeit nicht die theoretische Stringenz von *Kutters* Ansatz zur Diskussion steht, sondern inwiefern sein Konzept zu einem erweiterten Verständnis körperlich-seelischen Desintegrationserleben beiträgt. *Kutter* gibt in seinem Modell eine Beschreibung der Entstehung der Körperteil-Repräsentanzen.und der Körper-Selbst-Repräsentanz, wie sie ganz ähnlich auch in den psychodynamischen Modellen von *Mahler* u. a. (1980), *McDougall* (1987), *Hirsch* (1989) und *Plassmann* (1989) zu finden sind. Dabei kann *Kutters* wie auch *Plassmanns* Ansatz als ein Versuch verstanden werden, die Objektbeziehungstheorie *Kernbergs* (1975) und *Kohuts* Selbstpsychologie (1971) in die Psychosomatik zu integrieren. Diese Theoriemodelle erlauben den Prozeß der Herausbildung einer kohäsiven Körper-Selbst-Repräsentanz, die im Verlauf der kindlichen Entwicklung ausgebildet wird, als das Resultat von in den Körper projizierten Interaktionserfahrungen theoretisch zu fassen. Damit eröffnet dieser Ansatz einer „analytischen Körperpsychologie" (Plassmann, 1989, 59) auch ein Verständnis von psychosomatischen Erkrankungsprozessen. So kann das destruktive Körpergeschehen, das für psychosomatische Störungen charakteristisch ist, als eine Reaktivierung und ein Ausagieren dieser in den Körper projizierten und in ihn eingeschriebe-

110

nen intersubjektiven Szenen verstanden werden (Vgl. Plassmann, 1989, S. 65).

Gemäß *Kutter* (1980) und *Plassmann* (1989) gehört die Herausbildung der einzelnen Körperteil-Repräsentanzen.einem frühen Entwicklungsstadium an, wobei die Repräsentation der einzelnen Körperteile die Vorstufe der Bildung einer integrierten Ganzkörper-Repräsentanz im Spiegelstadium bildet.

Kutter (1980) wie auch *Plassmann* (1989) fassen die Körper-Selbst-Repräsentanz bzw. deren Elemente die einzelnen Körperteil-Repräsentanzen, dabei als Niederschlag der in den Beziehungen zu den primären Bezugspersonen gemachten intersubjektiven Erfahrungen auf. Beide gehen davon aus, daß sich der Körper des Kindes aufgrund der physiologischen Unreife primär im Besitz der Mutter befindet. Das Kind muß sich seinen Körper im Verlauf seiner Entwicklung erst aneignen.

„Unser Leben beginnt damit, daß im allgemeinen die Mutter den Körper hat: während der Schwangerschaft in sich, beim Stillen bei sich und dies zu einer Zeit, in der das Selbst allenfalls rudimentär entwickelt ist" (Kutter, 1988, S. 226).

Mit Blick auf die Ergebnisse der neueren Säuglingsforschung ist relativierend anzumerken, daß die hier anklingende rudimentäre Entwicklung des Selbst zugunsten eines bereits differenzierten intentionalen Selbst, wie es in Kapitel 5.2 dargestellt wurde, relativiert werden muß. Festzuhalten ist aber, daß es sich bei der Beziehung zwischen Säugling und den Bezugspersonen um ein asymmetrisches Verhältnis handelt, in der den Bezugspersonen aufgrund ihrer physiologischen und psychischen Überlegenheit der entscheidende Part bei der Strukturierung der Interaktion zukommt.

Auch nehmen beide Autoren eine Phase der primären Ungeschiedenheit zu Beginn der psychischen Entwicklung an, wo die „Wahrnehmung von Lebendigkeit" (Plassmann, 1989, S. 69) noch nicht von der „Wahrnehmung von Körperlichkeit" im objekthaften Sinne getrennt ist.

„Charakteristikum dieses Zustandes wäre das Fehlen jeglicher Trennung zwischen Wahrnehmung und Wahrgenommenem, psychischer Inhalt und abgebildetes Objekt sind identisch, d.h. eindimensional miteinander verschmolzen. Ebenso liegt eine Trennbarkeit des psychischen Innenraumes von der äußeren Welt noch in weiter Ferne" (Plassmann, 1989, S. 69).

Genau wie die Phänomenologen, *Freud*, *Schilder* und *Lacan* postulieren *Kutter* und *Plassmann*, also gleichsam eine zweite, eine psychische Geburt

111

des Körpers. Im Verlauf dieses Prozesses differenziert sich das primär psycho-physische Selbstempfinden, in ein seelisch-affektives und ein körperliches Erleben. Der Säugling lernt zunehmend zwischen seinem seelischen Erleben und seinem Körper zu unterscheiden, wobei dieser Differenzierungsprozeß mit einer verbesserten Abgrenzung von den äußeren Objekten parallel geht. *Kutter* und *Plassmann* fassen den Differenzierungsprozeß der psychischen Geburt des Körpers als eine Desymbiotisierung des Körpers auf, also als eine Ablösung des eigenen Körpers vom Körper des Anderen, zumeist der Mutter.

Die „Aneignung des Körpers" (Plassmann, 1989, S. 66) erfolgt über die Ausbildung von Repräsentanzen.einzelner Körperteile. Dieser Repräsentationsprozeß ist von Beginn an intersubjektiv vermittelt. So ist der eigene Mund niemals nur Mund, sondern er ist primär die „Erlebniseinheit von Brust und Mund" (Küchenhoff, 1992, S. 96). Die im Rahmen der intersubjektiven Begegnung entstehende Repräsentanz des eigenen Mundes enthält daher, wie *Küchenhoff* (1992, S. 96) deutlich macht, die Erfahrung, die das Kind mit dieser Brust macht, mag diese gut oder schlecht, befriedigend oder unbefriedigend gewesen sein. Die eigenen Körperfunktionen werden folglich in einer intersubjektiven Beziehung angeeignet. In der Körperteil-Repräsentanz schlägt sich die Qualität, der in den intersubjektiven Beziehungen mit dem jeweiligen Körperteil gemachten Erfahrung, nieder. Die Erfahrungen schreiben sich in die Teil-KörperRepräsentanzen.ein.

Nach *Lorenzer* (1986, S. 12) sind die Körperteil-Repräsentanzen.daher auch als „Erlebnisengramme", die sich in den Körper einschreiben bzw. als „Niederschlag der Interaktion" (Lorenzer, 1976, S. 280) aufzufassen. Da die Repräsentanzen.der einzelnen Körperteile über die Interaktion mit den primären Bezugspersonen vermittelt sind, kann es bei einer vom Kind als ungünstig erlebten Interaktion zu einem Niederschlag dieser negativen Objektbeziehungserfahrung in der Repräsentanz dieses Körperteils kommen. Es handelt sich um eine symbolische Verdichtung dieser Interaktionserfahrung im Körperteil. Die Repräsentanz des Körperteils wird so zum Aufbewahrungsort der negativen Objektbeziehungserfahrung. Dabei kann die Körperteil-Repräsentanz nicht nur zum Kristallisationsort der symbolisch verdichteten Interaktionserfahrung werden, sondern der Selbstaneignungprozeß des eigenen Körperteils kann partiell und in unterschiedlichen Graden behindert werden. Der psychische Prozeß der Ablösung des eigenen Körperteils aus dem „Besitz" der Mutter bzw. den primären Bezugspersonen und die Besetzung des Körperteils als eigener, kann beispielsweise vor dem Hintergrund traumatischer Separationserfahrungen vom Kind nicht vollständig vollzogen werden, weil bereits geringfügige Trennungen für das Kind massiv Angst auslösend sind.[30] Kommt es im Verlauf des Repräsentationsprozeß der einzelnen Körperteile zu einer solchen Störung, kann die Differenzierung des Körperteils unzureichend bleiben, so daß eine nur mangelhaft abgegrenzte Körperteil-Repräsentanz ausgebildet wird. Dies kann wiederum dazu führen, daß die auf diesen Differenzierungsschritt folgende Ausbildung einer integrierten Ganzkörper-Repräsentanz, in der „psychisches und körperliches Selbst getrennt und doch verbunden sind" (Hirsch, 1994, S. 154), nicht vollzogen werden kann. Die betroffene Körperteil-Repräsentanz kann aufgrund ihrer unzureichenden Differenzierung und Repräsentation nicht vollständig in die Körper-Selbst-Repräsentanz integriert werden.

Die Integration zur Ganzkörper-Repräsentanz oder – gemäß *Kutters* Terminologie – zur Körper-Selbst-Repräsentanz in der Spiegelstufe bleibt so unter Umständen lückenhaft und unvollständig. Nach *Plassmann* (1989, S. 67) findet sich ein solches Persistieren „symbiotischer Zonen" sehr häufig bei Patientinnen mit Artefakterkrankungen und Patientinnen mit Eßstörungen. Dabei bilden solche Zonen einer fusionären Körperteil-Repräsentanz Fixierungsstellen für Abspaltungs- und Desintegrationsprozesse dieser Körperteil-Repräsentanzen.von der kohäsiven Körper-Selbst-Repräsentanz. Weil die betroffene Körperteil-Repräsentanz gleichsam als „symbiotische Zone" (Plassmann, 1989, S. 67) persistiert, vermag sie fortan nicht vollständig in die Körper-Selbst-Repräsentanz integriert zu werden. Ein solcher Körperteil wird in der Folge nicht als zugehörig zum eigenen Ich erlebt. Entsprechend heißt es bei *Plassmann* (1989, S. 68):

---

30 Kutter (1980, S. 138) führt zur Entstehung eines gestörten Körper-Ich aus: „Ist die Art des Umgangs seitens des Bezugsobjektes dem Kind gegenüber dagegen durch offene oder verdeckte Ablehnung, brüske Unterbrechungen, Kälte und Lieblosigkeit gekennzeichnet, wird es unweigerlich zu Störungen in der Entwicklung des Körper-Ichs kommen."

„Im kranken Bereich ist das Körperbild gerade kein Körper-Selbst, sondern eine noch jenseits der Realitätsprüfung gelegene fusionäre Vermischung von Subjekt und Objekt."

Aufgrund dieser noch fusionären Körperteil-Repräsentanz kann das Körperbild in dieser Zone nicht zu einem Teil der Körper-Selbst-Repräsentanz werden. Der Körper ist psychisch nicht vollständig repräsentiert. Diese „Löcher" in der Körper-Selbst-Repräsentanz sind als Leerstellen von Repräsentanzen.zu verstehen, die nicht gebildet werden konnten.

Auch *Kutter* geht davon aus, daß es im Rahmen einer gelungenen Selbstaneignung des eigenen Körpers zur Herausbildung einer integrierten Körper-Selbst-Repräsentanz kommt. Integriert bedeutet für ihn, daß der Körper in allen seinen Teilen zu einem als zugehörig erlebten Bestandteil des Selbst geworden ist. Körper und Selbst sind vollständig miteinander verschmolzen. Kommt es jedoch zu einem symbiotischen Persistieren eines Körperteils und damit zu einer defizitären Repräsentation, so bildet sich je nach dem Grad der symbiotischen Persistenz entweder eine Leerstelle oder eine Fixierungsstelle in der Körper-Selbst-Repräsentanz. Bei einer Leerstelle bleibt die Körperteil-Repräsentanz weitgehend außerhalb der Organisation des Selbst bzw. des Ich und wird nicht zu einem Teil des Selbst, während eine Fixierungsstelle so etwas wie eine Sollbruchstelle in der Ganzkörper-Repräsentanz darstellt, die im Zuge späterer Lebensereignisse zu einem Heraustreten und einer Desintegration dieser Organ-Repräsentanz aus der Ganzkörper-Repräsentanz führt. Die durch die Verschmelzung von Körperteil-Repräsentanzen.mit der Selbst-Repräsentanz hergestellte leib-seelische Einheit in Form der Körper-Selbst-Repräsentanz ist daher fragil und kann sich im Zuge belastender Lebensereignisse wieder lockern. Unter den Bedingungen einer Erkrankung oder in Zuständen der psychischen Regression kann es dann zu einer Abspaltung des Körpers bzw. einzelner Teile in der Körper-Selbst-Repräsentanz kommen, so daß der eigene Körper oder auch nur einzelne Teile als ich-fremd erlebt werden, was sonst nur mit äußeren Objekten möglich ist. Dabei erfolgt gleichsam eine Opferung des Körpers bzw. einzelner seiner Teile, um so einer drohenden Selbstfragmentierung zu entgehen und eine kohäsive Körper-Selbst-Repräsentanz aufrechtzuerhalten. Dies ist von Dissoziations- und Desintegrationserleben begleitet. Nach *Kutter* ist das psychosomatische Symptom daher als Dekompensation einer bis dahin intakten Abwehrstruktur des Selbst aufzufassen, bei der es im Zuge einer Regression zur Reaktivierung der labilen Körper-Selbst-Repräsentanz kommt. In der Folge „opfert" das Selbst eine Teil-Körper-Repräsentanz, um so einer drohenden Selbstfragmentierung zu entgehen. *Kutter* versteht dabei die Abspaltung von Teil-Körper-Repräsentanzen oder einzelner Körperorgan-Repräsentanzen als Reaktualisierung des frühkindlichen Ablösungskampfes, bei dem es dem Subjekt nicht gelungen ist, sich Teile des Körpers und das Körperorgan vollständig als eigenes anzueignen. Kommt es zu schwierigen Lebensereignissen wie beispielsweise zum Verlust einer bedeutsamen Person (Objektverlust), die bis dahin das labile Selbst gestützt hat, kann dies zur Wiederbelebung des frühen Kampfes um die Aneignung des eigenen Körpers bzw. seiner Teile führen. Dabei werden mit der Reaktivierung der intrapsychischen Phase der Desymbiotisierung des eigenen Körpers auch frühe pathogene Interaktionsmodi wiederbelebt. Im psychosomatischen Basiskonflikt „streiten" sich nach *Kutter* (1988, S. 230) gleichsam „Selbst-Repräsentanz und Objekt-Repräsentanz [scil. Repräsentanzen der frühen Bezugspersonen bzw. der mit ihnen gemachten Interaktionserfahrungen] ... um den umstrittenen Bereich der Körper-Repräsentanz". Dabei gibt das Selbst eine Teil-Körper-Repräsentanz oder eine Körperorgan-Repräsentanz zugunsten der verinnerlichten Objekt-Repräsentanz auf, womit der Weg zu einer psychosomatischen Symptombildung vorbereitet ist. Indem das Subjekt, die pathogene Interaktionsbeziehung gleichsam in den Körper- bzw. einen einzelnen Körperteil projiziert und von der Körper-Selbst-Repräsentanz abspaltet, gelingt es ihm mittels dieses Opfers, eine integrierte Restkörper-Selbstrepräsentanz aufrechtzuerhalten. Dabei ist das Ausmaß, der Abspaltung der Organ- und Körperteil-Repräsentanzen abhängig vom Maß der Bedrohung des Selbst bzw. des Selbstwerterlebens (Vgl. Porsch, 1997, S. 92). Der hier beschriebene Abwehrmechanismus kann von Dissoziationstendenzen, in denen es zu einer Spaltung der Körper-Selbst-Repräsentanz in Körper und Selbst kommt, bis hin zu einer Abspaltung einzelner Körperteil-Repräsentanzen von der Körper-Selbst-Repräsentanz reichen. Die Abspaltung des Körpers vom Selbst wie auch einzelner Körperteile von der Körper-Selbst-Repräsentanz dient dabei der Aufrechterhaltung eines kohäsiven Selbstbildes (Vgl. Hirsch, 1989, S. 1).

Gerade auf dieses Auseinandertreten des leib-seelischen Einheitserleben ist in der Literatur wiederholt als charakteristisch für psychosomatische Patienten beschrieben worden. Der Körper wird dabei nicht als „Partner" (Blankenburg, 1983, S. 206) oder wie ein angenehmer „Begleiter" (Hirsch, 1989, S. 9) erlebt, sondern die unmittelbare „Ich-Nähe" zum Körper geht verloren, er wird zu einem Objekt. Diese integrierte Körper-Selbst-Repräsentanz *Kutters* entspricht dem Begriff des integrierten Leiberlebens, wie ihn die Phänomenologen dargelegt haben. *Kutter* (1980, S. 139) beschreibt dies wie folgt:

> „Obwohl der psychosomatisch Gestörte gerade im körperlichen Bereich erkrankt, hat er doch keine Beziehung zu seinem Körper. Er hat seinen Körper gleichsam verloren; genauer gesagt: die Repräsentanz seines Körpers, die Körper-Selbst-Repräsentanz. Der Grund dafür ist, daß die in der frühen Mutter-Kind-Beziehung vorgekommenen Störungen nur eine höchst fragile Körper-Selbst-Repräsentanz mit sich brachten, die außerdem nicht hinreichend ins Ich integriert ist, sondern außerhalb der Ich-Organisation verbleibt. Um diese Körper-Selbst-Repräsentanz ist der an einer Psychosomatose Erkrankte gleichsam betrogen. Selten jedoch ist die gesamte Körper-Selbst-Repräsentanz betroffen, sondern nur eine Körperteil-Repräsentanz. Von dieser ist der psychosomatisch Kranke gewissermaßen „amputiert". Das davon betroffene Organ erscheint ihm dann wie ein Phantom; eben weil nicht in die Ich-Organisation aufgenommen, daher *nicht zu ihm gehörig*."

6.2 Dissoziations- und Desintergrationstendenzen als Abwehrprozeß durch Reaktivierung früherer Erlebnisformen des Körpers

Bei der Beschreibung des Körpererlebens in der Phase vor dem Spiegelstadium in Kapitel 5.2 wurde dargestellt, daß die Erlebnisweise des Körpers und seiner Teile in dieser frühen Entwicklungsphase einem Teil-Körper-Erleben entspricht. *Kutter* und *Plassmann* fassen die Dissoziations- und Desintegrationstendenzen als Störung des Repräsentationsvorgangs des Körpers oder seiner Teile auf, in dessen Verlauf Fixierungs- und Sollbruchstellen entstanden sind, die bei einer Lockerung der Ganzkörper-Repräsentanz von dieser abgespalten werden. Neben dem Persistieren „symbiotischer Zonen" in der Ganzkörper-Repräsentanz kann das Heraustreten bestimmter Teil-

Körper-Repräsentanzen auch im Sinne der Reaktivierung eines früheren Körpererlebnismusters verstanden werden. Dabei kann unter bestimmten belastenden Bedingungen ein früheres Funktionsniveau aktiviert werden, in dem ein gefestigtes Integrationserleben des Körpers noch nicht existiert und wo statt dessen lediglich einzelne, voneinander separierte Teilkörper-Repräsentanzen im Sinne der Schmitzschen Leibinseln existieren. Im Zuge eines solchen regressiven Vorgangs können einzelne mit selbstwertbedrohenden Aspekten assoziierte Körperteil-Repräsentanzen zum Zwecke der Selbstwertstabilisierung von der Ganzkörper-Repräsentanz abgespalten werden. Einzelne Zonen des Körpers oder Organe können intensiv aus dem Körperselbsterleben herausgehoben werden, wobei sie nicht mehr länger in ein intentionales Erleben integriert sind.

6.3 Fazit

Die Erklärungsansätze von *Kutter* und *Plassmann* zeigen die Bedingungen auf, unter denen die Herausbildung einer integrierten Körper-Selbst-Repräsentanz unzureichend bleibt. Entsprechend ihres objektpsychologischen Ansatzes fassen sie eine kohäsive Körper-Selbst-Repräsentanz dabei als das Ergebnis positiver, verinnerlichter Interaktionsbeziehungen auf. Störungen in der integrierten Körper-Selbst-Repräsentanz, die dann zu einem Auseinandertreten des leib-seelischen Einheitserlebens führen, werden als Resultat von in den Körper projizierten pathogenen Interaktionsbeziehungen verstanden. Durch diese pathogenen Interaktionsbeziehungen werden einzelne Aspekte des Körpererlebens bzw. einzelne Körperteile nicht ausreichend psychisch repräsentiert und können in späteren Lebensphasen zu einem Auseinandertreten von Körper-Repräsentanz und Selbst-Repräsentanz bzw. einer Abspaltung einzelner Körperteile von der Körper-Selbst-Repräsentanz führen. Auch wenn der These einer früh erworbenen Repräsentationsstörung wie in *Kutters* und *Plassmanns* Modell postuliert, nicht unumschränkt gefolgt werden soll, so scheint jedoch das in diesen Erklärungsansatz enthaltene Postulat, wonach der Körper zum Projektionsfeld pathogener Objekt- und Sozialbeziehungen zu werden vermag, ein vielversprechender Forschungsansatz zum Verständnis spezifischer psychosomatischer Erkrankungen wie den Eßstörungen, Hypochondrien und Selbstschädigungshandlungen zu sein. Die eher entwicklungspsychologische Auffassung einer Regression auf frühere Körpererlebensmuster eröffnet zudem einen weniger pathologisierenden Verstehensansatz leib-seelischer Dissoziations- und Desintegrationstendenzen, dem vor allem im Hinblick auf vorrangig sozialbedingten Körperstörungen eine erhebliche Bedeutung zukommt.

7. Kapitel: Aspekte des Körperverhältnisses von Anorektikerinnen und IvF-Patientinnen

7.1 Aspekte des Körperverhältnisses von Patientinnen mit Anorexia nervosa

7.1.1 Sozialhistorische Aspekte des Körperverhältnisses von Patientinnen mit Anorexia nervosa

In der psychosomatischen Literatur finden sich wiederholt Hinweise auf ein verändertes Körpererleben und eine Störung in der Körper-Selbst-Repräsentanz bei psychosomatisch Kranken. Als klassische und zugleich auch extreme Beispiele werden hierfür häufig die Eßstörungen wie die Anorexie und die Bulimie angeführt. Kennzeichnend für das Körperverhältnis dieser Patientinnen ist dabei eine massive Instrumentalisierung des Körpers (Vgl. Küchenhoff, 1992a, S. 26). Bevor die postulierte Störung in der Körper-Selbst-Repräsentanz unter vorrangig psychodynamischem Aspekt betrachtet wird, sollen die Besonderheiten des Körperverhältnisses anorektischer Patientinnen aus einer sozialhistorischen Perspektive kurz umrissen werden.

Die Historikerin *Brumberg* (1994, S. 10) stellt in ihrem grundlegenden

119

Werk zur Geschichte der Anorexie fest, daß „ein grundlegender menschlicher Instinkt wie der Appetit" „kulturellen und sozialen Einflüssen unterworfen" ist, dem in „jeder historischen Epoche eine neue Bedeutung" zukommt. So beweise gerade die Anorexie, „in welchem Ausmaß Krankheit durch kulturelle Einflüsse bedingt" (Brumberg, 1994, S. 10) ist. Und *Bruch* (1997, S. 3) kommt zu dem Schluß, daß sich die Indienstnahme einer biologisch begründeten Funktion wie der Nahrungsaufnahme zum Ausdruck psychosozialer Konflikte gerade deshalb anbiete, weil „Essen von Geburt an immer eng mit interpersonalen Erfahrungen verbunden ist" und daher die „physischen und psychischen Aspekte sich nicht ohne weiteres voneinander trennen lassen".

Nach *Brumberg* (1994, S. 10) ist die Anorexia nervosa eine historisch begründete Krankheit, die erstmals gehäuft in den Anfangsjahren des Industriekapitalismus auftrat und im spezifischen gesellschaftlichen Milieu des bürgerlichen Familienlebens wurzelt. Das familiäre Klima, in dem sich ein Krankheitsbild wie die Anorexie ausbilden konnte, war gekennzeichnet durch „Vertrautheit, materiellem Komfort, elterliche Liebe und Erwartungen, geschlechtsspezifische Arbeitsteilung sowie allgemein verbreitete Ansichten über die Rolle von Mann und Frau und Klassenbewußtsein" (Brumberg, 1994, S. 10). Dabei nahm die Anorexie als ein spezifisches psychopathologisches Phänomen des bürgerlichen Familienlebens in verzerrter Form einen Wandel in der Vorstellung vom weiblichen Körper vorweg (Vgl. Brumberg, 1994), der charakteristisch für die heutigen westlichen Zivilisationen geworden ist. So verknüpfte die bürgerliche Gesellschaft des 19. Jahrhunderts die Nahrungsaufnahme und die körperliche Erscheinung mit einer spezifischen Weiblichkeitsvorstellung, wodurch das „Essen zu einer emotionsgeladenen gesellschaftlichen Angelegenheit" und zu einer „Form des Selbstausdrucks" (Brumberg, 1994, S. 10) wurde. Die äußerliche Erscheinung des weiblichen Körpers wurde bedeutsamer als die weiblichen Körperfunktionen. Während in der vorangegangen Epochen die Schönheit einer Frau vorrangig nach ihrem Gesicht beurteilt wurde, ist es im 20. Jahrhundert der Körper, der zum Maßstab der Schönheit wird (Vgl. Veblen 1958, S. 147).

Parallel zu diesem ästhetischen Bedeutungszuwachs des Körpers vollzieht sich auch ein Wandel in der ästhetischen Vorstellung vom Körper selbst. Während in den vorangegangen Epochen der Körperumfang einer Frau noch Indiz für den Wohlstand ihrer Familie oder ihres Mannes sein konnte, war es nun zunehmend ein schlanker Körper, dem diese Funktion zukam. Der schlanke und zerbrechliche weibliche Körper wurde zum Zeichen des gesellschaftlichen Status und zum Schönheitsideal. Ein schlanker Körper symbolisierte in der viktorianischen Zeit die „Zurückweisung aller fleischlichen Gelüste" (Brumberg, 1994, S. 171). Er verkörperte Asexualität, moralische Überlegenheit, Intelligenz und Sensibilität, was den gesellschaftlichen Vorstellungen von vollendeter Weiblichkeit entsprach. *Veblen* (1958, S. 148) sieht den Grund für die Herausbildung eines solchen Schlankheitsideals, in dem Umstand, daß eine solche Frau unfähig war, produktive Arbeit zu leisten und so zum Symbol bürgerlicher „Untätigkeit" werden konnte. Das Schönheitsideal eines schlanken Körpers, zarter kleiner Hände und Füße demonstrierte, „daß die von ihnen betroffene Person einer nützlichen Anstrengung nicht fähig ist" (Veblen, 1958, S. 148). Eine solche Frau ist nach *Veblen* (1958, S. 148) „also nutzlos und teuer und besitzt daher als Zeuge finanzieller Macht einen gewissen Wert". Vor diesem Hintergrund einer wachsenden ästhetischen und prestigeträchtigen Bedeutung des Körpers und der Herausbildung eines spezifischen symbolträchtigen Schlankheitsideals entwickelte sich für Frauen eine Notwendigkeit, den eigenen „Appetit zu kontrollieren, um so ihren Körper zur Chiffre der richtigen sozialen Botschaft zu machen" (Brumberg, 1994, S. 174).

Die Angleichung an dieses Schlankheitsideal und seine Verkörperung ermöglichte der Frau, zugleich ihre Identität zu definieren. Durch die Verknüpfung des Schlankheitsideals mit einer spezifischen Weiblichkeitsvorstellung wurde aber auch der Nährboden für das Auftreten der Anorexia nervosa geschaffen. Denn erst in einem gesellschaftlichen Milieu, in dem die körperliche Erscheinung in Form eines schlanken, mageren Körpers eine ästhetische und symbolische Botschaft zu transportieren vermag, konnte sich eine Krankheitsform wie die Anorexie herausbilden, bei welcher der Körper mittels einer restringierten Nahrungsaufnahme einem Idealbild angepaßt werden soll.(Vgl. Brumberg, 1994, S. 134f.). Dieses Schlankheitsideal, dessen Wurzeln in die viktorianische Gesellschaft zurückreichen, ist bis in unsere heutige Zeit richtungsweisend geblieben, auch wenn ihm heute eine veränderte Bedeutung zukommt. So steht ein schlanker weiblicher Körper heute nicht mehr für „Arbeitsunfähigkeit", sondern im Gegenteil für Leistungsfähigkeit und in Folge einer gesellschaftlich veränderten Einstellung zur Sexualität auch für sexuelle Attraktivität und Leistungsfähigkeit.

7.1.2 Psychodynamische Aspekte der Anorexia nervosa

Janet (1983, S. 606), der sich 1884 erstmals aus einer psychodynamischen Perspektive der Anorexie nähert[31], fand als Charakteristikum bei seinen Patientinnen eine „übertriebene emotionale Einstellung zu Sittlichkeit und Keuschheit, also zum eigenen Körper und zur Sexualität". Er betonte, daß das abnorme Eßverhalten der Anorektikerin, in dem Wunsch begründet lag, ihre Sexualität auszumerzen, was darin kulminiere, daß die Anorektikerin letztlich wünsche überhaupt keinen Körper zu haben (Vgl. Janet, 1983, S. 606). Zusammen mit *Freud* entwickelte er die moderne psychogenetische Auffassung von der Anorexie als einer psychosexuellen Störung. Danach verweigert das anorektische Mädchen die Nahrung, um ihre Körper klein, dünn und kindlich zu halten und damit die normale sexuelle Entwicklung zu verzögern und Sexualität zu vermeiden (Vgl. Janet, 1983, S. 606). Auch zeitgenössische Autoren wie *v. Braun* (1994), *Hirsch* (1989), *Küchenhoff* (1992), *Lang* (1999 in Druck), *Selvini Palazzoli* (1982) sehen die Ablehnung der Sexualität und die Ablehnung der geschlechtlichen Identifizierung mit einer weiblichen Bezugsperson, zumeist der Mutter, als Kernaspekt der Anorexie an. Nach *Selvini Palazzoli* (1982, S. 40 u. S. 102) geht es bei der Anorexie um die „Beherrschung der Triebe" und die „Unterwerfung des Körpers".

Willenberg (1989, S. 178) sieht „in der Überwertigkeit der Beschäftigung mit dem eigenen Körper und dem Drang, ihn einem bestimmten Bild entsprechend zu formen und zu manipulieren" die „pathogenen Grundlinien" der Anorexie. Die Instrumentalisierung des Körpers in der Anorexie geschieht dabei mit dem Ziel, sich einer Instrumentalisierung durch andere zu widersetzen. Die der Anorexie zugrundeliegende Dynamik kann mit psy-

---

31 So sammelte Janet erstmals Fallgeschichten, in denen er seine Patientinnen zu Wort kommen lies.

choanalytischer Terminologie wie folgt beschrieben werden. Die anorektische Patientin erfährt in der Pubertät an ihrem Körper eine Entmächtigung, weil sich dieser in einen Frauenkörper verwandelt. Durch die Instrumentalisierung des Körpers versucht sie, dieser Entmächtigung zu entgehen. Der Kampf gegen den Körper stellt für die Anorektikerin dabei häufig die letzte Möglichkeit dar, ihr labiles Ich aufrechtzuerhalten. *Lang* (1999, S. 29 in Druck) schreibt dazu treffend:

> „Ein Krankheitsbild aus dem psychosomatischen Bereich kann eine Instrumentalisierung des Leibes in besonders eklatanter Weise belegen ... die Anorexia nervosa. Weil am eigenen Leibe eine Entmächtigung erfahren wird, bemächtigt sich die Kranke dieses Leibes, macht sie ihre Auseinandersetzung mit ihrer Identitätskrise an ihm ab, findet sie in dieser Instrumentalisierung ... eine letzte Möglichkeit narzißtischer Selbstbehauptung."

Durch die Abspaltung des Körpers vom Selbst versucht die Anorektikerin, sich die Existenz eines „guten [und] annehmbaren und respektierten Ich" (Selvini Palazzoli, 1982, S. 116) zu bewahren. Diese Abspaltung kann als Opfer verstanden werden, wobei der triebhafte Aspekt des Körpers als Teil für das Ganze, ein kohäsives Körper-Selbstbild, geopfert wird. Um die psychische Kohärenz ihres Ich aufrechtzuerhalten, macht die Anorektikerin ihren Körper zu etwas Ich-fremden und spaltet sich dabei gleichsam „entzwei", „in Geist und Körper" (v. Braun, 1994, S. 467). Die Anorektikerin idealisiert dabei das Ich, damit sie es vom triebhaften Körper, „gleichsam als immateriellen Geist" (v. Braun, 1994, S. 467) abzuspalten vermag. Dadurch gelingt es ihr, die „sogenannten bösen Objekte, die verbunden sind mit dem mütterlichen Körper, auf den Körper zu projizieren und damit die Bedrohung ihrer Autonomie ab(zu)wehren" (Hoppe, 1990, S. 209). Während der Geist idealisiert wird, wird der Körper zum „Verfolger, zum Symbol dessen, was einer *guten* Existenz im Wege steht" (Hoppe, 1990, S. 209). Mit der Idealisierung des Ich gelingt es der Anorektikerin, einen „Teil ihrer Existenz positiv zu besetzen" (Hoppe, 1990, S. 209), was ihr ein psychisches Überleben ermöglicht. Dies stellt, wie *Hoppe* (1990, S. 209) zutreffend feststellt, den klassischen idealistischen Versuch dar, „den Körper durch den Geist zu transzendieren". Von *Thomä* (1961, S. 270) wurde die Anorexie dementsprechend als Konflikt zwischen „Ichideal" und „Körper-Ich" beschrieben. Dabei richtet sich die Abwehr besonders gegen den sexuellen Körper, den triebhaften und begehrenden Aspekt des Körpers und damit gegen die Sexualorgane und Sexualfunktionen. Der sexuelle Körper und die Sexualorgane verkörpern für die Anorektikerin das negative Bild einer Bezugsperson, häufig der Mutter. Anhand einer Nachuntersuchung ehemaliger Anorexiepatientinnen konnten *Steinhausen* und *Glanville* (1984, S. 466) die enge Verbindung der Erkrankung mit der Sexualität nachweisen. Sie stellten fest, daß der entscheidende Faktor für den wieteren Verlauf der Erkrankung das Verhältnis ist, das die Patientin zur Sexualität hat. Kein anderes Merkmal unterschied die Patientinnen so deutlich. Während die Anorektikerinnen, die die Sexualität ablehnten oder zu vermeiden suchten, im allgemeinen keine oder nur eine geringe Besserung ihres Zustandes erfuhren, zeigten die anderen Patientinnen eine merkliche Besserung. Die Untersuchung belegte statistisch, wie „präsent in der anorektischen Symptombildung der Zusammenhang zwischen Essen und Sexualität ist" (v. Braun, 1994, S. 466). Die Instrumentalisierung des Körpers in der Anorexie geschieht dabei mit dem Ziel sich einer Instrumentalisierung durch andere zu widersetzen. Die Reduzierung des eigenen Körpers auf ein beherrschbares Objekt, durch die die Anorektikerin der Instrumentalisierung durch andere zu entgehen hofft, schlägt jedoch auf ihr eigenes Selbst zurück. Die Anorektikerin wird gleichsam zu einer Gefangenen ihrer körperlichen Bedürfnisse, da sich in ihrem Leben zunehmend alles um das Essen und den Körper dreht. „Ich esse nicht, sagt sie [scil. die Anorektikerin], aber ich denke unentwegt daran" (v. Braun, 1994, S. 461).

Entscheidend für die Bestimmung der Spezifik des Körperverhältnis der anorektischen Patientinnen ist die Dissoziation- und Desintegrationstendenz der Körper-Selbst-Repräsentanz. Es liegt nicht nur eine Trennung von Körper und Selbst (Dissoziation) vor, sondern die Spaltung betrifft die Repräsentanz des Körper selbst. Einzelne Körperteil-Repräsentanzen wie die Sexualorgane werden abgespalten, weil mit ihnen eine soziale Bedeutungszuschreibung verknüpft ist, die abgelehnt wird. So rebelliert die Anorektikerin mit ihrer extremen Instrumentalisierung des Körpers gegen das ihr als Identifizierungsmatrix angebotene Körperbild, das zugleich ein spezifisches Frauenbild ist. Mit *v. Braun* läßt sich sagen, daß zwar eine Spaltung des Subjekts stattfindet, daß dieser Vorgang aber nicht dem des Spiegelstadium entspricht, bei dem das Spiegelbild des Subjekts zum Anderen wird, sondern die Anorektikerin spaltet sich selbst entzwei. Es kommt folglich zu einer Dissoziation und Desintegration der Körper-Selbst-Repräsentanz, bei der besonders die weibliche Geschlechtsorgane abgespalten werden.

7.2 Aspekte des Körperverhältnisses von Patientinnen, die sich einer künstlichen Befruchtung unterziehen

Trotz der Veränderungen der traditionellen Rolle der Frau stellt Eltern- und Mutterschaft in den Industriegesellschaften weiterhin eine relativ stabile soziale Norm dar, deren Realisierung lediglich in ein höheres Lebensalter verschoben wurde (Vgl. Kemeter, 1996). So ist Fruchtbarkeit in unserer Kultur eine sozial hochbewertete körperliche Funktion, die auch heute noch stark mit Weiblichkeit und mit einer spezifischen Geschlechtsrollendefinition verbunden ist. Die Fähigkeit ein Kind bekommen zu können, stellt für einen Großteil von Frauen einen zentralen Bestandteil ihrer weiblichen Identität dar, über den sie sich selbst definieren und auch von anderen definiert werden. Dementsprechend bedeutet die Diagnose an einer Fruchtbarkeitsstörung zu leiden, zugleich eine Verunsicherung hinsichtlich der eigenen biologischen Vollwertigkeit mithin der eigenen geschlechtlichen Identität und der sozialen Rolle. Der Funktionsfähigkeit der Fortpflanzungsorgane kommt für Frauen in den Industrieländern auch heute noch eine erhebliche Bedeutung für das eigene Selbstbild und die Geschlechtsidentät zu, da Identität immer auch unter Bezugnahme auf den eigenen Körper und seine geschlechtsgebundenen Potentiale entworfen wird, denen in unterschiedlichen Sozialstrukturen jeweils verschiedene Bedeutungen und Werte zugemessen werden (vgl. Menning, 1980; Link & Darling, 1986). *Mittag* und *Jagenow* (1982 & 1984) stellen in diesem Zusammenhang fest, daß der Fähigkeit Kinder bekommen zu können, für Frauen immer noch eine wichtige Funktion im Hinblick auf die Möglichkeit einer positiven weiblichen Identitätsbestimmung zukommt. Auch empirische Studien belegen, daß sich eine Fruchtbarkeitsstörung unterschiedlich auf das Körper- und Selbstbild von Frauen und Männern auswirkt. Die spezifische Bedeutung von Fruchtbarkeit im Hinblick auf Selbstwerterleben und Geschlechtsidentität muß daher als relevanter geschlechtsbezogener Parameter bei der Untersuchung des Körper- und Selbsterlebens von Sterilitätspatientinnen, die sich einer IvF-Behandlung unterziehen, angemessen berücksichtigt werden. Bei der Inanspruchnahme reproduktionstechnischer Maßnahmen geht es folglich nicht ausschließlich um die Behebung einer körperlichen Funktionsstörung, sondern wesentlich auch um die Wiederherstellung des mit einem beeinträchtigten Körper(Selbst)Bild einhergehenden geminderten Selbstwerterlebens und der Neubestimmung der Geschlechtsrolle.

So hat *Brähler* bereits 1986 bei sterilen Patientinnen eine spezifische Einstellung zum Körper festgestellt, die sich summarisch als ein gesteigertes Bedürfnis nach Körperkontrolle umschreiben läßt. Der eigene Körper wird von diesen Patientinnen vielfach "als getrennte Einheit" (Brähler, 1986, S. 185) erlebt. Dabei diene "der Kampf gegen den eigenen Körper, der wie eine defekte Maschine erlebt wird, ... der Bewältigung der großen narzißtischen Kränkung"(Brähler, 1986, S. 183), welche die Sterilität für viele dieser Patientinnen darstellt. Das Gefühl einer unzureichenden Kontrolle über den eigenen Körper nimmt dabei nach *Keye* (1984) eine zentrale Rolle ein. Auch *Ulmer-Otto* (1988) weist auf eine spezifische Spaltung im Körpererleben bei sterilen Patientinnen hin. Danach erlebt die unfruchtbare Frau ihren Körper als etwas Problematisches und Fremdes, da sich in ihm nicht das vollzieht, worin sich ihr Frausein manifestieren soll. Durch die mit jeder Menstruation wiederkehrende leidvolle Erfahrung der körperlichen Unzulänglichkeit, können die betroffenen Frauen ihren Körper häufig nicht (mehr) als zu ihrer Person gehörig erleben und somit nicht mehr in das eigene Selbstbild integrieren. Offen bleibt dabei die Frage, ob diese Dissoziation im Erleben des eigenen Körpers als primäre Ursache der Sterilität oder als Folge der mit der Diagnose "Sterilität" einhergehenden narzißtischen Kränkung aufzufassen ist. Von psychologischer Seite wird davon ausgegangen, daß sich bereits die ärztliche Mitteilung, das eine Unfruchtbarkeit vorliegt, beeinträchtigend auf das Körper-Selbstbild der betroffenen Patientin auswirken kann. Bei der Unfruchtbarkeit liegt keine Beeinträchtigung lebensnotwendiger Funktionen vor, sondern die körperliche Funktionsstörung manifestiert sich ausschließlich auf einer psychosozialen Ebene. Trotzdem hat die dem eigenen Körper zugeschriebene Einschränkung der Fortpflanzungsfähigkeit häufig eine Beeinträchtigung des Körper-Selbstbildes zur Folge. Die zur Behebung, der dem eigenen Körper zugeschriebenen Funktionsstörung, eingeleitete In-vitro-Fertilisationsbehandlung wirkt sich dabei vielfach zusätzlich aggravierend auf das beschädigte Körper-Selbstbild aus. Denn die erfolgreiche Anwendung reproduktionstechnischer Verfahren ist an eine nahezu maximale Reduzierung des Körpers auf seinen „objekthaften Aspekt" auf Seiten der Patientin und auch ihres Partners gebunden. So bedarf es im Zuge der Sterilitätsbehandlung einer genauen Kontrolle und Reglementierung der an die Sexualität gebundenen Körperfunktionen seitens der Patientin und ihres Partners unter weitgehender Ausblendung der mit der Sexualität verbundenen Erlebenssphäre, wenn eine künstliche Befruchtung gelingen soll. *Hölzle* (1996) beschreibt in diesem Zusammenhang eine Spirale des Kontrollverlustes, der durch die Delegation des psychosozialen Problems der Unfruchtbarkeit an die Medizintechnik in Gang gesetzt wird. Die körperliche Funktionseinschränkung wird dabei zu einer Bedrohung des Selbst, da über einen Teil des Selbst – den Körper bzw. das Körperselbst – aufgrund des körperlichen Nichtfunktionierens nicht verfügt werden kann. Eine Möglichkeit, die mit dem Kontrollverlust einhergehende narzißtische Kränkung zu verarbeiten, besteht nun in einer Veränderung der Erlebensweise des Körpers. Der Körper wird der Tendenz nach nicht mehr länger als integraler Bestandteil des eigenen Selbst erlebt, sondern zunehmend wie ein äußeres Objekt wahrgenommen. Im Zuge einer solchen Dissoziationstendenz von Körper und Selbst werden in der Regel einzelne Bereiche des Körpers im Sinne einer Aufmerksamkeitsfokussierung intensiv herausgehoben, wobei sie nicht mehr in ein intentionales subjekt-objekthaftes Schema des Erlebens und der Wahrnehmung eingebunden sind. In der Folge wird nach *Hölzle* (1996, S. 23) der „Unterleib als reparaturbedürftiges Objekt vom ganzheitlichen Erleben" abgespalten. Die Inanspruchnahme einer medizinische Interventionen wie der In-vitro-Fertilisation diene dabei auch dazu die verlorene Kontrolle über den Körper und die an ihn geknüpften geschlechtlichen Identitätsaspekte wieder zu gewinnen. Die medizinische Maßnahme zielt somit auch auf die Stabilisierung des Selbstwerterlebens. Die Reduktion eines Teils des eigenen Körpers auf seinen objekthaften Aspekt wirkt jedoch häufig negativ auf das eigene Selbstbild zurück. Die Abspaltung einzelner Körperteil-Repräsentanzen durch welche die Patientin, eine anders schwer erträgliche Prozedur doch noch seelisch zu überstehen sucht, indem sie einen Teil für das Ganze opfert, schlägt auf das eigene Selbst zurück und hinterläßt oft das Gefühl tiefer Entwürdigung. Der mit der Entdeckung des körperlichen Defekts "Sterilität" einhergehende Kontrollverlust und die daraus resultierende narzißtische Wut wird durch die fortgesetzte Delegation der eigenen Körperfunktionen, die für eine medizinische Sterilitätsbehandlung erforderlich sind, dabei häufig noch verstärkt. Dieser Kontrollverlust ist nun aber im Rahmen der Behandlungssituation selbst praktisch nicht mehr thematisierbar. Denn er ist von der Patientin im Interesse am Behandlungserfolg ja gewünscht und geschieht zu ihrem Wohl. Die negativen Emotionen müssen daher von den Patientinnen oftmals verdrängt werden, da sie das Behandlungsbündnis durch eine Thematisierung gefährden und damit die von ihnen oft lang ersehnte Aufnahme ins Reproduktionsprogramm wieder zur Disposition stellen würden.

Mit dieser von zahlreichen Autoren wiederholt beschriebenen mit der Unfruchtbarkeit einhergehenden Beeinträchtigungen des Selbst- und Körperbildes weisen die Sterilitätspatientinnen vielfache Gemeinsamkeiten mit Anorektikerinnen auf. In empirischen Studien ließ sich diese Körpereinstellung jedoch nur zu einem Teil belegen. *Seward et al.* (1967) fanden in ihren Studien keine signifikanten Abwiechungen in den Persönlichkeitsmerkmalen unfruchtbarer Frauen. Autoren anderer Studien berichten dagegen von ungünstigeren Selbsteinschätzungen und emotionalen Beeinträchtigungen bei unfreiwillig kinderlosen Frauen (Übersicht bei Matthews &. Matthews, 1986 und Ulrich, 1987). *Strauß* der 1991 erstmals das Körpererleben bei 174 Frauen mit unterschiedlichen Sterilitätsdiagnosen mit dem von ihm und *Appelt* entwickelten Fragebogen (FBeK) untersuchte (Strauß, 1991) und 1992 eine weitere Studie an 29 sterilen Paaren durchführte, fand bei beiden Untersuchungen keine besonderen Auffälligkeiten hinsichtlich eines negativen Körpererlebens bei Sterilitätspatientinnen. Ein Vergleich mit der weiblichen Eichstichprobe ergab sogar tendentiell niedrigere Werte in der Skala 'Unsicherheit/Mißempfinden' für die Sterilitätspatientinnen (Strauß & Appelt, 1993, S. 20), ein Befund, den *Strauß* auf das vielfach beschriebene sozialerwünschte Antwortverhalten von Sterilitätspatientinnen zurückführt. In der gleichen Studie zeigten sich die Sterilitätspatientinnen aber deutlich ängstlicher auf beiden Skalen des State-Trait-Angstinventars als die entsprechende Eichstichprobe. Auch *Mayer* und *Senf* (1988) wiesen hinsichtlich der Interpretation ihrer Ergebnisse nachdrücklich auf das sozial erwünschte

Antwortverhalten bei sterilen Patientinnen hin. *Stauber* (1979) fand in einer umfangreichen Studie bei unfreiwillig kinderlosen Frauen Depressivität, Ängstlichkeit und ein erheblich geschwächtes Selbstwertgefühl. Und *Kemeter* (1996) konnte bei einer Untersuchung mit dem Gießentest zeigen, daß Kinderwunschpatientinnen sich signifikant überkontrolliert darstellten. *Christiansen et al.* (1997) zu dem Schluß, daß sich sterile Frauen im Vergleich zur Normpopulation besonders stark mit typisch weiblichen Persönlichkeitseigenschaften identifizieren.

Grimmig *et al.* (1992) führen diese divergenten Untersuchungsergebnisse auf unterschiedliche Arten der Stichprobengewinnung und Untersuchungsmethoden zurück.

Folgt man den Autoren, die für einen Teil von Sterilitätspatientinnen, die sich einer In-vitro-Fertilisation unterziehen, eine solche Körper- und Selbsterlebensstörung beschreiben, so stellt sich die Frage, wie sich diese Körpererlebensmuster unter weitgehender Umgehung der sozial erwünschten Antworttendenz angemessen erfassen lassen. Ausgehend von den in der Literatur beschriebenen Parallelen im Körpererleben von Anorektikerinnen und IvF-Patientinnen und unter dem Aspekt, das der Fruchtbarkeit als körperlicher Funktion bei Sterilitätspatientinnen eine hohe Bedeutung im Hinblick auf ein positiv konnotiertes Körper(Selbst)Bild zukommt, wurde ein neues idiographisches und gender sensitives Verfahren entwickelt, mit dem die subjektiven, auf den eigenen Körper und das eigene Geschlecht bezogenen Bedeutungszuschreibungen von Patientinnen erhoben werden können. Ob sich die postulierten Dissoziations- und Desintegrationstendenzen bei Anorektikerinnen und IvF-Patientinnen nachweisen lassen, wurde mit einem neuen Untersuchungsverfahren untersucht, das im folgenden Kapitel dargestellt wird.

8. Kapitel: Übergreifende Hypothesen und methodischer Ansatz

8.1 Übergreifende Hypothesen

Mit der Darstellung der verschiedenen phänomenologischen und psycho-analytischen Theorieansätze sowie der Beschreibungen des Körpererlebens von anorektischen und IvF-Patientinnen in den vorangegangenen Kapiteln sollten folgende zentrale Fragen beantwortet werden:

- Wie bildet sich ein integriertes Körperselbsterleben bzw. wie bildet sich eine kohäsive Körper-Selbst-Repräsentanz aus?
- Unter welchen Bedingungen kommt es zu einer Vereinseitigung und Fixierung im Körpererleben?
- Unter welchen Bedingungen kommt es zu einer Abspaltung einzelner Körperteil- und Organ-Repräsentanzen?
- Was sind die beiden wesentlichen Komponenten der Körper-Selbst-Repräsentanz?
- Wie wird der Körper von anorektischen Patientinnen erlebt?
- Wie wird der Körper von Patientinnen erlebt, die sich einer IvF-Behandlung unterziehen?

In Abhängigkeit vom jeweiligen historischen Entwicklungsstand der

Theorien wurden von den einzelnen Autoren unterschiedliche wie auch sich ergänzende Antworten auf diese Fragen gegeben, die hier mit Blick auf eine bessere Verständlichkeit und Übersichtlichkeit nochmals zu Hypothesenkomplexen zusammengefaßt und in der folgenden Tabelle dargestellt werden. Die unterschiedlichen Hypothesenkomplexe bilden dabei die theoretische Grundlage der Hypothesen, die in der folgenden empirischen Untersuchung geprüft werden.

Binnenstruktur der Körper-Selbst-Repräsentanz

Kap. 1.2.2.1; 1.2.2.2	Das Körpererleben ist doppelsinnig, es besteht aus einem objekthaften und subjekthaften Erlebensaspekt (Körperhaben und Körpersein).[*Merleau-Ponty, Marcel*]
Kap. 1.2.2	Die Doppelsinnigkeit des Körpererlebens bildet sich aus einem Zustand der weitgehenden Ungeschiedenheit, in dem die Wahrnehmung von Lebendigkeit noch nicht von der Wahrnehmung von Körperlichkeit im objekthaften Sinne getrennt ist. [*Merleau-Ponty, Freud, Schilder, Lacan, Kutter, Plassmann*]
Kap. 4.4.2; 5	Das Körper-Selbst bzw. die Körper-Selbst-Repräsentanz besteht aus einer erlebten und einer ideal-imaginären Komponente. [*Freud, Schilder, Lacan, Küchenhoff*]
Kap. 5.2; 61; 6.2	Im Verlauf der Individualentwicklung bilden sich zunächst die Repräsentanzen der einzelnen Körperteile und Organe heraus, die dann zu einer integrierten Körper-Selbst-Repräsentanz verschmelzen. [*Lacan, Kutter, Plassmann*]

Dissoziations- und Desintegrationstendenzen

Kap. 1.2.2.2; 4.4.1; 4.4.2	Unter bestimmten Bedingungen kommt es zu einer Dissoziation des subjekthaften und des objekthaften Erlebensaspekts des Körpers, bei dem die beiden Körper-Selbst-Komponenten des erlebten und des ideal-imaginären Körpers im Erleben des Subjekts auseinandertreten. [*Merleau-Ponty, Schilder*]
Kap. 1.2.2.2.; 4.4.1; 6.1; 6.2	In bestimmten Zuständen, besonders in der Krankheit, kommt es zu einer Vereinseitigung des subjekthaft-objekthaften Wechselverhältnis, wobei es zumeist zu einer Fixierung auf den gegenständlich-objekthaften Erlebensaspekt des Körpers kommt. [*Merleau-Ponty, Schilder, Kutter, Plassmann*]
Kap. 4.4.2; 4.6; 6.1; 6.2	Unter spezifischen Bedingungen werden die Körperteil-Repräsentanzen nicht vollständig in die Körper-Selbst-Repräsentanz integriert, sondern werden als unverbunden und nicht zum Ich zugehörig erlebt. [*Schilder, Kutter, Plassmann*]
Kap. 4.4.2; 5.3	Zur Stabilisierung bei drohender Selbstfragmentierung werden einzelne oder Gruppen von Körperteil- und Organ-Repräsentanzen abgespalten. [*Schilder, Lacan*]
Kap. 4.4.2; 6.1; 6.2	Im Zuge ungünstiger Entwicklungsbedingungen können einzelne Körperteile nicht aus der primären Fusion mit der zentralen Bezugsperson gelöst werden, ihre psychische Repräsentanz bleibt ungenügend, so daß die fusionäre Körperteil-Repräsentanz nicht integrierter Teil der Körper-Selbst-Repräsentanz zu werden vermag. [*Schilder, Kutter, Plassmann*]
Kap. 6.1; 6.2	Da es sich bei der integrierten Körper-Selbst-Repräsentanz um eine erst im Verlauf der Individualentwicklung gebildete Struktur handelt, kann es unter lebensgeschichtlich ungünstigen Bedingungen zu einer Lockerung der Körper-Selbst-Repräsentanz kommen, die über eine Dissoziation bis hin zu einer Abspaltung einzelner Organ- und Körperteil-Repräsentanzen führen kann. [*Kutter*]

Kernaspekte des Körpererlebens von Anorektikerinnen

Kap. 7.1.3	Die Entwicklung hin zu einem weiblichen Körper erlebt die Anorektikerin als Entmächtigung und Bedrohung des eigenen Selbst. Zur Stabilisierung spaltet die Anorektikerin den bedrohlichen Körper vom Selbst ab. [*Thomae, Hoppe, Lang*]
Kap. 7.1.2	Durch Projektion negativ erlebter Interaktionsszenen auf den Körper bzw. auf bestimmte Körperteil-Repräsentanzen kann die Bedrohung der eigenen Autonomie abgewehrt werden. [*Kutter, Plassmann*]
Kap. 7.1.3	Durch eine extreme Reduktion des Körpers auf ein manipulierbares Objekt kann die Idealisierung des Selbst aufrechterhalten werden. Dieses diealisierte und „körperfreie" Selbst erlaubt der Anorektikerin einen Teil ihrer Existenz positiv zu besetzen, wodurch die psychische Selbstbehauptung aufrechterhalten werden kann. [*Thomae, Hoppe, Lang, Willenberg*]
Kap. 7.1.3	Die Anorektikerin spaltet vor allem den triebhaften Aspekt des Körpers, vornehmlich die Sexualorgane und die Körperteil-Repräsentanzen, welche die sekundären weiblichen Geschlechtsmerkmale verkörpern, von sich ab, um so einer drohenden Selbstfragmentierung zu entgehen. [*Küchenhoff, Plassmann*]
Kap. 7.1.3	In der Anorexie versucht die Anorektikerin den eigenen Körper zu überwinden bzw. ihn einem Idealbild anzupassen. In der Kontrolle über den Körper versichert sich ihrer anders nicht aufrechtzuerhaltenden Autonomie. [*Willenberg, Küchenhoff*]

Kernaspekte des Körpererlebens von Sterilitätspatientinnen

Kap. 7.2	Sterilitätspatientinnen weisen ein gesteigertes Bedürfnis auf, den eigenen Körper und seine Funktionen kontrollieren zu können. Dies kann auch als Sekundärfolge der körperlichen Funktionseinschränkung Sterilität aufgefaßt werden. [*Brähler, , Keye, Ulmer-Otto*]
Kap. 7.2	Sterilitätspatientinnen erleben ihren Körper häufig als etwas Problematisches und Fremdes. [*Ulmer-Otto*]

8.2 Methodischer Ansatz: Die Psychologie der Persönlichen Konstrukte

Gegenstand der im folgenden dargestellten empirischen Untersuchung sind die subjektiven, auf den eigenen Körper bezogenen Bedeutungszuschreibungen anorektischer Patientinnen und IvF-Patientinnen. Diese subjektiven körperbezogenen Bedeutungszuschreibungen und das daraus abgeleitete individuelle Körperkonstruktsystem wurden mit *Kellys* im theoretischen Kontext der „Psychologie der persönlichen Konstrukte" zur Erhebung subjektiver Wirklichkeitskonstruktionen entwickelten Grid-Verfahren erhoben. Die wissenschaftstheoretischen Grundzüge der „Psychologie der persönlichen Konstrukte", auf denen das angewandte Erhebungsverfahren basiert, sollen daher an dieser Stelle kurz dargestellt werden. Die „Psychologie der persönlichen Konstrukte" besteht aus einem Grundpostulat, das durch elf Hilfssätze ergänzt wird. Im folgenden werden dieses Grundpostulat und einige für die Untersuchung unmittelbar relevante Hilfssätze dargestellt. Für eine ausführliche Darstellung der Theorie der „Psychologie der persönlichen Konstrukte" sei auf *Bannister* und *Fransella* (1981) und auf *Catina* und *Schmitt* (1993) verwiesen.

8.2.1 Wissenschaftstheoretische Grundzüge der Psychologie der Persönlichen Konstrukte

Kellys „Psychologie der persönlichen Konstrukte" basiert auf der wissenschaftstheoretischen Position des Konstruktivismus. Zentrale Frage der Konstruktivisten ist, wie sich die Gegenstände möglicher Erkenntnis für die Subjekte konstituieren. Die Konstruktivisten gehen dabei davon aus, daß wir die Gegenstände der Welt, wie sie an sich sind, nicht erkennen können. Vielmehr liegt jedem Wahrnehmungsprozeß und jedem Erkennen immer schon ein Akt der Bedeutungszuschreibung und Konstruktion zugrunde, so daß Wahrnehmen und Erkennen nicht lediglich Reproduktionen der Realität

134

sind[32] Menschen haben nach *Kelly* (1970, S. 6) nicht irgendeinen wundersamen, interpretationsfreien und lediglich reizvermittelten Kontakt mit der Wirklichkeit.

„What we think we know is anchored only in our own assumptions, not in the bed rock of truth itself, and that world we seek to understand remains always on the horizons of our thoughts. To grasp this principle fully is to concede that everything we believe to exist appears to us the way it does, because of pure present constructions of it. Thus even the most obvious things in this world are wide open to reconstruction in the future. This is what we mean by the expression constructive alternativism, the term with which we identify our philosophical position."

Bannister (1981, S. 11) hat die Auffassung *Kellys*, die dieser in eindeutiger Abgrenzung zum Behaviorismus formulierte, wie folgt zusammengefaßt:

„Kein Mensch hat jemals auf einen Reiz reagiert. Wir reagieren auf das, als was wir den Reiz wahrnehmen, und das ist jeweils eine Funktion der Konstruktionen, die die jeweilige Person der Welt aufgesetzt hat."

Dabei unterscheidet sich *Kellys* „konstruktiver Alternativismus" (Kelly, 1970, S. 6) von einer radikal konstruktivistischen Position, wie sie beispielsweise von *v. Glaserfeld* (1997) oder *Watzlawick* (1984) vertreten wird. Während *v. Glaserfeld* und *Watzlawick* nicht mehr von einer prinzipiellen „Abbildungsmöglichkeit äußerer Realität" (v. Glaserfeld, 1997, S. 11) ausgehen, hält *Kelly* an einer Abbildfunktion der kognitiven Realitätskonstruktion fest. Die vom Menschen gebildeten Konstrukte sind wesentlich Re-Konstruktionen der Realität und enthalten daher Aspekte eben dieser Realität, obgleich in vermittelter Form. Sie erlauben „eine Abbildung des Universums", da sie an der Realität des Universums" (Kelly, 1986, S. 12) geprüft

---

32 Bertalanffy (1964, S. 29) führt dazu aus: „Genau gesehen existiert in der modernen Psychologie und Psychiatrie, unterstützt durch biologsiche Einsichten, der Trend, die *aktive* Rolle im kognitiven Prozeß zu erkennen. Der Mensch ist nicht ein passiver Empfänger von Reizen, die aus der Umwelt kommen, sondern schafft sich in konkretem Sinne die Umwelt selbst. Dies wiederum kann in vielfältiger Weise formuliert werden: In psychoanalytischen Termini wie von FREUD, in Begriffen der Entwicklungspsychologie nach PIAGET und WERNER; in Begriffen des „new look" in der Wahrnehmungspsychologie, die Haltungen, Affekte und motivationale Faktoren betonen, durch Bezug auf J.v. UEXKÜLL's spezifische Merkwelt: auf CASSIRER's „symbolische Formen". Die Welt, wie wir sie erfahren, ist das Produkt der Wahrnehmung und nicht die Ursache derselben."

werden und sich an ihr bewähren müssen.

Menschen bilden kognitive Konstruktionen der Realität in Form von Hypothesen (Konstrukten), indem sie die Ereignisse der Realität re-konstruieren. Diese Konstrukte sind mithin Schablonen von Ereignissen[33], die sich herausbilden, indem die ihnen inhärenten Wahrnehmungsqualitäten als Wiederholungen konstruiert werden. Dabei setzt ein aus einer Wiederholung generiertes Konstrukt das Herstellen einer Vergleichsrelation voraus. V. *Glaserfeld* (1984, S. 35) verdeutlicht diesen Zusammenhang, indem er von einem aktiven Operieren des Subjekts spricht, „in bezug auf das, was wir Regelmäßigkeit oder Konstanz in der Erlebniswelt nennen. Sowohl Regelmäßigkeit als auch Konstanz setzen wiederholtes Erleben voraus, und Wiederholung kann nur auf Grund eines Vergleichs festgestellt werden, der ein Gleichheitsurteil liefert". Ein Konstrukt ist daher nicht lediglich ein verbales Etikett, sondern eine Hypothese über eine bestimmte Gruppe von Gegenständen, die sich in einem bestimmten Aspekt ähnlich sind und sich gleichzeitig von bestimmten anderen Gegenständen unterscheiden. *Kelly* (1986, S. 120) definierte die Struktur eines Konstruktes wie folgt:

> „In seinem geringsten Umfang wäre ein Konstrukt etwas, bei dem zwei Dinge sich ähnlich und verschieden von einem Dritten sind. Wir sollten daran denken, daß die Art und Weise, wie zwei Dinge einander ähnlich sind, dieselbe sein sollte, wie die Art und Weise, mit der sie sich von einem dritten unterscheiden."

Es sind demnach zwei Beziehungen, die der Ähnlichkeit und die der Differenz, die für ein Konstrukt konstitutiv sind. Konstrukte können allgemein als Begriffe aufgefaßt werden, die der Mensch ausbildet, „um Ereignisse der physischen, sozialen und „inneren" Welt in bedeutsame, wiederkehrende Muster zu ordnen und zukünftige Ereignisse zu antizipieren" (Riemann, 1991, S. 2). Dabei eignen sich die vom Subjekt gebildeten Konstruktionen unterschiedlich gut, um sich in der Realität zurechtzufinden und ihr Sinn zu verleihen. Neben adäquaten Wirklichkeitskonstruktionen existieren auch inadäquate. Die Adäquatheit eines Konstrukts bemißt sich nach *Kelly* an seiner Vorhersagekraft, danach, inwiefern es dem Subjekt erlaubt, Ereignisse zu antizipieren. Die Wirklichkeitskonstruktionen eines Menschen unterliegen

---

33 Kelly (1986, S. 22) beschreibt Konstrukte als „transparente Muster oder Schablonen, welche [der Mensch] entwirft und dann an die realen Gegebenheiten, aus denen die Welt besteht, anzupassen sucht".

daher einem kontinuierlichen Prüfprozeß, bei dem der Mensch bestrebt ist, ein Konstruktsystem zu entwickeln, das möglichst gut in der Lage ist, die Ereignisse der Realität zu antizipieren. Das Grundpostulat der „Psychologie der persönlichen Konstrukte" lautet entsprechend:

„Die Prozesse eines Menschen werden psychologisch durch die Mittel und Wege kanalisiert, mit deren Hilfe er Ereignisse antizipiert" (Kelly, 1986, S. 56).

Die besondere Bedeutung von Konstrukten liegt für *Kelly* (1986, S. 67) darin, daß sie rekursiv den Wahrnehmungsprozeß des Subjekts steuern und die Bedeutungszuschreibungen strukturieren. Dabei unterscheiden sich „Menschen ... in ihren Konstruktionen der Ereignisse voneinander" (Kelly, 1986, S. 67).

8.2.2 Organisationsstruktur von Konstruktsystemen

Kelly geht davon aus, daß das individuelle Konstruktsystem eines Menschen nur aus einer begrenzten Anzahl dichotomer Konstrukte, d.h. aufeinander bezogener Gegensatzpaare besteht. Dabei unterscheiden sich Konstrukte hinsichtlich ihrer subjektiven Bedeutsamkeit für das Individuum. So existieren Kernkonstrukte, die den lebenserhaltenden Prozessen eines Individuums zugrunde liegen. Diese Kernkonstrukte besitzen als übergeordnete Dimensionen des Denkens und Handelns einer Person eine relative Stabilität, d.h. sie sind gegenüber Falsifizierungen relativ resistent. Ein solches bedeutsames Konstrukt stellt für *Kelly* das Selbstkonzept dar, das das Erleben einer kohärenten und stabilen Identität ermöglicht und damit die Basis für das Aufrechterhalten der Handlungsfähigkeit eines Individuums bildet.

Neben dem Selbstkonzept existieren auch Kern-Rollenkonstrukte, die „die Beziehung des Selbst zu den Anderen definieren" (Vogt-Hillmann, 1997, S. 39). Diese Kernkonstrukte bilden mit den ihnen untergeordneten Konstrukten ein hierarchisch strukturiertes Konstruktsystem. Während eine Erschütterung in den Kernkonstrukten für das Individuum massiv angstauslösend sein kann, sind die Nebenkonstrukte stärker permeabel.

„Jeder Mensch entwickelt zur Erleichterung der Antizipation von Ereignissen ein charakteristisches Konstruktionssystem, das ordinale Beziehungen zwischen den Konstrukten umfaßt" (Kelly, 1986, S. 39).

137

8.3 Die Repertory-Grid-Technik

Kelly hat eine spezielle Technik, die sog. Rep-Grid-Technik, entwickelt, die es ihm ermöglicht, einen bestimmten Ausschnitt der subjektiven Konstruktwelt eines Probanden zu erfassen. Bei der Repertory Grid-Technik handelt es sich um ein inhaltsoffenes diagnostisches Verfahren, durch das eine modellhafte Abbildung der Bedeutungszuschreibungen und Wirklichkeitskonstruktionen einer Person zu einem bestimmten Erlebensbereich möglich wird. Nach *Riemann* (1991, S. 14) ist das Grid-Verfahren mit einem strukturierten Interview vergleichbar, bei dem die „individuellen Interpretationen von Ereignissen", „die das Handeln, das Denken und Empfinden von Personen bestimmen", in systematischer Weise erfragt und „zum Gegenstand der Interaktion zwischen Psychologen und Klient gemacht werden". Damit ist ein normativ weitgehend uneingeschränkter Zugang zum Erleben des Patienten garantiert, da im Vergleich zu Fragebögen weitgehend auf vorgegebene Fragen- und Antwortformate verzichtet wird. In einem Dialog werden vom Untersucher die individuellen Konstrukte und Bedeutungszuschreibungen des Probanden erfragt, mit denen dieser seine Wahrnehmung in einem bestimmten Erlebensbereich strukturiert. Dadurch können Daten über den individuellen Bedeutungsraum des Probanden im Sinne einer "Externalisierung internaler Erlebnisinhalte" (Vogt-Hillmann, 1997, S. 57) erhoben werden. Neben der Erhebung einer Liste der persönlichen Konstrukte einer Person ist es dazu notwendig, „die Art und Weise, wie diese Konstrukte von der Person auf die Ereignisse bezogen werden", welche Beziehungen eine Person (im Sinne ähnlicher Bedeutung) „zwischen den Ereignissen konstruiert" sowie welche „Ähnlichkeitsbeziehungen" sie „zwischen den Konstrukten" (Riemann, 1991, S. 15) herstellt, zu erheben. Dazu werden die Konstrukte über das Herstellen von Ähnlichkeits- und Unterschiedsrelationen über einzelne, für die jeweilige Fragestellung relevante Beurteilungsobjekte[34] erfragt. Man erhält so eine Liste mit Eigenschaften, die in ein Gitterraster (Grid) eingetragen werden. Danach werden alle Beurteilungsobjekte (Elemente) vom Patienten im Hinblick auf alle von ihm benannten Eigen-

---

34 In der klassischen Grid-Technik handelt es sich in der Regel um Rollen.

schaften anhand einer Ratingskala eingeschätzt, wodurch man das Ausmaß der Ausprägung jeder Eigenschaft für jedes Element erhält.

Die Rep-Grid-Technik ermöglicht so, jeden Probanden mit einer für ihn spezifischen Urteilsmethodik zu untersuchen, wobei der Proband selbst zum Produzenten seiner Items wird. Aufgrund dieser standardisierten Form der Datengenerierung sind nach *Lohaus* (1993, S. 81) intersubjektive Vergleiche "individueller Wirklichkeitskonstruktionen" möglich.

Vorläufer der Grid-Technik sind nach *Slater* (1976) der soziometrische Test von *Moreno*(1934), die Q-Technik nach *Stevenson*(1935) und das Verfahren von *Slagner* und *Osgood*(1952), aus dem 1957 von *Osgood* und *Hofstätter* das Semantische Differential entwickelt wurde.

Zur Verdeutlichung der beschriebenen Methodik der Rep-Grid-Technik ist in der folgenden Abbildung ein Beispielerhebungsblatt eines Grid dargestellt, der sich jedoch nicht auf Rollen, wie der ursprüngliche Role-Repertory Grid von *Kelly* bezieht, sondern auf Körperteile. Es handelt sich dabei um ein gekürztes Beispiel eines Körper-Grid, der von der Verfasserin in Anlehnung an die Rep-Grid-Technik zur Erhebung der subjektiven auf den eigenen Körper bezogenen Bedeutungszuschreibungen entwickelt wurde und der in den folgenden Kapiteln noch ausführlich erläutert wird.

Abb. 8.3.1: Beispielerhebungsblatt eines gekürzten Körper-Grid-Erhebungsblatt einer IvF-Patientin

	Realkörper	Haut	Herz	Gehirn	Rücken	Muskulatur	Brust	Gebärmutter	Eierstöcke	Scheide	Klitoris	Idealkörper	Eigenschaftspol	Gegensatzpol
1	5	1	2	6	5	5	3	6	6	5	5	1	schützend	durchlässig / bloß
2	3	1	2	4	3	3	3	4	4	3	2	1	lebendigsein	gefühlskalt
3	6	3	2	1	2	2	3	6	6	5	4	1	krontrolliert	nicht beeinflußbar
4	5	4	4	3	3	4	4	4	4	4	4	2	aufrecht	zusammensackend
5	5	5	3	2	1	2	2	5	6	6	7	1	straff	schlaff
6	3	4	4	4	3	3	3	4	4	3	4	7	lästig	stillen können
7	5	2	2	2	4	3	2	7	7	5	4	1	Leben schenken können	Tod
8	6	4	4	7	5	5	4	7	7	5	4	1	Kinder bekommen	unnütz
9	6	6	6	2	3	3	3	2	2	3	5	4	mißempfindend	empfindsam
10	2	2	3	6	3	3	2	6	6	3	2	4	erregbar	unerregbar
11	6	3	3	7	5	5	3	7	7	5	4	1	funktionsfähig/fruchtbar	nichts können

Borkenhagen, 1998 — Körper-Grid — Name: — Datum: — Gegensatzpol 1 2 3 4 5 6 7

139

Erläuterung der Lesart des Körper-Grid: Der erlebte Körper (das Realkörperelement) wird von der Patientin als „nichts könnend, unnütz, durchlässig /bloß und gefühlskalt" charakterisiert. Diesen negativ konnotierten Eigenschaftszuschreibungen sind die Gebärmutter, die Eierstöcke, die Scheide und die Klitoris zugeordnet. Auch mit ihrer Brust verbindet die Patientin vorrangig negative Bedeutungen. Polar zum erlebten Körper (Realkörperelement) wird der Idealkörper situiert, der mit positiven, die Funktionsebene betreffenden Eigenschaften belegt ist. Die zentralen Konstrukte, mit denen die Patientin ihren erlebten und ihren gewünschten Körper beschreibt, betreffen die Funktionsfähigkeit des Körpers im Sinne von Fruchtbarsein und der Fähigkeit Kinder bekommen können. Um diese Funktionsebene des eigenen Körpers ist das Körpererleben dieser Patientin vorrangig organisiert.

8.3.1 Auswertungsansätze

Hinsichtlich der Auswertung von Grids lassen sich im wesentlichen zwei Strategien unterscheiden. Zum einen kann eine primär inhaltliche also qualitative Analyse der von den Probanden verwendeten Bedeutungszuschreibungen erfolgen. Daneben können aber auch vorrangig die formalen bzw. strukturellen Aspekte des Grid analysiert werden. In der vorliegenden Untersuchung wurden beide Auswertungsstrategien angewandt, um sich der subjektiven, auf den eigenen Körper bezogenen Erlebenswelt der Patientinnen mehrdimensional zu nähern.

8.3.1.1 Qualitativ-inhaltlicher Auswertungsansatz

Die qualitative Auswertung, der von den Probandinnen verwendeten Bedeutungszuschreibungen, erfolgte in Anlehnung an die qualitative Inhaltsanalyse, wie sie von *Mayring* (1995) vorgeschlagen wurde. Die zentralen theoretischen Aspekte des Körpererlebens, wie sie in den vorangegangenen Kapiteln herausgearbeitet wurden, geben dabei die Basis ab, für die Entwicklung eines theoriegeleiteten und am Material entwickelten Kategoriensystems, anhand dessen die subjektiven Bedeutungszuschreibungen kategorisiert und inhaltlich bestimmt wurden.

8.3.1.2 Quantitativ-struktureller Auswertungsansatz

Aufgrund des theoretischen Postulats *Kellys*, wonach das Konstruktsystem eines Menschen ein geordnetes und in mathematischen Begriffen erfaßbares Netz darstellt, können die Informationen eines ausgefüllten Grid als modellhafte Abbildung dieses individuellen Konstruktssytems aufgefaßt werden. Ein Grid stellt die Beziehungen zwischen den Konstrukten dar, über die eine Person bezüglich einer bestimmten Klasse von Objekten (Elementen) verfügt. Diese statistische Beziehungsstruktur des Grid entspricht nach *Kelly* den psychologischen Beziehungen des Konstruktssystems eines Menschen. Das Grid repräsentiert mithin das individuelle Konstruktmuster des Probanden (Bannister, 1969). Einem geübten Betrachter erschließen sich bedeutsame Zusammenhänge und Inkonsistenzen in der Gruppierung der Elemente (Rollen oder Körperteile) und der auf sie bezogenen Konstrukte zumeist schon ohne weitere technische Hilfsmittel. Auch inhaltlich in sich auffällige Eigenschaftszuschreibungen werden so schon per Augenschein deutlich.

8.3.2 Hauptkomponentenanalyse

Neben einer solchen Form der manuellen Auswertung existieren auch formalisierte Auswertungsmethoden für das Grid. Dabei wird auch mit den formalisierten Auswertungsmethoden das Ziel verfolgt, die Beziehungsstruktur von Elementen (in der vorliegenden Untersuchung: der Körperteile und Organe) und den Konstrukten (Merkmalszuschreibungen) darzustellen. Eine solche Darstellung des wechselseitigen Zusammenhangs von Elementen und Konstrukten wird mathematisch bereits dadurch möglich, daß die in den Zeilen und Spalten des Grid enthaltenen Zahlenwerte als geometrische Ortsvektoren aufgefaßt und als Datenpunkte in ein Achsenkreuz eingetragen werden. Genau dies geschieht dem Prinzip nach bei einer Hauptkomponentenanalyse, bei der die Zahlenwerte des Grid so umgerechnet werden, daß man für die Elemente und die Konstruktpole neue Koordinaten auf sog. Hauptachsen erhält, die als zentrale Dimensionen des kognitiven Ähnlichkeitsraumes aufgefaßt werden können.

Nach *Bortz* (1993, S. 472) stellt die Hauptkomponentenanalyse (Principle

Component Analysis) daher auch ein in den Sozialwissenschaften gängiges Verfahren zur Datenreduzierung und Hypothesengenerierung dar. Grundgedanke der Hauptkomponentenanalyse ist es, „einem größeren Variablensatz eine ordnende Struktur zu unterlegen" (Bortz, 1993, S. 472). Mit der Hauptkomponentenanalyse soll ermittelt werden, ob in einem Variablensatz Gruppen von Variablen vorhanden sind, hinter denen jeweils eine komplexe „Hintergrundvariable" steht, welche die einzelnen Variablen im Sinne einer übergeordneten Kategorie zusammenfaßt. Für die Auswertung des Grid bedeutet dies, daß die Konstrukte aufgrund ihrer Ähnlichkeit oder Unähnlichkeit (korrelativen Beziehungen) in bezug auf die Bewertung (Rating), die sie über die Elemente erhalten haben, in voneinander unabhängige inhaltliche Dimensionen (Komponenten) gruppiert werden. Damit wird die Darstellung der Ähnlichkeitsstruktur in der Beschreibung der Konstrukte in einem System relativ unabhängiger (orthogonaler) Dimensionen (Achsen) erreicht.

Die im Grid enthaltene Gesamtinformation (Gesamtvarianz) wird so durch wenige voneinander relativ unabhängige Komponenten (Faktoren) erklärt, wobei der erste Faktor stets die maximale Varianz aufklärt, der zweite Faktor die zweitgrößte Varianz und so fort. Bei einer beliebigen Zahl von Konstrukten ließen sich theoretisch beliebig viele Komponenten generieren. Nach *Slater* binden jedoch die ersten 3 Faktoren in aller Regel den größten Teil der Varianz. Anhand der Ladungen der einzelnen Konstrukte auf den Komponenten (Faktoren) können die Komponenten inhaltlich bestimmt werden. Man erhält so eine Vorstellung davon, welche Konstrukte für den Probanden inhaltlich zusammengehören und eine übergeordnete Dimension seiner Wahrnehmung und Erlebens bilden. Diese Dimensionen können als die Hauptdimensionen betrachtet werden, mit denen der Proband seine Wahrnehmung bezüglich dieses Erlebensbereichs strukturiert. Daneben kann auch jedes Beurteilungsobjekt (Element) anhand der Höhe seiner Ladung auf jeder Komponente einer Position im Komponentenraum zugeordnet werden. Mittels der Hauptkomponentenanalyse können so die Elemente und Komponenten in einem gemeinsamen Komponentenraum dargestellt werden (Vgl. Riemann, 1983, S. 141). 1964 begann *Slater* (1972) auf der Grundlage der Hauptkomponentenanalyse ein Computerprogramm (IN-GRID) zur Auswertung von Rep-Grids zu entwickeln. 1972 wurde es von ihm modifiziert und trägt seit dem den Namen INGRID-72. In der neuen

Version, die seither eine breite Anwendung gefunden hat, können die berechneten Daten der Hauptkomponentenanalyse als Biplot die wechselseitige Bezogenheit von Elementen und Konstrukt-Komponenten graphisch darstellen. Zugleich liefert dieses Programm spezifische Gridparameter, die eine Interpretation des Grids erlauben.

In der vorliegenden Untersuchung wurden die mittels Körper-Grid erhobenen subjektiven körperbezogenen Bedeutungszuschreibungen mit dem INGRID-72-Programm für Personal Computer ausgewertet.

Die folgende Abbildung zeigt das Ergebnis einer Hauptkomponentenanalyse, dem der gekürzte körperbezogene Grid zugrunde liegt, der in Abb. 8.3.1 dargestellt wurde.

Abb. 8.3.2.1: Ergebnis der Hauptkomponentenanalyse des in Abb. 8.3.1 dargestellten Grid-Erhebungsblatt

Körper-Konstrukt-Grafik einer 27 IvF-Patientin

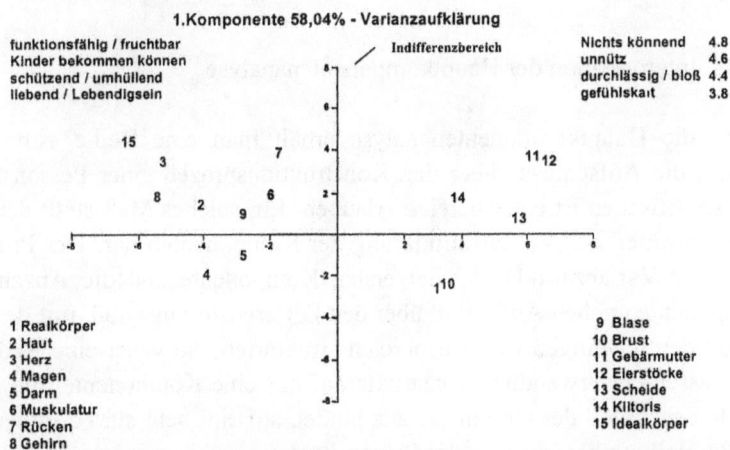

Erläuterung: Die sich bereits beim „Lesen" des in Abb. 8.3.2.1 dargestellten Grid-Erhebungsblatt abzeichnende negative Konnotation des Realkörpers und der Geschlechtsorgane (Gebärmutter, Eierstöcke, Scheide und Klitoris) zeigt sich in der Hauptkomponentenanalyse durch die Zuordnung des Realkörpers und der Geschlechtsorgane zum negativ konnotierten Pol der Be-

deutungszuschreibungen, der durch „nichts könnend, unnütz, durchlässig /
bloß und gefühlskalt" charakterisiert ist. Dieser negativ konnotierte Pol entspricht dem positiven Pol der x-Achse. Alle Organe bzw. Körperteile, die
sich im negativen Bereich der x-Achse und außerhalb des Indifferenzbereichs befinden, werden durch diese negativ konnotierten Bedeutungszuschreibungen charakterisiert. Dem entgegengesetzten Pol, der durch subjektiv als positiv erlebte Eigenschaften wie „funktionsfähig/fruchtbar, Kinder
bekommen könnend, schützend/ umhüllend, und liebend/Lebendigsein"
charakterisiert ist, wird der Idealkörper, das Herz, das Gehirn, die Blase, der
Magen und der Darm zugeordnet. Das bedeutet, daß alle Organ- und Körperteil-Repräsentanzen, die sich im negativen Bereich der x-Achse und außerhalb des Indifferenzbereichs befinden, durch positiv konnotierte Bedeutungszuschreibungen charakterisiert sind. Die sich durch Augenscheinbe-
trachtung des Griderhebungsblatts bereits erschließenden polarisierten Bedeutungszuschreibungen der Körperteile findet sich in der grafischen Darstellung der Hauptkomponentenanalyse wieder.[35]

8.3.3 Interpretation der Hauptkomponentenanalyse

Durch die Hauptkomponentenanalyse erhält man eine Reihe von Grid-
Maßen, die Aufschlüsse über den Konstruktionsprozeß einer Person in einem spezifischen Erlebensbereich erlauben. Ein solches Maß stellt der pro-
zentuale Anteil der Varianzaufklärung der Komponenten dar. Der Prozent-
anteil der Varianzaufklärung der ersten Komponente und die Anzahl der
Komponenten geben Aufschluß über den Differenzierungsgrad, mit dem die
Person den jeweiligen Erlebensbereich strukturiert. So weist eine Reduzierung fast aller verwandten Konstrukte auf nur eine Komponente, die einen
sehr hohen Anteil der Gesamtvarianz bindet, auf eine sehr starke Einengung
der Beurteilung hin, die von der Person vorgenommen wurde. Nach *Kelly*
sind solche Fokussierungen und Verengungen (constrictions) Ausdruck ei-

---

35 Mit Rücksicht auf eine möglichst übersichtliche und eindeutige Darstellung wurde auf
   die inhaltliche Charakterisierung der zweiten Dimension, die durch die y-Achse repräsentiert wird, verzichtet. Grundsätzlich können auch der zweiten und dritten Hauptachse
   Bedeutungszuschreibungen zugeordnet werden.

ner Einengung des Wahrnehmungsbereichs einer Person. Eine solche Fokussierung und Verengung dient dazu, auftretende Widersprüche zu minimieren. Nach *Morris* (1977, S. 122) findet eine solche Einengung des Konstruktsystem häufig in individuellen Krisensituationen statt.

In Anlehnung an die methodischen Überlegungen von *Bieri* (1966) wurde der Differenzierungsgrad eines Konstruktsystems als Ausdruck der kognitiven Komplexität betrachtet. Unter kognitiver Komplexität wird dabei die Fähigkeit des Individuums verstanden, einen bestimmten Wirklichkeitsbereich vielschichtig und mehrdimensional wahrzunehmen. *Bieris* Maß der kognitiven Komplexität basiert auf der Unterschiedlichkeit, mit der die Beurteilungsobjekte im Grid wahrgenommen werden. Werden die Beurteilungsobjekte anhand der Konstrukte überwiegend identisch bzw. ähnlich beurteilt, so spricht dies für eine eindimensionale Wahrnehmung dieses Erlebensbereichs, während eine unterschiedliche Beurteilung auf eine mehrdimensionale und mithin differenzierte Wahrnehmung dieses Bereichs schließen läßt. *Makhlouf-Norris, Jones* und *Norris* (1970) fassen die Varianzaufklärung der ersten Komponente einer Hauptkomponentenanalyse als inverses Maß für kognitive Komplexität im Sinne einer mehrdimensionalen Wahrnehmung von Ereignissen auf. Eine hohe Varianzaufklärung der ersten Komponente entspricht tendenziell einer kognitiven Einengung und Fixierung, während eine niedrige Varianzaufklärung der Tendenz nach für eine kognitive Komplexität im Sinne einer Mehrdimensionalität spricht.

Fransella und *Bannister* (1977, S. 60) bemerken bezüglich des Konzepts der Varianzaufklärung als inverses Maß der kognitiven Komplexität, daß der Begriff der kognitiven Komplexität nicht im Sinne eines Persönlichkeitsmerkmals aufgefaßt werden könne. So sei eine niedrige kognitive Komplexität keinesfalls gleichzusetzen mit einer einfach strukturierten Persönlichkeit. Vielmehr beziehe sich dieses Maß ausschließlich auf die Konstruktion eines bestimmten Erlebensbereichs zu einem bestimmten Lebenszeitpunkt. Kognitive Komplexität wie auch kognitive Eindimensionalität sind als veränderliche Prozesse aufzufassen, wobei ein Individuum in bezug auf einen Erlebensbereich komplex und in einem anderen gleichzeitig undifferenziert konstruiert und wahrnimmt.

Das Maß der Varianzaufklärung stellt mithin ein sehr grobes und in der Literatur umstrittenes Maß dar (vgl. Raeithel, 1993, S. 66). Dieses Gridmaß wird in der vorliegenden Untersuchung daher auch nur als Hilfsvariable zur Hypothesenprüfung herangezogen. Zudem erwies sich die Varianzaufklärung der Komponenten unter testtheoretischen Aspekten als wenig reliabel und valide.

8.3.4 Single-Element-Variation (SEV)

Für jedes Element (Beurteilungsobjekt) kann die von ihm aufgeklärte Varianz berechnet werden. Man erhält so die Single-Element-Variation (SEV). Die durch ein Element aufgeklärte Varianz kann als Indikator für dessen Bedeutsamkeit im Vergleich zu den übrigen Elementen im Konstruktsystem angesehen werden (Bassler & Krauthauser, 1996, S. 32).

Zur Veranschaulichung der praktischen Bedeutsamkeit dieses Gridmaßes wird ein praktisches Beispiel von *Bassler* und *Krauthauser* (1996, S. 32) zitiert:

> „Wenn ein Patient 10 Elemente benennt, die er mittels seiner Konstrukte zu einem gegebenen Zeitpunkt einschätzt, so ist die durchschnittlich zu erwartende Varianz für jedes Element 100% / 10 =10%. Nun könnte aber z.B. das Element 'Therapeut' in seiner tatsächlichen Varianz deutlich von diesem erwarteten Wert abweichen und 20% Varianz aufklären. Entsprechend der Berechnungsformel würde das Element ‚Therapeut' dann um 10% über dem erwarteten Durchschnitt aller Elemente liegen. Man darf daraus schließen, daß der Therapeut vom Patienten vergleichsweise extreme Einschätzungen erfährt, was sich auch so interpretieren läßt, daß dieses Element in seiner Wahrnehmung wichtig ist und eine besondere Akzentuierung erfährt."

8.3.5 Distanzmaße der Elemente

Um festzustellen, welche Beurteilungsobjekte (Elemente) von einer Person als konzeptuell ähnlich wahrgenommen werden, lassen sich die Abstände zwischen allen Elementen berechnen. Die Ähnlichkeit zweier Elemente wird dabei in bezug auf die jeweilige Bewertung, welche die Elemente über die Konstrukte erhalten haben, mittels euklidischer Distanzen ermittelt. Nach *Slater* entsprechen die euklidischen Distanzen der Quadratwurzel aus der Summe der quadrierten Differenzen der Rating-Abweichungen zweier

Elemente von den Rating-Mittelwerten aller Konstrukte (Vgl. Schoeneich, 1994, S. 16). Zur Vergleichbarkeit werden die Distanzwerte mittels der *Hartmannschen* Formel z-transformiert bei einem Mittelwert von 0 und einer Standardabweichung von 1 (Erläuterung: Ohne diese Normierung wären Grids mit unterschiedlich großer Konstruktanzahl und unterschiedlicher Spannweite der Ratings nicht vergleichbar).

Niedrige Distanzwerte zweier Elemente bedeuten, daß die beiden Elemente von der Person als ähnlich wahrgenommen werden, während hohe Distanzwerte einer konzeptuellen Unähnlichkeit entsprechen. Hierbei stellt sich die Frage nach den Signifikanzgrenzen der Distanzwerte. Ab welchem Distanzwert kann davon ausgegangen werden, daß es sich um eine psychologisch bedeutsame Ähnlichkeit oder Unähnlichkeit in der Wahrnehmung zweier Elemente handelt und nicht lediglich um eine zufällig zustande gekommene. Zur Klärung der Frage nach den statistischen Signifikanzgrenzen (cutt-offs) wurden von verschiedenen Autoren sog. „Monte-Carlo-Studien" (Bortz, 1993, S. 123) durchgeführt.

Unter Monte-Carlo-Studien versteht man im Rahmen der Grid-Technik mit einem Zufallsgenerator erzeugte „Zufallsgrids". Die in diesen Pseudogrids enthaltenen Informationen haben keine psychologische Bedeutung. Die auftretende Varianz ist lediglich ein Zufallseffekt, da jede Ratingstufe gleich wahrscheinlich ist. *Slater* (1977), *Norris* und *Makhlouf-Norris* (1976) und *Hartmann* (1989) führten solche Monte-Carlo-Studien zur Feststellung des Signifikanzniveaus durch. So verteilten sich bei 100 von *Slater* ausgewerteten Pseudogrids die Elementdistanzen wie folgt: 14% der Elementdistanzen lagen unter 0,8, ca. 78% zwischen 0,8 und 1,2 und etwa 8% Elementdistanzen lagen über 1,2. Als Signifikanzgrenzen ergaben sich 0,8 und 1,2, bei einem Signifikanzniveau von 22%.

Auch *Norris* und *Makhlouf-Norris* (1976) schlugen vor, nur solche Werte zu interpretieren, die außerhalb dieses Indifferenzbereichs liegen.

Demgegenüber plädierte *Hartmann* zu einer deutlichen Ausweitung der Grenzen des Indifferenzbereichs, durch Anlegen eines erheblich strengeren Signifikanzniveaus. Er schlug vor, die Signifikanzgrenzen so zu wählen, daß eine psychologische Interpretation von Zufallsgrids unmöglich wird (Vgl. Schoeneich 1994, S. 20). Die von ihm favorisierten Cut-offs entsprechen der 5%- bzw. der 95%-Percentile der erzeugten Pseudogrids. Der Indifferenzbereich erstreckt sich danach von 1,75 bis -1,50.

Im Rahmen der vorliegenden empirischen Untersuchung wurde im Sinne einer möglichst statistisch haltbaren Absicherung der Ergebnisse, das restriktivere Signifikanzniveau nach *Hartmann* zugrundegelegt.

8.3.6 Interpretation der Elementdistanzen

Wie oben bereits aufgeführt, erlauben die Elementdistanzen Aussagen darüber, welche Elemente (Beurteilungsobjekte) eines bestimmten Erlebensbereichs von einer Person als ähnlich bzw. unähnlich angesehen werden. Dabei kann die Untersuchung von Elementabständen beispielsweise das Netz der Sozialbeziehungen einer Person sichtbar machen, sofern es sich bei den Elementen um Rollenvorgaben wie beispielsweise Mutter, Vater, Chef, Freundin, eigene Person und so fort handelt.

8.3.7 Testtheoretische Aspekte der Repertory-Grid-Technik

Das Rep-Grid-Verfahren wurde von *Kelly* ursprünglich als ein wirkungsvolles Instrument für den therapeutischen Prozeß entwickelt, durch das die subjektive Bedeutungs- und Konstruktwelt eines Patienten transparent und einem kommunikativen Prozeß zugänglich wird. Die Erhebung einer Rep-Grid-Diagnose der subjektiven Bedeutungs- und Erlebenswelt eines Patienten wird im therapeutischen Prozeß zu einem strukturierenden Moment und zu einem „symbolisches Arbeitsprodukt" (Raiethel, 1993, S. 50), das im gemeinsamen Dialog zwischen Patient und Untersucher zunächst konsensuell validiert werden muß, damit es zu einem Mittel der Reflexion und der Weiterentwicklung der subjektiven Konstruktionen werden kann.

Wird vorrangig auf diese „kommunikative Funktion von Rep-Grid-Diagnosen" abgestellt, wie sie von *Kelly* selbst herausgestellt wurde, so treten herkömmliche methodische Kriterien der Validität und Reliabilität des Rep-Grid-Verfahrens hinter diese „konsensuelle Validität" (Raiethel, 1993, S. 50) zurück. Auch in der vorliegenden Untersuchung der subjektiven, auf den Körper bezogenen Bedeutungszuschreibungen steht diese kommunikative Funktion der Rep-Grid-Diagnose und deren konsensuelle Validität im Vordergrund. Dennoch wird im folgenden kurz das Rep-Grid-Verfahren im Hinblick auf die gängigen testtheoretischen Kriterien der Reliabilität und Validität diskutiert.

8.3.7.1 Reliabilität

Zur Prüfung der Reliabilität, der mit dem Rep-Grid-Verfahren erhobenen Daten und der abgeleiteten Grid-Parameter (Varianzaufklärung, Struktur der Elemente), wurden in den vergangenen Jahren eine erhebliche Anzahl von Studien durchgeführt.

Nach Sichtung der vorliegenden Studien kommt *Riemann* (1991, S. 52) zu dem Schluß, daß die Reliabilität der mit dem Rep-Grid-Verfahren erhobenen Struktur der Elemente der vieler traditioneller Erhebungsinstrumente entspricht. Besonders die Struktur der Elemente erwies sich als sehr robust, auch wenn bei Re-Tests inhaltlich unterschiedliche Konstruktbezeichnungen (Bedeutungszuschreibungen) vom Probanden benannt wurden.

8.3.7.2 Validität

Auch bezüglich der Validitätsbestimmung wurden zahlreiche Studien durchgeführt (Weitere Übersichten zur Validitätsprüfung finden sich bei Riemann, 1991, Fransella & Bannister, 1977 und Lohaus, 1993). Eine Durchsicht der Literatur zur Validität des Grid-Verfahrens läßt auch hier den Schluß zu, daß die Grid-Technik gegenüber traditionellen Erhebungsinstrumenten keine gravierenden Validitätsmängel aufweist (Lohaus,1993). Die aus dem Grid gewonnene Struktur der Elemente (Beurteilungsobjekte) besitzt eine gute Validität. So zeigt sich die Elementstruktur sehr beständig gegenüber Veränderungen in der Datenerhebung. Dabei ist die Struktur, in der die zu beurteilenden Elemente im subjektiven Bedeutungsraum von dem Probanden situiert werden, auch über größere Zeiträume stabil (Riemann, 1991, S. 52f. und Lohaus, 1993, S. 80f.).

9. Kapitel: Körper-Grid und Körper-Selbst-Grafik als Diagnoseinstrumente der psychischen Repräsentanz einzelner Körperteile und der Binnenstruktur der Körper-Selbst-Repräsentanz

9.1 Herkömmliche Ansätze zur empirischen Erfassung des Körpererlebens

In den letzten Jahren wurden diverse neue Methoden zur Erfassung und Quantifizierung einzelner Aspekte des Körpererlebens und des Körperkonzepts entwickelt, dabei kamen jedoch überwiegend Fragebögen oder projektive Tests zum Einsatz (Küchenhoff, 1992a, S. 28). Gerade Fragebögen als Untersuchungsinstrumente des Körpererlebens werden jedoch von vielen Autoren (Wiedemann, 1986; Küchenhoff, 1992a et al.) zurecht aufgrund ihrer Normativität kritisiert, durch welche die idiographischen Aspekte des Körpererlebens ausgeblendet werden. *Wiedemann* (1986, S. 200) weist daraufhin, daß die geschlossenen Antwortformate von Fragebögen dem Probanden lediglich die Möglichkeit einräumen, „zwischen verschiedenen Graden der Zustimmung und/oder verschiedenen vorgegebenen Antwortkategorien auszuwählen", was Fehlinterpretationen begünstigt, da subjektive Aspekte und Besonderheiten ausgeblendet bleiben. So wird mit Fragebögen, wie *Küchenhoff* (1992a, S. 28) betont, die „Subjektivität, die Intersubjektivität, der symbolische Gehalt und die Affektivität des Körpererlebens" gerade nicht erfaßt. Wenn aber Körpererleben, wie in den vorangegangenen Theoriekapiteln anhand der phänomenologischen Studien von *Marcel* (1978) und *Merleau-Ponty* (1966) sowie der verschiedenen psychoanalytischen Ansätze aufgezeigt wurde, intersubjektiv und in Kontexte eingebunden ist, so sind subjektive Verfahren gefragt, die einen breiten Raum für die Erfassung des Körpererlebens aus dem eigenen Erleben des Patienten lassen. Nicht zuletzt aus diesem Grund stellt *Wiedemann* (1986, S. 205) in seinem Grundsatzartikel zur empirischen Methodik der Erfassung des Körpererlebens die Forderung auf, daß Untersuchungen zum Körpererleben neben der reinen Beschreibungsebene, also der Erhebung, welche Körperteile wie erlebt werden, auch die subjektiven Bedeutungszuschreibungen mit einbeziehen müßten. Dies impliziert die Wahl eines methodischen Ansatzes, der einen zumindest durch die Prämissen des Untersuchungsverfahrens selbst „weitgehend" wenig normativ eingeschränkten Zugang zum Erleben des Patienten ermöglicht, ohne daß dabei jedoch die methodischen Unzulänglichkeiten, die beispielsweise die Verwendung projektiver Verfahren aufwerfen würden, in Kauf genommen werden sollen.

Dabei scheinen idiographische Methoden, wie die auf *Kellys* konstruktpsychologischen Ansatz zurückgehende Grid-Technik, aufgrund der Offenheit der Antwortformate, dem Untersuchungsgegenstand „Körpererleben" besonders angemessen zu sein. Unser Körpererleben ist uns nicht unmittelbar, sondern nur über Deutungen und also immer schon sprachlich und begrifflich vermittelt zugänglich. Wie zahlreiche kognitionspsychologische Arbeiten (Bertalanffy, 1964; Filipp et al., 1979) aufweisen, ist jegliche Wahrnehmung immer schon ein aktiver Deutungsprozeß. *Wiedemann* (1986, S. 200) kommt zu dem Schluß, daß „Körpererleben in umfassendere Interpretationsschemata eingebunden" ist, da uns unser Körpererleben nicht unmittelbar gegeben ist, sondern es immer schon Resultat eines Deutungsprozesses ist. Körperliche Empfindungen „interagieren mit kognitiven Strukturen", die wiederum in „beträchtlichem Ausmaß sowohl emotionale Reaktionen wie auch Handlungsmöglichkeiten beeinflussen". Nach *Wiedemann* (1986, S. 200) eignen sich dabei besonders verbale Daten, die in einer komplexen Darstellungsform anhand offener Antwortformate erhoben wurden, um subjektives Körpererleben „in seiner spezifischen Eingebundenheit in Lebenszusammenhänge zu erfassen". Aus der Tatsache, daß wir in Gestalten wahrnehmen und diese Wahrnehmungen als komplexe Zusammenhänge konzeptualisiert und gespeichert werden, zieht *Wiedemann* den Schluß, daß ein methodisches Verfahren zur Erfassung des subjektiven Körpererleben diese Orientierungs- und Bewertungsstrukturen, die allgemein in Konzepten des „Körper-Selbst" nach *Kutter (1980)*, der „Body Boundary" nach *Fisher* und *Cleveland* (1968) theoretisch gefaßt werden, abbilden müsse.

In diesem Zusammenhang führt *Wiedemann* (1986, S. 217) die Rep-Grid-Technik ausdrücklich als ein adäquates Verfahren zur Erfassung des Körpererlebens an, da es von der subjektiven Erlebensperspektive des Untersuchten ausgeht. Und *Küchenhoff* (1992a, S. 29) plädiert für die Erhebung offener körperbezogener Interviews, für die er eine inhaltsanalytische Auswertung vorschlägt.

1979 entwickelte *Feldmann* erstmals einen Rep-Grid-Test, in dem Körperteile als Beurteilungsobjekte vorgegeben wurden. Bei den vorgegebenen Körperteilen handelte es sich jedoch nicht um isolierte Beurteilungsobjekte, vielmehr waren die Körperteile mit bedeutsamen Objektbeziehungen verknüpft. So wurde der Proband unter anderem nach den Eigenschaften der eigenen Brust, der Brust der Mutter und des Vaters gefragt. *Feldmann* erhoffte sich so Aufschluß über pathogene Objektbeziehungen, die sich in den Beziehungen der Körperteile des Probanden zu denen der relevanten Beziehungspersonen manifestieren sollten. *Feldmann* (1979) strebte mit seinem Grid Aussagen zur innerpsychischen Repräsentanz von Objektbeziehungen an, die er über die Einstellung abbilden wollte, die der Proband zu den Körperteilen bedeutsamer Personen zeigt. Es ging ihm dabei nicht primär um das Integrationserleben des eigenen Körpers. Auch das Ausmaß, in dem einzelne Körperteile und Organe in der Körper-Selbst-Repräsentanz repräsentiert oder auch dissoziiert sind, war für seine Fragestellung nicht von Belang. Demgegenüber stellt der hier neu entwickelte Körper-Grid den Versuch dar, den Repräsentationsgrad und die Qualität der psychischen Repräsentation einzelner Körperteile und Organe zu erfassen und anschaulich darzustellen und so Aussagen über die Binnenstruktur der Körper-Selbst-Repräsentanz zu treffen und Vereinseitigungs- und Desintegrationstendenzen im Körpererleben aufzeigen zu können.

152

Auf Grundlage der vorangegangenen methodischen Überlegungen wurde von der Verfasserin eine Modifikation der Repertory-Grid-Technik, der sogenannte Körper-Grid entwickelt, mit dem die Bedeutungszuschreibungen von Patienten zu den eigenen Organen und Körperteilen in freier Beschreibung erhoben werden können. Dabei geben die Bedeutungszuschreibungen in der Folge die Items für die Erfassung des subjektiven Körperkonzepts ab. Das eingesetzte Untersuchungsinstrument soll es ermöglichen, gerade die in den vorangegangenen Kapiteln beschriebene Vereinseitigung des Körpererlebens im Sinne einer Dissoziation von Körper und Selbst bzw. die Dissoziation und Desintegration einzelner Organ- und Körperteil- Repräsentanzen abzubilden.

Dabei werden die mit dem Körper-Grid erhobenen „Selbstdiagnosen" des eigenen Körpererlebens in Anlehnung an *Raeithels* (1993, S. 50) Vorschlag zur Verwendung der Ergebnisse des Repertory Grids ebenfalls als „symbolisches Arbeitsprodukt" (Raeithel, 1993, S. 50) aufgefaßt, das in einem kommunikativen Prozeß gemeinsam mit der Patientin „konsensuell validiert" wird. Die Selbstdiagnose des eigenen Körpererlebens kann darüber hinaus als strukturierendes Moment angesehen werden, das ein Erkennen und die Weiterentwicklung der individuellen Konstruktwelt ermöglicht. Dazu müssen die Daten über die Körperkonstruktwelt in einer Form vorliegen, „in der sie von Beratern und Klienten möglichst mühelos gemeinsam *gelesen* und diskutiert werden können" (Raeithel, 1993, S. 50). Genau zu diesem Zweck wurde die Körper-Selbst-Grafik entwickelt. Dabei kann nach Ansicht von *Raeithel* (1993, S. 50) der Grid jedoch nur dann zu einem Instrument werden, das den Dialog von Untersucher und Probandin strukturiert, wenn die „diagnostische Gesamtaussage" von der Probandin als „für sie richtig..., plausibel und hilfreich für künftige Problemsituationen erkannt und anerkannt" wird. *Ryle* (1975) hat mit Bezug auf die Erhebung der individuellen Wirklichkeitskonstruktionen des Patienten und des dialogischen Prozeß, in dem sich Therapeut und Patient über diese Wirklichkeitskonstruktionen verständigen, eine Parallele zur Deutungsarbeit im psychoanalytischen Prozeß gezogen. Der Rep-Grid wie auch die hier verwendete spezifische Variante des Körper-Grid und die Körper-Selbst-Grafik haben das Ziel, bisher unerkannte oder latente auf den eigenen Körper bezogene Bedeutungszuschreibungen (Konstruktionen), die erlebens- und handlungsleitend sind, zu eruieren und, vermittelt über einen dialogischen Prozeß, in einer für den Patienten lesbaren Art und Weise darstellbar zu machen. Insofern weist die Verwendung des Körper-Grid und der Körper-Selbst-Grafik durchaus Ähnlichkeiten zur deutenden Arbeit im analytischen Prozeß auf.

9.2 Fragestellung und Patientinnenstichprobe

Mittels einer von der Verfasserin vorgenommenen Modifikation der Repertory-Grid-Technik wurde das subjektive auf den eigenen Körper bezogene Konstruktsystem von anorektischen Patientinnen und Patientinnen, die sich einer IvF-Behandlung unterziehen, erhoben. Aus dem subjektiven Körperkonstruktsystem lassen sich Schlüsse über die psychische Repräsentanz einzelner Körperteile und Organe sowie der zentralen Körper-Selbst-Komponenten in der Körper-Selbst-Repräsentanz ziehen.

Die in der Literatur übereinstimmend für beide Patientinnengruppen beschriebenen Dissoziations- und Desintegrationstendenzen in der Körper-Selbst-Repräsentanz sollen anhand einer von der Verfasserin konzipierten Körper-Selbst-Grafik erfaßt und grafisch dargestellt werden.

Zudem wurde der Frage nachgegangen, ob sich die auf den Körper bezogenen Bedeutungszuschreibungen (Körperkonstruktsysteme) beider Patientinnengruppen inhaltlich voneinander unterscheiden. Dazu wurden an 30 IvF-Patientinnen, die sich von Januar bis April 1996 im Rahmen eines zweitägigen stationären Aufenthalts in der Abteilung für Gynäkologie und Geburtsmedizin des Universitätsklinikums Rudolf Virchow einer In-vitro-Fertilisationsbehandlung unterzogen, körperbezogene Grids erhoben. Daneben wurden mit einem Sozialdatenfragebogen die wichtigsten personengebundenen sozialen Daten erfragt.

Weiterhin wurden 32 anorektische Patientinnen mit dem Körper-Grid untersucht, die sich zu einer stationären psychosomatisch-psychotherapeutischen Behandlung in der Abteilung für medizinische Psychosomatik und Psychotherapie des Universitätsklinikums Rudolf Virchow entschieden hatten. Auch bei dieser Patientinnengruppe wurden die wichtigsten personengebundenen sozialen Daten mit einem Sozialdatenfragebogen erfragt.

154

Mit dem Körper-Grid wird eine modellhafte Abbildung der Körperteil- und Organ-Repräsentanzen in der Körper-Selbst-Repräsentanz angestrebt. Der vorgeschlagene Körper-Grid und die Körper-Selbst-Grafik sollen Datenmaterial zur Prüfung von Dissoziations- und Desintegrationstendenzen im Körpererleben bzw. der Körper-Selbst-Repräsentanz erbringen.

9.2.1 Übergreifende Fragestellung

1. *Gibt es inhaltliche und/oder formale Unterschiede im Körperkonstruktsystem von anorektischen Patientinnen und Patientinnen, die sich einer IvF-Behandlung unterziehen?*

2. *Lassen sich Dissoziation- und Desintegrationsphänomene in der Körper-Selbst-Repräsentanz mit der hier vorgeschlagenen Variante des Körper-Grid und der neu konzipierten Körper-Selbst-Grafik (KSG) abbilden?*

Die Frage nach den inhaltlichen Unterschieden im Körperkonstruktsystem der beiden Patientinnengruppen ist gleichbedeutend mit der Frage, ob anorektische Patientinnen in bezug auf ihren Körper und seine Teile thematisch andere Konstrukte verwenden als Patientinnen, die sich einer IvF-Behandlung unterziehen. In Abschnitt 9.5 wird, dieser Frage durch den Einsatz eines typisierenden Kategorisierungssystems nachgegangen, daß in Anlehnung an die Inhaltsanalyse nach *Mayring* (1996) entwickelt wurde.

Die Frage nach den vorrangig formalen Unterschieden entspricht der Frage nach strukturellen Unterschieden in der Binnenstruktur der Körper-Selbst-Repräsentanz, d.h. hinsichtlich formaler Unterschiede der Repräsentation des Körpers und seiner Teile bei anorektischen Patientinnen und bei Patientinnen, die sich einer In-vitro-Fertilisation unterziehen.

Diese Frage wurde mittels der Berechnung der Distanzen, die die einzelnen Körperteil- und Organ-Repräsentanzen zueinander und zu den beiden zentralen Komponenten der Körper-Selbst-Repräsentanz (Realkörper- und Idealkörperelement) sowie der Single-Element-Variation geprüft. Die von der Literatur postulierte Desintegration in Form der Dissoziation bzw. des

Hervortretens einzelner Körperteil-Repräsentanzen bzw. einer Divergenz der beiden Körper-Selbst-Komponenten (erlebter Körper versus objekthafter Körper) wird in der Körper-Selbst-Grafik anschaulich abgebildet. Ergänzend wird zudem noch die Hauptkomponentenanalyse zur Hypothesenprüfung herangezogen. Anhand der von der Literatur postulierten Dissoziations- und Desintegrationstendenzen wurden vier spezifisch formulierte Hypothesen abgeleitet, die mittels Distanzmaßen, Single-Element-Variation und Varianzaufklärung geprüft wurden.

9.3 Der Körper-Grid: Erhebungsverfahren körperbezogener subjektiver Bedeutungszuschreibungen

9.3.1 Der Körper-Grid

Durch eine von der Verfasserin vorgenommene Modifikation der Repertory-Grid-Technik ist die Erhebung und Abbildung der einzelnen Körperteil-Repräsentanzen in der Körper-Selbst-Repräsentanz möglich. Die entscheidende Veränderung gegenüber dem „klassischen" Repertory Grid-Vorgehen bestand dabei in der Vorgabe von Körperteilen und Organen anstelle von Personen.

In einer Probephase wurden zunächst verschiedene Varianten von Körper-Grids entworfen und erprobt, bei denen die Auswahl der zu beurteilenden Körperteile sowie die Methode zur Konstruktgewinnung variiert wurden. Es wurden probeweise fünfzig Körper-Grids mittels „Monadenmethode" und ohne die Idealkörperkomponente sowie ohne Geschlechtsorgane erhoben.

Bei dem in der vorliegenden Untersuchung verwendeten Körper-Grid handelt es sich um ein Gitterraster, an dessen Oberseite 13 Körperteile und Organe aufgetragen werden, über deren psychische Repräsentanz im Körper-Selbstbild bzw. im Körperkonzept etwas ausgesagt werden soll. Es wurden folgende Körperteile und Organe als bedeutsam für das Körpererleben der beiden zu untersuchenden Patientinnengruppen angesehen und als Beurteilungsobjekte vorgegeben: Haut, Herz, Magen, Darm, Muskulatur, Rükken, Gehirn, Blase, Brust, Gebärmutter, Eierstöcke, Scheide und Klitoris. Auf dem Hintergrund der in der psychosomatischen Literatur häufig vorgenommenen Unterscheidung einer Organ- und Symptomwahl im Sinne primärer Körper-Innen-Störung versus primärer Körper-Außen-Störung wurden *Haut* und *Muskulatur* als bedeutsame Organe ausgewählt, da sie sich vorrangig auf die Körpergrenzen beziehen. Auffälligkeiten hinsichtlich der Repräsentanz dieser beiden Organe könnten Hinweise auf spezifische Störungen der Körper-Selbst-Repräsentanz geben. Ausgehend von der die Untersuchung leitenden These, daß psychosomatische Erkrankungen besonders die Anorexie mit Veränderungen in der Repräsentanz des Körpers mithin der Körper-Selbst-Repräsentanz einhergeht, wurden die Manifestationsorgane einzelner klassischer psychosomatischer Krankheiten als von der Untersucherin vorgegebene Organe (Elemente) ausgewählt. Es sind dies die Elemente Herz, Magen, Darm, Rücken und Blase.

Weiterhin wurde das Gehirn als ein relevantes Element vorgegeben. Das Gehirn kann als Repräsentant der geistigen Sphäre gegenüber der materiellen Sphäre angesehen werden, dem die übrigen Organe vornehmlich zuzurechnen sind. Die für das Körpererleben der beiden Patientinnengruppen in der Literatur beschriebene instrumentelle Orientierung könnte sich in einer auffälligen Positionierung dieses Organs sowie an spezifischen auf das Gehirn bezogenen Bedeutungszuschreibungen zeigen. Als Repräsentanten der Geschlechtsorgane wurden Brust, Gebärmutter, Eierstöcke, Scheide und Klitoris vorgegebenen.

Um die eingangs beschriebenen Dissoziations- und Desintegrationsphänomene einzelner Körperteil- und Organ-Repräsentanzen in der Körper-Selbst-Repräsentanz darzustellen, wurden die von der Literatur als Kernbestandteile einer integrierten Körper-Selbst-Repräsentanz aufgeführten Komponenten – der erlebte subjekthafte Körper (Realkörper) und der objekthafte Körper (Idealkörper) – als eigenständige Elemente aufgenommen. Das Realkörperelement repräsentiert vorrangig den subjekthaften Erlebenspol der Körper-Selbst-Repräsentanz, während mit dem Idealkörperelement die sozio-kulturellen Normen und Wertsetzungen erfaßt werden sollen, die dem objekthaften Erlebenspol des Körper-Selbst zuzurechnen sind. Die beiden

Körper-Selbst-Komponenten (Realkörper und Idealkörper) stellen als Kernbestandteile die beiden Pole – des erlebten Körpers und des objekthaften Körpers – eines kohäsiv-integrierten Körperselbsterlebens dar zwischen denen das Erleben des Körpers oszilliert. Das Realkörperelement repräsentiert in diesem Zusammenhang vorrangig den subjekthaften Erlebenspol des Körperselbsterlebens bzw. der Körper-Selbst-Repräsentanz, während das Idealkörperelement vorrangig den objekthaft-äußerlichen Erlebensaspekt im Körperselbsterleben darstellt.

In einem Paarvergleich (Dyadenmethode) wurden die subjektiven Bedeutungszuschreibungen (Konstrukte) erhoben, die die Patientinnen mit dem jeweiligen Körperteil verbindet und in das im folgenden dargestellte Körper-Grid-Erhebungsblatt eingetragen. Dabei wurde jedes Körperteil und Organ, einschließlich des Idealkörpers, auf den erlebten Körper (Realkörperelement) bezogen. Anschließend bewertete die Patientin nochmals alle Körperteile und Organe im Hinblick auf alle von ihr benannten Eigenschaften anhand einer siebenstufigen Likert-Skala.

In der folgenden Abbildung ist das bei der Erhebung der subjektiven Bedeutungszuschreibungen verwendete Körper-Grid-Erhebungsblatt dargestellt.

Abb. 9.3.1.1: Beispiel des Körper-Grid-Erhebungsblatts

Borkenhagen, 1996 Körper-Grid

Name:
Erhebungsdatum:

	1 Realkörper	2 Haut	3 Herz	4 Magen	5 Darm	6 Muskulatur	7 Rücken	8 Gehirn	9 Blase	10 Brust	11 Gebärmutter	12 Eierstöcke	13 Scheide	14 Klitoris	15 Idealkörper		Eigenschaftspol ← 1 2 3 4	5 6 7 → Gegensatzpol
1																1		
2																2		
3																3		
4																4		
5																5		
6																6		
7																7		
8																8		
9																9		
10																10		
11																11		
12																12		
13																13		
14																14		

9.3.2 Erhebung des Körper-Grid

Zur Unterstützung der kognitiven Repräsentation wurden jeweils das Real-körperelement und der zu vergleichende Körperteil auf Karten geschrieben und vor die Patientin gelegt. Anschließend wurde folgende Instruktion gegeben:

> „Bitte nehmen Sie sich etwas Zeit und überlegen Sie, ob es für Sie ganz persönlich eine Eigenschaft oder einen Aspekt gibt, in dem sich ihr erlebter Körper, den wir hier der Einfachheit halber als Realkörper bezeichnet haben, und das folgende Organ [dabei werden der Patientin der Reihe nach Karteikarten mit folgenden Organ- und Körperteilnamen: Haut, Herz, Magen, Darm, Muskulatur, Rücken, Gehirn, Blase, Brust, Gebärmutter, Eierstöcke, Scheide und Klitoris sowie eine mit dem Idealkör-per beschriftete Karteikarte vorgelegt] ähneln oder sich unterscheiden. Bitte nennen Sie die Eigenschaft und teilen Sie mit, ob es sich bei der Eigenschaft um eine Ähn-lichkeit oder einen Unterschied handelt."

Die von der Patientin benannte Eigenschaft wird auf dem Grid-Erhe-bungsblatt in der Spalte der Eigenschaftspole notiert. Anschließend wird die Patientin vom Untersucher gefragt:

> „Und was ist für Sie ganz persönlich das Gegenteil oder der Gegensatz von der Ei-genschaft, die Sie benannt haben?"

Die benannte kontrastierende Eigenschaft wird in die Spalte des Gegen-satz- oder Kontrastpols auf dem Grid-Erhebungsblatt eingetragen. So wird für jedes Körperteil und Organ verfahren, bis für alle dreizehn Körperteile und Organe einschließlich des Idealkörperelements eine Eigenschaftszu-schreibung sowie eine kontrastierende Eigenschaft erhoben ist.

Im Anschluß daran erhält die Patientin folgende Instruktion, um alle Kör-perteile und Organe sowie die beiden Körper-Selbst-Komponenten noch-mals bezüglich aller von ihr benannten Bedeutungs- bzw. Eigenschaftszu-schreibungen einzuschätzen:

> „Bitte überlegen Sie nun für jedes einzelne Organ und Körperteil sowie für ihren erlebten Körper wie auch für den Idealkörper, inwiefern darauf die von ihnen be-nannten Eigenschaften zutreffen und drücken Sie dies in einem der Zahlenwerte der folgenden Skala aus." [Bei der Skala handelt es sich um eine siebenstufige Likert-Skala].

Das ausgefüllte Körper-Grid-Erhebungsblatt enthält Informationen über das „linking", d.h. die Beziehungen zwischen den Körperteilen (Elementen) und den ihnen zugeordneten Eigenschaftszuschreibungen (Konstrukten).

Der beschriebene Erhebungsvorgang soll nun an einem Beispiel erläutert werden. Abb. 9.3.2.1 zeigt einen gekürzten Rohdatenbogen einer anorektischen Studienpatientin.

Abb. 9.3.2.1: Vereinfachtes Körper-Grid-Rohdatenblatt einer anorektischen Patientin

Borkenhagen, 1996   Körper-Grid

Name:
Erhebungsdatum:

1	2	3	4	5	6	7	8	9	10	11	12	13	14	15		Eigenschaftspol				Gegensatzpol		
Realkörper	Haut	Herz	Magen	Darm	Muskulatur	Rücken	Gehirn	Blase	Brust	Gebärmutter	Eierstöcke	Scheide	Klitoris	Idealkörper		1	2	3	4	5	6	7
1	6	2													1	schützend				schutzlos		
2															2							
3															3							
4															4							

Erläuterung: Als erste Körperteil-Repräsentationsdyade (Vergleich: vorgegebenes Körperteil versus Realkörperelement) wurde der Patientin das auf einer Karteikarte notierte Realkörperelement und das Element Haut vorgelegt, das ebenfalls auf einer Karteikarte notiert worden war. Dabei repräsentiert bzw. operationalisiert das Realkörperelement den erlebten Körper. Die Patientin antwortete auf die Frage, ob es eine Eigenschaft gibt, in der sich ihr erlebter Körper und ihre Haut gleichen bzw. voneinander unterscheiden, wie folgt: Mit meiner Haut verbinde ich eher die Eigenschaft umhüllt sein, während ich meinen Körper als bloß gelegt erlebe. Die Eigenschaftszuschreibung „umhüllend" und der zugehörige Konstrastbegriff „bloßgelegt" wurden nun in die erste Zeile des Grid-Erhebungsblatts eingetragen. Dann wurde die Skalierung mit der Patientin besprochen. Nachdem für das Realkörperelement wie auch für die Haut ein Skalenwert festgelegt wurde, wurden die übrigen 12 Körperteile- und Organe und das Idealkörperelement nacheinander im Hinblick auf „umhüllt sein" und „bloßgelegt" bewertet. Entsprechend wurden die Bedeutungszuschreibungen (Konstrukte) für die übrigen Körperteile und Organe erhoben.

In der folgenden Abbildung ist das Ergebnis einer anhand eines Körper-

Griderhebungsblatt berechneten Hauptkomponentenanalyse dargestellt.

Abb. 9.3.2.2: Ergebnis der Hauptkomponentenanalyse einer anorektischen
Patientin

Körper-Konstrukt-Grafik einer 22 anorektischen Patientin

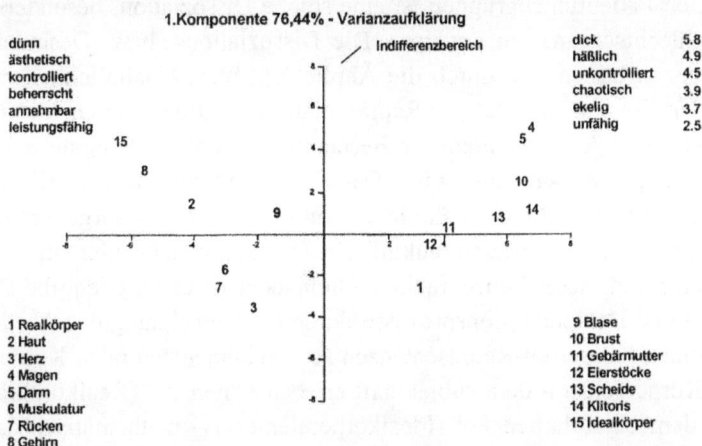

9.4 Die Körper-Selbst-Grafik: Grafische Darstellung der Organ- und Körperteil-Repräsentanzen in der Körper-Selbst-Repräsentanz bei Anorektikerinnen und IvF-Patientinnen

Der Körper-Grid enthält die Beziehungsstruktur der von der Patientin herge-
stellten Ähnlichkeits- und Unterschiedsbeziehungen der Körperteil-Repräsentanzen zu den beiden Körper-Selbst-Komponenten sowie der Körperteil-
Repräsentanzen untereinander. Durch die Berechnung der Abstände aller
Körperteil- und Organ-Repräsentanzen zueinander und zu den beiden Körper-Selbst-Komponenten kann diese im Grid enthaltene Beziehungsstruktur
mathematisch dargestellt werden. Dies geschieht mittels euklidischer Distanzen, mit denen die konzeptuelle Ähnlichkeit zweier Körperteil-Reprä-

161

sentanzen in der Beurteilung durch die Probandin ermittelt wird, aufgrund der Bewertung, welche die Körperteile im Hinblick auf die Konstrukte erhalten haben. Die Hypothesen, die sich auf eine Dissoziation einzelner Körperteile und die Neigung beziehen, diese Körperteil-Repräsentanzen als unabhängig vom erlebten und idealgewünschten Körper zu beschreiben, können so mittels dieser Distanzwerte geprüft werden. Für die beiden untersuchten Patientinnengruppen ist eine solche Dissoziation, besonders für die Geschlechtsorgane, zu erwarten. Die Dissoziations- bzw. Desintegrationstendenzen lassen sich durch die Ähnlichkeit bzw. Unähnlichkeit zwischen Körperteil- und Ganzkörper-Repräsentanz operationalisieren, die über die korrelativen Ähnlichkeiten der Beschreibung dieser Elemente anhand der Konstruktpaare berechnet wird. Dabei gilt, daß zwei Körperteil-Repräsentanzen konzeptuell um so ähnlicher von der Patientin wahrgenommen werden, je kleiner ihr Abstand (euklidische Distanz) voneinander ist.

Aufgrund dieser konzeptuellen Ähnlichkeit ist es möglich, die Dissoziations- und Desintegrationsprozesse durch die Berechnung der Abstände der einzelnen Körperteil-Repräsentanzen zu den beiden zentralen Komponenten des Körperselbst – dem subjekthaft erlebensnahen Pol (Realkörperelement) und dem objekthaften Pol (Idealkörperelement) – mathematisch darzustellen.

Nun lassen sich nicht nur Dissoziations- und Desintegrationstendenzen einzelner Körperteil-Repräsentanzen in der Körper-Selbst-Repräsentanz anhand der Abstände der Körperteil-Repräsentanzen untereinander und zu den beiden Körper-Selbst-Komponenten mathematisch berechnen und darstellen. Es ist darüber hinaus auch möglich, ein Auseinanderdriften bzw. eine Dissoziation der beiden zentralen Körper-Selbst-Komponenten (Real- und Idealkörperelement) in der Körper-Selbst-Repräsentanz zu ermitteln, indem die Distanz berechnet wird, welche die beiden Körper-Selbst-Komponenten voneinander haben. Die Distanz Realkörper-Idealkörper kann dabei als Maß der Integration bzw. der Dissoziation der Gesamtkörper-Repräsentanz angesehen werden. Eine große Distanz zwischen Real- und Idealkörper besagt, daß die Patientin eine große Diskrepanz zwischen ihrem erlebten Körper und dem von ihr bzw. sozial erwünschten Körper wahrnimmt. Eine solche Diskrepanz legt den Schluß nahe, daß diese Patientin ihren Körper nicht zu akzeptieren vermag und ihn nicht in das eigene Körper-Selbst(-bild) integrieren kann; ein Befund, der im Gespräch mit der Patientin dann konsensuell validiert oder verworfen werden kann.

9.4.1 Die Körper-Selbst-Grafik (KSG)

Beim Körper-Selbst handelt es sich um eine innerpsychische Repräsentanz, die sich aus subjekthaften und objekthaften Erlebensaspekten des Körpers zusammensetzt. Die Körper-Selbst-Repräsentanz läßt sich in einer räumlichen Struktur abbilden und in einer Grafik darstellen. Dazu werden die beiden Körper-Selbst-Komponenten des erlebten Körpers und des objekthaften Körpers als zwei Pole der kohäsiven Körper-Selbst-Repräsentanz aufgefaßt, zwischen denen das Subjekt in Zuständen eines integrierten Körperselbsterleben oszilliert.

Mit einer neu entwickelten Grafik, der sog. Körper-Selbst-Grafik (KSG), lassen sich die einzelnen Körperteil- und Organ-Repräsentanzen in ihrem Verhältnis zu den beiden zentralen Körper-Selbst-Komponenten des erlebten Realkörpers und des gewünschten bzw. sozial erwünschten Idealbildes des Körpers grafisch darstellen. Dazu werden die Abstände (euklidische Distanzen) aller Körperteil- und Organ-Repräsentanzen zu den beiden Körper-Selbst-Komponenten berechnet. Die so berechneten Distanzen sind ein Maß für die Ähnlichkeit bzw. Distanz, mit der die einzelnen Körperteil- und Organ-Repräsentanzen psychisch in der Körper-Selbst-Repräsentanz repräsentiert sind.

Die zwei Körper-Selbst-Komponenten des Real- und des Idealkörpers bilden dabei die beiden Pole zwischen denen sich die Körper-Selbst-Repräsentanz aufspannt. Für die Darstellung in der Körper-Selbst-Grafik werden die berechneten Ähnlichkeitsmaße (euklidische Distanzen) der Körperteil- und Organ-Repräsentanzen als Koordinaten aufgefaßt und als Datenpunkte in ein Koordinatenkreuz eingetragen. Die beiden Achsen des Koordinatenkreuzes stellen dabei die beiden Pole der Körper-Selbst-Repräsentanz dar. Der subjekthafte Pol der Körper-Selbst-Repräsentanz – der erlebte Körper bzw. die Realkörperkomponente – entspricht der x-Achse. Der objekthafte Pol der Körper-Selbst-Repräsentanz – der ideale oder gewünschte Körper bzw. der Idealkörperkomponente – entspricht der y-Achse. Dabei impliziert

163

die gewählte Koordinatenkreuzdarstellung, in der die beiden Körper-Selbst-Komponenten als orthogonale Achsen aufgefaßt werden, keineswegs eine vollständige inhaltliche Unabhängigkeit der beiden Komponenten voneinander. Vielmehr sind die beiden Körper-Selbst-Komponenten als die beiden Pole der kohäsiven Körper-Selbst-Repräsentanz anzusehen, zwischen denen sich das Erleben des Körpers normalerweise hin und her bewegt. Die beiden orthogonalen Achsen stellen dabei die Ähnlichkeit aller Körperteil-Repräsentanzen zur Realkörper- bzw. zur Idealkörperkomponente dar. Die Distanzen zwischen den Körperteil- und Organ-Repräsentanzen haben in der Körper-Selbst-Grafik entsprechend der von *Hartmann* vorgeschlagenen z-Transformation einen Mittelwert von M = 0. Distanzen zwischen den einzelnen Körperteil-Repräsentanzen mit Werten größer null zeigen konzeptuelle Ähnlichkeit an, Distanzwerte kleiner null konzeptuelle Unähnlichkeit. Ein Distanzwert von D = 1 bedeutet, daß dieser Abstand genau um eine Standardabweichung in Richtung Ähnlichkeit geht.

Im entwickelten Koordinatenkreuz markieren die Achsen vier Bereiche (Quadranten), die jeweils unterschiedliche Entfernungen von der Realkörper- und der Idealkörperkomponente definieren.

Abb. 9.4.1.1: Schematische Darstellung einer Körper-Selbst-Grafik

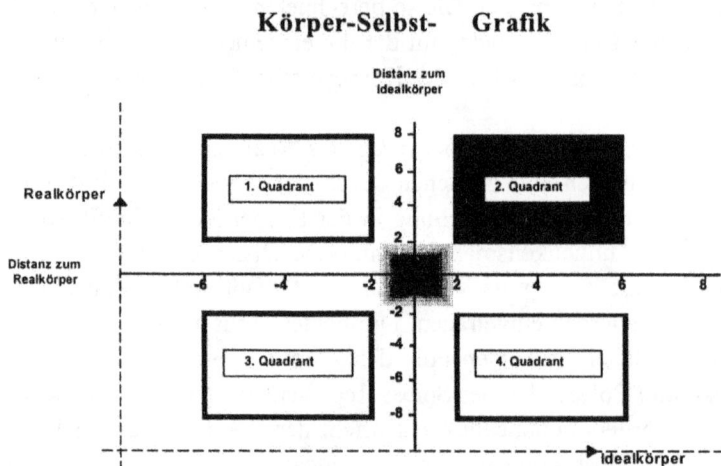

Körper-Selbst- Grafik

164

Erläuterung und Interpretation der Körper-Selbst-Grafik: Die hellschattierten Rechtecke, die die beiden Achsen einrahmen, markieren den Indifferenzbereich entsprechend der Bestimmung der Signifikanzgrenzen nach *Hartmann.* Körperteil- und Organ-Repräsentanzen, die sich in einem dieser Bereiche befinden, weisen keine psychologisch relevante Nähe oder Distanz zu der jeweiligen Körper-Selbst-Komponente auf. Körperteil-Repräsentanzen, die sich in Quadrant Q3 befinden, werden von der Probandin als ähnlich dem erlebten Realkörperelement und dem Idealkörperelement angesehen. Die Körperteil- und Organ-Repräsentanzen dieses Quadranten weisen sowohl signifikant positive Distanzwerte zur Realkörper- als auch zur Idealkörper-Komponente auf. Körperteil-Repräsentanzen, die in Quadrant Q1 positioniert sind, werden von der Probandin als ähnlich der erlebten Realkörper-Komponente, aber unähnlich der Idealkörper-Komponente angesehen. Die Körperteil- und Organ-Repräsentanzen dieses Quadranten weisen positive Distanzwerte zur Realkörper-Komponente und negative Distanzwerte zur Idealkörper-Komponente auf, während es bei den Körperteil- und Organ-Repräsentanzen im Quadranten Q4 genau umgekehrt ist. Körperteil- und Organ-Repräsentanzen, die im zweiten Quadranten angeordnet sind, werden von der Probandin als unähnlich zum erlebten Körper (Realkörper) aber ähnlich zum ideal-sozialerwünschten Körper (Idealkörper) wahrgenommen. Körperteil- und Organ-Repräsentanzen, die sich hingegen im Quadranten Q2 befinden, zeichnen sich sowohl durch signifikant hohe negative Distanzwerte zur Realkörper- wie auch zur Idealkörper-Komponente aus. Das bedeutet, daß diese Körperteile und Organe von der Probandin als unähnlich zum erlebten Körper wie auch zum ideal-sozialerwünschten Körper wahrgenommen werden.

Die vier Quadranten des Koordinatenkreuzes können dabei jeweils als unterschiedliche Bereiche der Integration- bzw. der Desintegration der Körper-Selbst-Repräsentanz angesehen werden. So werden Körperteil-Repräsentanzen, die in Quadrant Q2 situiert wurden, von der Probandin sowohl als unähnlich vom erlebten eigenen Körper wie vom ideal-sozialerwünschten Körper wahrgenommen. In einer solchen Positionierung einer Körperteil- oder Organ-Repräsentanz deutet sich eine Dissoziations- bzw. Desintegrationstendenz an, da eine solche Körperteil-Repräsentanz in bezug auf die beiden Pole des Körper-Selbst ausgeprägt unähnlich wahrgenommen wird.

165

Neben der psychischen Repräsentanz der einzelnen Körperteile und Organe im Verhältnis zu den beiden Körper-Selbst-Komponenten kann auch die Nähe bzw. die Distanz dargestellt werden, die die beiden Körper-Selbst-Komponenten (Real- und Idealkörper) voneinander haben. Dazu wird der Abstand der beiden Körper-Selbst-Komponenten auf zwei orthogonalen Linien markiert und am linken unteren Rand in die Körper-Selbst-Grafik eingezeichnet.

Die Distanz zwischen Realkörper- und Idealkörperelement stellt das Maß der Körperakzeptanz dar. Weisen Real- und Idealkörper eine signifikant große Distanz voneinander auf, so kann dahingehend interpretiert werden, daß die Probandin ihren Körper nicht zu akzeptieren vermag und ihn nicht in das eigene Körper-Selbst integrieren kann. Es handelt sich um eine Tendenz zur Dissoziation der beiden Körper-Selbst-Komponenten. Ein solcher Befund kann anhand der anschaulichen Darstellung in der Körper-Selbst-Grafik im Anschluß im Gespräch mit der Patientin konsensuell validiert werden und als strukturierendes Moment in den Therapieprozeß eingehen und so zum Ausgangspunkt eines Reflexionsprozeß werden.

Abbildung 9.4.1.2 zeigt eine schematische Darstellung einer erweiterten Körper-Selbst-Grafik, in der auch die beiden Körper-Selbst-Komponenten in ihrem Verhältnis zueinander (Abstand) abgebildet sind.

Abb. 9.4.1.2: Schematische Darstellung der erweiterten Körper-Selbst-Grafik

Erweiterte Körper-Selbst-Grafik

166

Erläuterung und Interpretation der erweiterten Körper-Selbst-Grafik: Auf
den beiden äußeren gepunkteten Linien sind die beiden Körper-Selbst-
Komponenten – Realkörper und Idealkörper – in ihrem Verhältnis zueinander (Abstand) aufgetragen. Die Distanz zwischen Realkörper- und Idealkörper-Komponente stellt ein Maß der Körperakzeptanz dar. Weisen Real- und
Idealkörper eine signifikant große Distanz voneinander auf, so bedeutet
dies, daß die Patientin ihren Körper nicht zu akzeptieren vermag und ihn
nicht in das eigene Körper-Selbst integrieren kann. Es handelt sich um eine
Tendenz zur Dissoziation. Eine solche Tendenz zeigt sich in der Körper-
Selbst-Grafik in einer signifikant großen Distanz der beiden Körper-Selbst-
Komponenten voneinander. Die beiden Körper-Selbst-Komponenten sind
außerhalb des Indifferenzbereichs in einem dem Achsenschnittpunkt fernen
Bereich positioniert. Den Indifferenzbereich stellen die beiden hellschattier-
ten Rechtecke dar, die das Koordinatenkreuz einfassen und die Achsen der
Körper-Selbst-Komponenten (Real- und Idealkörper) schneiden.

9.4.2 Zusammenfassende Bewertung

Mit der Körper-Selbst-Grafik (KSG) ist eine anschauliche Darstellung der
psychischen Repräsentanz einzelner Körperteile und Organe in der Körper-
Selbst-Repräsentanz möglich, wobei der Grad und die Qualität der psychischen Repräsentation den körperbezogenen Selbstbeschreibungen der Probandinnen entstammen. Durch die grafische Darstellung mit der Körper-
Selbst-Grafik wird die psychische Repräsentation einzelner Körperteil- und
Organ-Repräsentanzen der Kommunikation zugänglich, da die Körper-
Selbst-Grafik leicht von der Probandin wie dem Untersucher „gelesen" werden kann. Die Körper-Selbst-Grafik ermöglicht dabei eine grafische Einschätzung der Beziehungen zwischen dem körperbezogenen Selbstverständnis und dem körperbezogenen Ideal über die Qualität der psychischen Repräsentanz bedeutsamer Körperteil- und Organ-Repräsentanzen. Das Verhältnis von körperbezogenem Selbstverständnis und dem körperbezogenen
Ideal läßt sich dabei unabhängig davon bestimmen, wie der erlebte Körper
und gewünschte Idealkörper konkret inhaltlich charakterisiert wurden, d.h.

167

mit welchen konkreten Bedeutungszuschreibungen die Probandin Realkörper und Idealkörper beschrieben hat.

Die Körper-Selbst-Grafik erlaubt damit eine grafische Darstellung des
Integrationsgrades einzelner Körperteil- und Organ-Repräsentanzen. Disso-
ziations- und Desintegrationstendenzen, bei denen einzelne Körperteil- und
Organ-Repräsentanzen aus dem intentional integrierten Erleben heraustreten
und tendentiell als fremd und unähnlich zum eigenen Körper-Selbst erlebt
werden, lassen sich mit der Körper-Selbst-Grafik leicht identifizieren. Solche „zones of dissociated parts" können mit den Probandinnen thematisiert
werden, wodurch die Körper-Selbst-Grafik zu einem „symbolischen Arbeitsprodukt" im Sinne *Raiethels* werden kann, mit dem die körperbezogen-
en Bedeutungszuschreibungen der Reflexion zugänglich gemacht und potentiell auch verändert werden können. Auch ein Auseinanderdriften der
beiden Körper-Selbst-Komponenten (Real- und Idealkörper) ist mit der
Körper-Selbst-Grafik (KSG) anschaulich darstellbar.

Anhand der folgenden Abbildung sollen Interpretationsmöglichkeiten der
Körper-Selbst-Grafik (KSG) nochmals veranschaulicht werden. Dazu wurde
die Körper-Selbst-Grafik einer anorektischen Patientin gewählt, in der sich
die Desintegrationstendenz einzelner Körperteil- und Organ-Repräsentanzen
deutlich zeigt.

Abb. 9.4.2.1: Körper-Selbst-Grafik einer 22 jährigen Anorexie-Patientin

Körper-Selbst-Grafik einer 22 jährigen Anorexie-Patientin

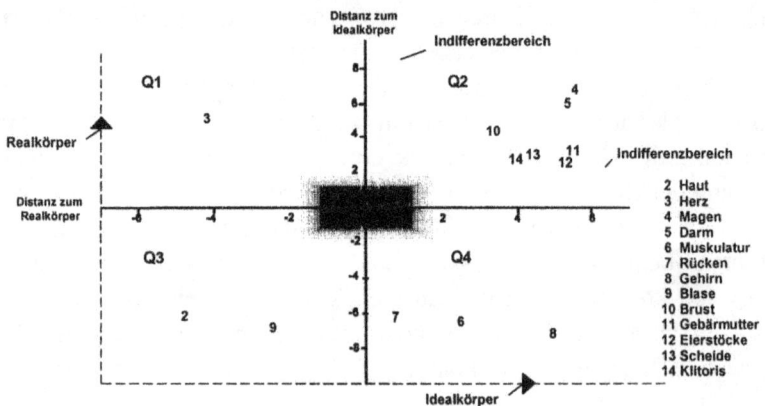

Erläuterung: Im Quadranten Q3 befinden sich nur zwei der 14 Organe bzw. Körperteile. Dies bedeutet, daß lediglich die beiden Organe bzw. Körperteile Haut und Blase von der Patientin als ähnlich dem erlebten eigenen Körper und dem gewünschten Idealkörper angesehen werden. Alle übrigen Organe werden entweder als unähnlich zum erlebten eigenen Körper oder zum gewünschten Idealkörper bzw. als unähnlich zu beiden Körper-Selbst-Komponenten wahrgenommen. Als ähnlich dem erlebten eigenen Körper, aber unähnlich dem Ideal- bzw. Wunschkörper nimmt die Patientin ihr Herz wahr, das im Quadranten Q1 situiert ist. Als ähnlich dem gewünschten Idealkörper werden das Gehirn und die Muskulatur von der Patientin erlebt. Dabei handelt es sich beim Gehirn um ein Organ, das Geistigkeit symbolisiert und das mit seiner Zuordnung im Quadranten Q4 für die Patientin eindeutig positiv konnotiert sind.

Sämtliche Geschlechtsorgane und die dem Verdauungstrakt zuzurechnenden Organe Magen und Darm werden von der Patientin als unähnlich dem erlebten Körper und dem gewünschten Idealkörper wahrgenommen. Sie werden in einem psychologisch bedeutsamen Ausmaß als unähnlich zu den beiden Körper-Selbst-Komponenten wahrgenommen, was sich an ihrer Position im vierten Quadranten zeigt. In dieser Verortung im rechten oberen Quadranten Q2 zeigt sich die negative Konnotierung dieser Organe im Erleben der Patientin. Daneben deutet sich in dieser Positionierung auch eine Dissoziation dieser Organsysteme in der Körper-Selbst-Repräsentanz an. Weiterhin zeigt sich in der Körper-Selbst-Grafik eine ausgeprägte Divergenz der beiden Körper-Selbst-Komponenten. So wird der erlebte Körper als deutlich unähnlich zum gewünschten Körper wahrgenommen, was sich in einem signifikant großen Abstand der beiden Körper-Selbst-Komponenten manifestiert. Hierin zeigt sich eine ausgeprägte Dissoziationstendenz, bei der der erlebte und der ideal gewünschte Körper von der Patientin in einem ausgeprägten Maß als divergent wahrgenommen werden. Die starke Divergenz zwischen dem erlebten Körper und dem ideal-gewünschten Körper deutet daraufhin, daß die Patientin ihren Körper und ihr Körpererleben, nach einem polarisierten Schema differenziert und strukturiert, bei dem das subjekthafte Erleben und Wahrnehmen einem objektivierenden und bewertenden Erlebens- und Wahrnehmungsaspekt polar gegenüber steht. Dabei geht eine solche Dissoziation des körperlichen Erlebens, bei der das in-

tentional-integrierte Erleben von einem polarisierten Erlebensschema abgelöst wird, auch mit einer Fixierung auf den gegenständlich-objekthaften Erlebensaspekt einher. So ist Auflösung des intentionalen Erlebens, in dessen
Zuge es dann zur Wahrnehmung einer Divergenz der beiden Erlebensaspekte kommt, im leiblichen Bereich zumeist mit einer Vereinseitigung
und Fixierung im Erleben verbunden, bei der der eigene Körper oder einige
seiner Teile häufig nur noch unter ihrem gegenständlich-objekthaften
Aspekt erlebbar sind und die Doppelbewegung zwischen den beiden Erlebensaspekten stillgestellt ist.

9.5 Explorative Analyse semantischer Differenzen im subjektiven Erleben des eigenen Körpers in Anlehnung an die qualitative Inhaltsanalyse nach Mayring (1995)

Mittels einer qualitativen Untersuchung, der von den Probandinnen benannten Bedeutungszuschreibungen, wurde der Frage nachgegangen, ob anorektische Patientinnen in bezug auf ihren Körper und seine Teile thematisch andere Konstrukte verwenden als Patientinnen, die sich einer IvF-Behandlung unterziehen. Durch die inhaltlich-qualitative Auswertung wird die formale Analyse des Körperkonstruktsystems mittels der Körper-Selbst-Grafik ergänzt.

Die qualitative Auswertung der verwendeten Bedeutungszuschreibungen, erfolgt dabei anhand eines in Anlehnung an die qualitative Inhaltsanalyse nach *Mayring* – der typisierenden inhaltlichen Strukturierung – von der Verfasserin entwickelten methodischen Vorgehens.

9.5.1 Die Inhaltsanalyse als empirische Methode der Sozialwissenschaften

Unter Inhaltsanalyse versteht man ein Verfahren, das ursprünglich zur Analyse des Inhalts von großen Textmengen wie Zeitungen und Radiosendungen entwickelt wurde. Bei der Inhaltsanalyse werden sprachliche Äußerungen oder Gesprächssequenzen Kategorien zugeordnet und diese dann ausgezählt. Die Inhaltsanalyse war zunächst eine Forschungstechnik zur systematischen und quantitativen Beschreibung des manifesten Inhalts von Kommunikation. Während bei diesem ursprünglich vorrangig quantitativ ausgerichteten inhaltsanalytischen Ansatz lediglich die „Häufigkeit bestimmter Motive, das Auszählen, Bewerten und Inbeziehungsetzen von Textelementen" im Vordergrund stand, verfolgen stärker qualitativ ausgerichtete inhaltsanalytische Ansätze das Ziel, zudem den „Kontext der Daten", „latente Sinnstrukturen", „markante Einzelfälle" zu berücksichtigen, ohne in eine „vorschnelle Quantifizierung abzurutschen" (Mayring, 1996, S. 91).

Bortz und *Döhring* (1995, S. 304) sehen das Ziel einer solchen qualitativen Inhaltsanalyse dementsprechend darin, „die manifesten und latenten Inhalte des Materials in ihrem sozialen Kontext und Bedeutungsfeld zu interpretieren, wobei vor allem die Perspektive der Akteure herausgearbeitet wird."

Die Stärke inhaltsanalytischer Verfahren liegt nach *Mayring* (1996, S. 91) darin, „daß sie streng methodisch kontrolliert" das Material in „Einheiten" zergliedern, die dann schrittweise bearbeitet werden. Dabei ist die Entwicklung eines „theoriegeleiteten am Material entwickelten Kategoriensystems" (Mayring, 1996, S. 91) das Kernstück jedes inhaltsanalytischen Vorgehens, da die Kategorien das Selektionskriterium für die Untersuchung des Materials darstellen. Entsprechend formuliert *Berelson* (1952, S.147): „Da die Kategorien die Substanz der Untersuchung enthalten, kann eine Inhaltsanalyse nicht besser sein als ihre Kategorien". Die Suche und Formulierung von Analysekriterien ist der explorativ-qualitative Aspekt jeder Inhaltsanalyse, zu dem auch die eindeutige, und voneinander unabhängige Zuordnung sämtlicher zu untersuchender Texteinheiten zu den Kategorien zählt. Demgegenüber ist die regelgeleitete und intersubjektiv nachvollziehbare Anwendung des Kategoriensystems und die Auswertung der Kategoriebesetzungen der quantitative Aspekt jeder Inhaltsanalyse.

Im Rahmen der Inhaltsanalyse fungieren die gebildeten Kategorien dabei mehr oder weniger als „operationale Definitionen von Variablen, die untersucht werden sollen" (v. Koolwijk & Wieken-Mayser, 1974, S. 174) bzw. über deren Ausprägung etwas ausgesagt werden soll. Durch diesen systematischen Aspekt der Erarbeitung und Verwendung eines Material adäquaten theoriegeleiteten Kategoriensystems, das regelgeleitet angewendet wird, können Rückschlüsse auf die außertextliche intra- und intersubjektive Realität gezogen werden.

9.5.2 Die typisierende themengeleitete Kategorisierung körperbezogener Bedeutungszuschreibungen

Die mittels Rep-Grid Technik erhobenen Informationen der auf den eigenen Körper und seine Teile bezogenen Bedeutungszuschreibungen eignen sich besonders gut für eine inhaltsanalytische Auswertung, da das Material bereits in singulären Eigenschaftspaaren (Konstrukten) vorliegt, die lediglich noch theoriegeleitet kategorisiert zu werden brauchen. Daher entfällt der bei einer inhaltsanalytischen Auswertung von Interviewmaterial notwendige Analyseschritt einer methodisch geleiteten Zerlegung des Textes in abgrenzbare Texteinheiten. Zudem ergab sich durch die vorausgehende Auswertung des Grid mittels Hauptkomponentenanalyse eine Gewichtung der verwandten Eigenschaftspaare aus der Höhe der Ladungen, die die einzelnen Bedeutungszuschreibungen auf den Hauptkomponenten aufwiesen. Diese Gewichtung läßt einen Rückschluß auf den Grad der subjektiven Bedeutsamkeit zu, die der jeweiligen Eigenschaftszuschreibung bei der Strukturierung der Wahrnehmung und des Erlebens des eigenen Körpers zukommt. Hierdurch ist eine Hierarchisierung der verwandten Bedeutungszuschreibungen im Hinblick auf den Grad ihrer subjektiven Bedeutsamkeit möglich.

Um die in den Körper-Grids enthaltenen subjektiven körperbezogenen Bedeutungszuschreibungen einer qualitativen inhaltsanalytischen Auswertung zugänglich zu machen, kam der Entwicklung eines aus dem Material destillierten typisierenden Kategoriensystems eine zentrale Bedeutung zu. Ziel der typisierenden Strukturierung war es daher, durch die theoriegeleitete inhaltliche Analyse Kategorien oder Begriffspaare aus der Materialvielfalt herauszufiltern, die das Material in besonderer Weise repräsentieren. Die charakteristischen Merkmale des Datenmaterials bzw. seine „spezifischen Qualitäten" sollten durch die Kategorienbildung „eingefangen" werden und nicht einer vorschnellen Abstraktion anheimfallen. In einem sukzessiven Generalisierungsprozeß, der auch als sinnverstehende Typenbildung charakterisiert werden kann, wurden – ausgehend von den konkreten Bedeutungszuschreibungen – sukzessive Kategorien (Typen) gebildet, die dann am weiteren Material systematisch überprüft und gegebenenfalls mo-

173

difiziert wurden. Da das Material bereits aufgrund der spezifischen Erhebungsmethode der Grid Technik paraphrasiert, abstrahiert und zusammengefaßt vorliegt, konnte unmittelbar mit der Strukturierung des Materials nach spezifischen Kriterien, in Form einer Rating-Prozedur mit Ankerbeispielen, und dem Explizieren der Zuordnung ausgewählter Konstrukte zu den Kategorien begonnen werden. Die von den Probandinnen benannten körperbezogenen Bedeutungszuschreibungen wurden dazu ohne Kenntnis, welcher diagnostischen Gruppe die jeweilige Probandin zuzurechnen war, nach prototypischen Gesichtspunkten kategorisiert, um so die thematische Vielfalt der benannten Bedeutungszuschreibungen auf einige wenige zentrale Kategorien zu reduzieren. Für die Zuordnung der Bedeutungszuschreibungen zu den einzelnen Kategorien war neben der inhaltlichen Ähnlichkeit unter anderem ausschlaggebend, auf welches Organ- oder Körperteil sich die Eigenschaftzuschreibung bezog. Dazu wurde jedes Konstruktpaar entsprechend kodiert. Anhand der Gruppierung nach der inhaltlichen Ähnlichkeit der einzelnen Konstruktpaare wurden von der Verfasserin vier Grundkategorien und eine Restkategorie bestimmt. Für jede Kategorie wurde eine kurze Definition entwickelt, die als eine Operationalisierungsanweisung für die Subsumtion der einzelnen Bedeutungszuschreibungen (Konstruktpaare) unter die jeweilige Kategorie anzusehen ist. Die gebildeten Kategorien wurden dann in mehreren Durchgängen systematisch auf alle mit dem Körper-Grid erhobenen Begriffspaare angewendet und solange moderiert, bis für sämtliche Konstruktpaare (62 x 14= 868 Begriffspaare) eine eindeutige Zuordnung zu einer Kategorie erreicht war. Inhaltlich ähnliche Konstruktpaare wurden dabei zu einer Gruppe zusammengefaßt. Dann wurden exemplarisch einige Konstruktpaare bestimmt, die die jeweilige Gruppe prototypisch repräsentieren und als Ankerbeispiele aufgeführt. Die folgende Abbildung stellt das methodische Vorgehen der typisierenden inhaltlichen Strukturierung schematisch dar.

Abb. 9.5.2.1: Schematische Darstellung der vorgenommenen typisierenden inhaltlichen Strukturierung in Anlehnung an die strukturierende Inhaltsanalyse nach *Mayring*

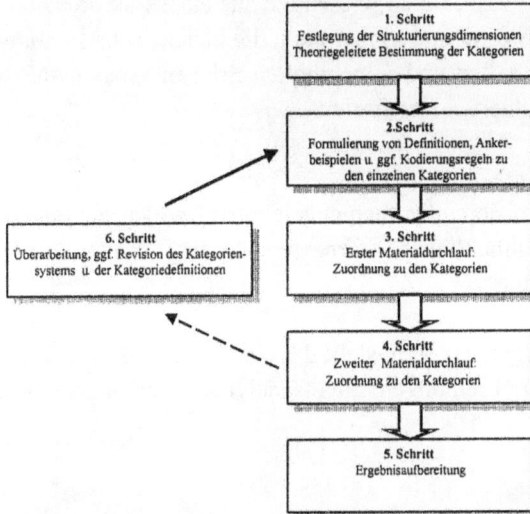

```
                        ┌─────────────────────────────────┐
                        │           1. Schritt            │
                        │ Festlegung der Strukturierungs-  │
                        │         dimensionen             │
                        │ Theoriegeleitete Bestimmung der  │
                        │         Kategorien              │
                        └─────────────────────────────────┘
                                      ⇓
                        ┌─────────────────────────────────┐
                        │           2.Schritt             │
                        │ Formulierung von Definitionen,   │
                        │ Ankerbeispielen u. ggf.          │
                        │ Kodierungsregeln zu den          │
                        │ einzelnen Kategorien             │
                        └─────────────────────────────────┘
                                      ⇓
┌───────────────────────────┐   ┌─────────────────────────┐
│        6. Schritt         │   │       3. Schritt        │
│ Überarbeitung, ggf.       │   │ Erster Materialdurchlauf:│
│ Revision des Kategorien-  │   │ Zuordnung zu den         │
│ systems u. der            │   │ Kategorien               │
│ Kategoriedefinitionen     │   └─────────────────────────┘
└───────────────────────────┘                ⇓
                               ┌─────────────────────────┐
                               │       4. Schritt        │
                               │ Zweiter Materialdurchlauf:│
                               │ Zuordnung zu den         │
                               │ Kategorien               │
                               └─────────────────────────┘
                                      ⇓
                               ┌─────────────────────────┐
                               │       5. Schritt        │
                               │   Ergebnisaufbereitung   │
                               └─────────────────────────┘
```

Die Gruppierung der Konstruktpaare nach ihrer inhaltlichen Ähnlichkeit ergab die folgenden vier Grundkategorien und eine Restkategorie: *1. Körperäußeres / Körperakzeptanz, 2. Instrumentalisierung / Leistung, 3. Empfindsamkeit / Sensibilität, 4. Vitalität / Lebendigkeit* und *5. Restkategorie.* Die aus dem Datenmaterial extrahierten Kategorien lassen sich auf die beiden im Theorieteil der Arbeit herausgearbeiteten zentralen Erlebensdimensionen des Körpererlebens beziehen. Dabei ergibt sich, daß die beiden Kategorien *Körperäußeres / Körperakzeptanz* und *Instrumentalisierung / Leistung* dem objekthaften Aspekt des Körpers zugeordnet werden können. Die anderen beiden Kategorien *Empfindsamkeit / Sensibilität* und *Vitalität / Lebendigkeit* sind der subjekthaften Dimension des Körpererlebens zuzurechnen. Die Kategorienpaare können als empirisch gefundene Operationalisierungsanweisungen, der mit der Körperlichkeit des Menschen gegebenen Doppelsinnigkeit aufgefaßt werden. Die aus dem Material extrahierten Kategorien

175

weisen dabei auch eine hohe Übereinstimmung mit standardisierten empirischen Fragebogeninstrumenten auf. Die gebildeten Kategorien entsprechen inhaltlich und thematisch den Skalen des Körperbeurteilungsfragebogens von *Strauß* und *Appelt* (1993). Jedoch wiesen die aus einer Faktorenanalyse gewonnenen Skalen von *Strauß* und *Appelt* nicht die gleiche scharfe analytische Trennung des objekthaften und subjekthaften Erlebensaspekts auf, wie die inhaltsanalytisch extrahierten Kategorien.

9.5.3   Darstellung des typisierenden themengeleiteten Kategoriensystems zur Untersuchung inhaltlicher Differenzen körperbezogener Bedeutungszuschreibungen

Die Abbildung auf der folgenden Seite stellt das aus den subjektiven körperbezogenen Bedeutungszuschreibungen inhaltsanalytisch gewonnene Kategoriensystem dar.

Kategoriensystem subjektiver körperbezogener Bedeutungszuschreibungen

Kategorie	OPERATIONALISIERENDE DEFINITION	Ankerbei-spiele	
Körperäu-ßeres/Kör-perakzep-tanz	Subsumtion von Eigenschaftspaaren, die sich auf *das Erschei-nungsbild und die Akzeptanz des Körpers* beziehen. - Körperäußeres - körperbezogene Zufriedenheit/Unzufriedenheit beziehen. Eigenschaftszuschreibungen, denen eine *Bewertung* des Körpers anhand von Schönheits- oder anderen Idealen zugrunde liegt. Subsumtion von Eigenschaftspaaren, die sich auf das Erscheinungsbild und die Akzeptanz des Körperäußeren, d.h. das Aussehen und das Erscheinungsbild des Körpers beziehen sowie auf Konstruktpaare, welche die Akzeptanz, d.h. die Zufriedenheit bzw. Unzufriedenheit mit der eigenen körperlichen Erscheinung beschreiben. Diese Kategorie ist dem objekthaften Erlebensaspekt des Körpers, der auch die intersubjektiv vermittelte Wahrnehmungswiese und die soziale Bewertung des Körpers anhand von Schönheits- oder anderen Idealen umfaßt, zuzurechnen.	schlank–dick zufrieden–unzufrieden groß– klein	**Objektive Erlebensaspekt**
Instrumen-talisierung /Leistung	Subsumtion von Eigenschaftspaaren, die sich auf *die Funktions-aspekte des Körpers* - *Funktionsweise* - *Leistungsfähigkeit* beziehen. Eigenschaftszuschreibungen, die den Körper als *Mittel für die Zwecke* des Subjekts thematisieren. Subsumtion von Eigenschaftspaaren, die sich auf die Funktionsaspekte eines Organs oder Körperteils beziehen. Unter diese Kategorie wurden die Bedeutungszuschreibungen subsumiert, welche die Funktionsweise und die Leistungsfähigkeit eines Organs oder Körperteils beschreiben. Diese Kategorie bezieht sich auf den objekthaften Erlebensaspekt des Körpers.	funktionie-rend–nicht funk-tionsfähig fruchtbar–un-fruchtbar leistungs-fähig–un-fähig	
Empfind-samkeit /Sensibili-tät	Subsumtion von Eigenschaftszuschreibungen, die sich auf *Emp-findungsaspekte des Körpers* - *Sensibilität* - *Affekte* beziehen. Eigenschaftszuschreibungen, die den Körper als *Quelle von Empfindungen* thematisieren. Umfaßt Eigenschaftspaare, die auf eine gefühlshafte und empfindsame Erlebensweise der Organe und Körperteile hindeuten. Diese Kategorie ist der subjekthaften Erlebensweise des Körpers zuzuordnen.	empfindsam–unempfind-lich erregbar–nicht fühlbar weich–hart	**Subjektive Erlebensaspekt**
Vitalität /Lebendig-keit	Subsumtion von Eigenschaftszuschreibungen, die sich auf *Vitali-täts- und Aktivitätsaspekte des Körpers* - *Lebendigkeit* - *Vitalität* - *Aktivität* beziehen. Eigenschaftszuschreibungen, die den Körper *als subjektiviertes Aktivitätszentrum* thematisieren. Umfaßt Konstruktpaare, die sich auf das Erleben von Lebendigkeit, Vitalität und Aktivität beziehen. Diese Kategorie ist dem subjekthaften Erlebensaspekt des Körpers zuzurechnen, wobei der Körper als subjektiviertes Aktivitätszentrum erscheint bzw. die Abwesenheit einer solchen subjektivierten Aktivität thematisiert wird.	Spannung–Entspannung Kraft–Schwäche pulsierend–stillstehend	
Restkate-gorie	Dieser Kategorie wurden alle Konstruktpaare zugeordnet, die sich nicht den anderen Kategorien zuordnen ließen.	säuerlich-süß	

177

9.6 Hypothesen und Operationalisierung

Anhand der von der Literatur postulierten Dissoziations- und Desintegrationstendenzen in der Körper-Selbst-Repräsentanz bei beiden Patientinnengruppen wurden insgesamt 7 Hypothesen mit Unterhypothesen formuliert. Die ersten drei Hypothesen beziehen sich auf inhaltlich-qualitative Aspekte der erhobenen Körperkonstruktsysteme. Mit ihnen wird eine semantische Analyse der zur Charakterisierung des eigenen Körper verwandten Konstrukte über eine Häufung oder Verminderung von Konstrukten in bestimmten Inhaltsbereichen (Kategorien) vorgenommen. Die übrigen Hypothesen beziehen sich auf strukturell-quantitative Aspekte der erhobenen Körperkonstruktsysteme. Sie wurden anhand spezifischer Grid-Parameter wie Distanzmaßen, Varianzaufklärung und Single-Element-Variation geprüft.

9.6.1 Qualitativ-inhaltlicher Hypothesenkomplex

Semantische Differenzen zwischen den Körperkonstruktsystemen anorektischer und IvF-Patientinnen

Hypothese 1: Semantische Differenzhypothese

Anorektische Patientinnen verwenden zur Charakterisierung von Körperteilen und Organen thematisch andere Konstrukte und Bedeutungszuschreibungen als IvF-Patientinnen.

Operationalisierung:

Die von anorektischen und IvF-Patientinnen zur Charakterisierung von Körperteilen und Organen verwandten Bedeutungszuschreibungen wurden inhaltlich entsprechend dem in Abschnitt 9.5.2 und 9.5.3 dargestellten Strukturierungsverfahren kategorisiert. Nach dem für sämtliche Eigenschaftspaare (Konstrukte) die Kategorienzugehörigkeit ohne Kenntnis der Diagnosegruppe bestimmt war, wurde für jedes Eigenschaftspaar festgestellt, von welcher Patientinnengruppe es verwandt worden war. Anschlie-

178

ßend wurde für jede der beiden Patientinnengruppen die Häufigkeit der Kategorienbesetzungen ausgezählt. Es wurde geprüft, ob sich signifikante Unterschiede in der Häufigkeit der Kategorienbesetzung zwischen beiden Patientinnengruppen zeigen. Dazu wurde mit einem Chi-Quadrat-Test ermittelt, ob sich signifikante Unterschiede in der Häufigkeit der Kategorienbesetzung zwischen beiden Patientinnengruppen zeigen.

Hypothese 1a: Spezielle Differenzhypothese: Semantische Differenz der verwandten Zentralkonstrukte

Die inhaltliche Unterschiedlichkeit der zur Charakterisierung des eigenen Körpers verwandten Bedeutungszuschreibungen von anorektischen Patientinnen und von IvF-Patientinnen ist nicht nur für die Gesamtzahl der verwandten Konstrukte nachweisbar, sondern zeigt sich auch im Hinblick auf die subjektiv besonders bedeutsamen Zentralkonstrukte.

Operationalisierung:

Als Zentralkonstrukte wurden die drei Eigenschaftspaare (Konstrukte) bestimmt, die die höchste Ladung auf der ersten Hauptkomponente aufwiesen. Diese Eigenschaftspaare (Konstrukte) wurden von den Patientinnen am extremsten beurteilt. Ihnen kommt daher im Hinblick auf die Wahrnehmung und das Erleben des eigenen Körpers die größte Differenzierungs- und Diskrimierungspotenz zu, wodurch diese Konstrukte auch subjektiv als die Bedeutsamsten für das Erleben des eigenen Körpers anzusehen sind. Durch Auszählen wurde auch hier die Häufigkeitsbesetzung der einzelnen Kategorien mit Zentralkonstrukten und die Verteilung nach Diagnose- und Organgruppen ermittelt. Mittels Chi-Quadrat-Test wurde geprüft, ob sich signifikante Unterschiede in der Häufigkeit der Kategorienbesetzung zwischen beiden Patientinnengruppen in Bezug auf die Zentralkonstrukte zeigen.

Hypothese 2: Inhaltliche Fokussierung auf den objekthaft-funktionalen Erlebensaspekt bei der Charakterisierung der Geschlechtorgan-Repräsentanzen im Vergleich zur Gruppe der anderen Körperorgan-Repräsentanzen

Es wird erwartet, daß beide Patientinnengruppen zur Charakterisierung ihrer Geschlechtsorgane vorrangig Eigenschaftszuschreibungen (Konstrukte) verwenden, die den objekthaft-funktionalen Erlebensaspekt thematisieren und den entsprechenden Kategorien zuzuordnen sind, während sich eine solche inhaltliche Fokussierung für die anderen Körperteil- und Organ-Repräsentanzen nicht zeigt.

Operationalisierung:

Zur Prüfung der Hypothese, nach der besonders die mit Weiblichkeit und Sexualität assoziierten Geschlechtsorgane von beiden Patientinnengruppen vom Selbsterleben dissoziiert und vorrangig unter ihrem objekthaft-funktionalen Aspekt wahrgenommen werden, wurden Brust, Gebärmutter, Eierstöcke, Scheide, Klitoris zur Gruppe der Geschlechtsorgan-Repräsentanzen zusammengefaßt und der Gruppe Haut, Herz, Muskulatur, Rücken und Gehirn gegenübergestellt. Von diesen Organ- und Körperteil-Repräsentanzen wurde angenommen, daß sie weniger mit negativen Interaktionserfahrungen oder selbstwertbedrohenden Aspekten assoziiert sind, und von daher die Tendenz zur Dissoziation geringer ist. Über die kategoriale Zuordnung der Eigenschaftszuschreibungen, mit denen die Geschlechtsorgane charakterisiert worden waren, wurde die kategoriale Einordnung und Besetzungshäufigkeit der Geschlechtsorgan-Repräsentanzen ermittelt und mit der Gruppe der anderen Körperorgan-Repräsentanzen mittels Chi-Quadrat-Test verglichen.

Hypothese 3: Negative Konnotationshypothese

Sowohl anorektische als auch IvF-Patientinnen verbinden mit den mit Weiblichkeit und Sexualität assoziierten Geschlechtsorgan-Repräsentanzen signifikant negativere Bedeutungskonnotationen als mit den anderen Körperorgan-Repräsentanzen.

Operationalisierung:

Zur Prüfung der Hypothese, nach der anorektische wie auch IvF-Patientinnen mit ihren Geschlechtsorganen signifikant negativere Konnotationen im Vergleich zu den anderen als weniger „belasteten" eingeschätzten Körperorgan-Repräsentanzen verbinden, wurde die durchschnittliche Positivität bzw. Negativität der verwandten Eigenschaftszuschreibungen in Bezug auf das Idealkörperelement ermittelt. Dies erfolgte über einen Vergleich der Ratingwerte mit der die Gruppe der Geschlechtsorgan-Repräsentanzen und die Gruppe der anderen als weniger „belastet" eingeschätzten Körperorgan-Repräsentanzen im Hinblick auf das Idealkörperelement eingeschätzt worden waren. Daraus ergibt sich die durchschnittliche Positivität bzw. Negativität der verwandten Eigenschaftszuschreibungen in Bezug auf das Idealkörperelement. Dabei wurde davon ausgegangen, daß das Element Idealkörper sowohl für die IvF-Patientinnnen und besonders für die Anorektikerinnen ein emotional wichtiges und für die eigenen inneren Konflikte brisantes Element darstellt, daß von daher auch extremer beurteilt und mit starken Merkmalsausprägungen eingeschätzt wird, wodurch sich das auf das Idealkörperelement bezogene Eigenschaftspaar besonders für die Einschätzung der Akzeptanz oder Ablehnung der übrigen Körperorgan-Repräsentanzen eignet (Vgl. Spangenberg & Wolff 1993, S. 51). Um nun zu prüfen, welche Konnotation eine einzelne Organ-Repräsentanz im Erleben der Patientinnen hat, d.h. ob die Patientin mit der jeweiligen Körperorgan-Repräsentanz vorrangig eine positive oder vorrangig eine negative Eigenschaftszuschreibungen verbindet, wurde die siebenwertige Likert-Skala in eine dreiwertige Skalierung übertragen, die der verbalen Beurteilung (Zustimmung, Ambivalenz, Ablehnung) wie auch moralischen Bewertungen (gut, unentschieden, schlecht) am ehesten entspricht. Die Ratingwerte 1-2 stellen extreme Bewertungen (Zustimmung) hin zum ersten Konstruktpol dar, die Ratingwerte 3-5 werden als indifferente Bewertungen (Unentschiedenheit) gewertet und erhalten keine Eintragung bzw. einen Nullwert. Die Werte 6-7 können als extreme Bewertungen (Zustimmung) hin zum gegensätzlichen Kontrast-Konstruktpol aufgefaßt werden. In Relation zur Bewertung des Idealkörperelements, dessen Bewertung als positiv unterstellt wurde und das als Maßstab der körperbezogener Positivität diente, wurde dann jeweils das Ausmaß der Positivität bzw. der Negativität der einzelnen Körperorgan-Repräsentanz bestimmt und der jeweils zugehörigen Organgruppe – Geschlechtsorgan-Repräsentanzen oder der Gruppe der anderen Körperorgan-Repräsentanzen – zugeordnet.

9.6.2 Quantitativ-struktureller Hypothesenkomplex

Strukturelle Unterschiede in der Körper-Selbst-Repräsentanz

Hypothese 4: Allgemeine Dissoziationshypothese hinsichtlich spezifischer Organgruppen

Sowohl bei den anorektischen als auch bei den Patientinnen, die sich einer IvF-Behandlung unterziehen, haben die Geschlechts- und Fortplanzungsorgane eine besonders herausgehobene Position in der Körper-Selbst-Repräsentanz inne, d.h. sie weisen tendentiell eine Dissoziation von den zentralen Körper-Selbst-Komponenten Real- und Idealkörper auf.

Operationalisierung:

Es wurde erwartet, daß die mittleren Distanzwerte der Geschlechtsorgane zum Realkörper wie auch zum Idealkörper in beiden Patientinnengruppen kleiner -1,5 ist, was einer psychologisch bedeutsamen konzeptuellen Unähnlichkeit dieser Organ-Repräsentanzen in der Wahrnehmung der Probandinnen entsprechend den von *Hartmann* vorgeschlagenen Signifikanzgrenzen entspricht.

Zur mathematischen Prüfung der Hypothese wurden die Distanzmittelwerte der Gruppe der Geschlechtsorgane (Brust, Gebärmutter, Eierstöcke, Scheide, Klitoris) zu den beiden Körper-Selbst-Komponenten Realkörper und Idealkörper errechnet.

Korrespondierender Befund in der Körper-Selbst-Grafik (KSG):

Eine psychologisch bedeutsame Dissoziation der Geschlechts- und Fortpflanzungsorgane müßte sich in der Körper-Selbst-Grafik derart zeigen, daß die Geschlechts- und Fortplanzungsorgane (Brust, Gebärmutter, Eierstöcke, Scheide und Klitoris überwiegend in den drei achsenkreuzpunktfernen Quadranten Q2, Q3 und Q4 positioniert sind, d.h. sowohl in einem bedeutsamen Ausmaß als unähnlich dem erlebten Körper (Realkörperelement) und/oder auch dem gewünschten/sozial erwünschten Körper (Idealkörperelement) wahrgenommen werden.

Hypothese 4a: *Spezielle Dissoziationshypothese: Signifikanzunterschiede im Dissoziationsgrad der Geschlechtsorgan-Repräsentanzen bei anorektikerischen und IvF-Patientinnen*

Es wurde angenommen, das sich die von der Literatur postulierte erhebliche weibliche Identitätsstörung anorektischer Patientinnen in einer ausgeprägteren Dissoziation der weiblichen Geschlechtsorgane zeigt, als dies bei den IvF-Patientinnen der Fall ist. Es wurde postuliert, daß anorektische Patientinnen im Vergleich zu IvF-Patientinnen ihre Geschlechtsorgane signifikant unähnlicher im Hinblick auf die beiden Körper-Selbst-Komponenten wahrnehmen.

Operationalisierung:

Für beide Patientinnengruppen wurden die mittleren Distanzen der Geschlechtsorgane zu den beiden Körper-Selbst-Komponenten auf Signifikanzunterschiede geprüft.

Zur mathematischen Prüfung der Hypothese wurde der für beide Patientinnengruppen berechnete Gruppendistanzmittelwert der Geschlechtsorgane zum Realkörperelement daraufhin geprüft, ob sich beide Werte signifikant voneinander unterscheiden. Dies erfolgte mit dem t-Test nach *Student* für unabhängige Stichproben.

Hypothese 5:   *Allgemeine negative Körperselbstakzeptanz-Hypothese*

Sowohl bei IvF- als auch bei anorektischen Patientinnen findet sich eine Tendenz zur Dissoziation der beiden zentralen Körper-Selbst-Komponenten (Realkörper und Idealkörper), so daß beide Patientinnengruppen eine negative Körperakzeptanz aufweisen.

Operationalisierung:

Die Elemente Realkörper und Idealkörper werden sowohl von IvF- als auch von anorektischen Patientinnen als unähnlich beschrieben und wahrgenommen, was sich in negativen mittleren Distanzmaßen der beiden Körper-Selbst-Komponenten Realkörper und Idealkörper zeigen müßte.

Zur Prüfung dieser Hypothese wurden für beide Patientinnengruppen die mittleren Distanzmaße von Realkörper und Idealkörper berechnet.

Hypothese 5a und 5b: Spezielle negative Körperselbstakzeptanz-Hypothesen

Der von der Literatur für anorektische Patientinnen wiederholt beschriebene Kampf gegen den Körper mit dem Versuch, den Körper einem bestimmten Idealbild anzupassen, müßte sich in einer ausgeprägteren Divergenz (Dissoziation) von Real- und Idealkörperelement manifestieren als dies für IvF-Patientinnen zu erwarten ist.

Hypothese 5a: Es wurde erwartet, daß anorektische Patientinnen eine signifikant ausgeprägte Diskrepanz in der Ähnlichkeitswahrnehmung der beiden Körper-Selbst-Komponenten aufweisen, den erlebten Realkörper also in hohem Maß als unähnlich zu ihrem Idealkörper wahrnehmen. Dies müßte sich in hohen negativen Distanzwerten der beiden Elemente abbilden.

Hypothese 5b: Es wurde erwartet, daß sich anorektische Patientinnen in der Unähnlichkeitswahrnehmung der beiden Körper-Selbst-Komponenten des Realkörpers und des Idealkörpers signifikant von den IvF-Patientinnen unterscheiden. Anorektische Patientinnen nehmen danach ihren erlebten Realkörper signifikant unähnlicher im Hinblick auf den Idealkörper wahr als IvF-Patientinnen und weisen im Vergleich zu den IvF-Patientinnen signifikant höhere Distanzwerte der beiden Körper-Selbst-Komponenten auf.

Operationalisierung:

Hypothese 5a: Der mittlere Distanzwert zwischen dem Realkörper und dem Idealkörperelement müßte für die Gruppe der Anorektikerinnen kleiner −1,5 sein, was einer psychologisch bedeutsamen konzeptuellen Unähnlichkeit in der Wahrnehmung der beiden Körper-Selbst-Komponenten, nach den von *Hartmann* vorgeschlagenen Signifikanzgrenzen, entspricht.

Korrespondierender Befund in der Körper-Selbst-Grafik (KSG):

Im Falle der Richtigkeit der Hypothese 5a müßten die Körper-Selbst-Grafiken der anorektischen Patientinnen vermehrt eine Divergenz der beiden Körper-Selbst-Komponenten aufweisen, d.h. sowohl das Realkörperelement als auch das Idealkörperelement müßten auf den Achsen in den äußeren Quadranten Q3 und Q4, mithin im achsenkreuzpunktfernen Bereich und außerhalb des Indifferenzbereichs positioniert sein.

Hypothese 5b: Der Distanzmittelwert beider Körper-Selbst-Komponenten Realkörper und Idealkörper wurde daraufhin geprüft, ob er sich in beiden Patientinnengruppen signifikant unterscheidet. Dazu wurde der t-Test nach *Student* für unabhängige Stichproben durchgeführt.

Spezifische Besetzung einzelner Körperteil- und Organ-Repräsentanzen in
der Körper-Selbst-Repräsentanz / Narzißtische Rückzugstendenzen
bezüglich einzelner Körperteil-Repräsentanzen

Bevor die Hypothese der stärkeren Besetzung spezifischer Körperteil-Repräsentanzen konkret formuliert wird, soll kurz noch einmal der theoretische Zusammenhang, in dem diese Hypothese steht, umrissen werden. *Schilder* beschrieb den Mechanismus der Besetzungsverschiebung zugunsten einzelner Körperteil-Repräsentanzen in der Ganzkörper-Repräsentanz als einen narzißtischen Rückzug, bei dem einzelne Körperteil-Repräsentanzen vermehrt libidinös besetzt werden, was zu einer Dissoziation dieser Körperteile führt und in extremen Fällen wie bei der Hypochondrie mit einem Rückzug des Interesses aus den Sozialbeziehungen einhergehen kann. Dabei erlangen einzelne Körperteile und deren Eigenschaften eine besondere Aufmerksamkeit. Mit Bezug auf die Grid-Parameter kann davon ausgegangen werden, daß sich eine vermehrte Zentrierung der Aufmerksamkeit auf eine Körperteil-Repräsentanz in einer erhöhten Intensität, Wichtigkeit und Eindeutigkeit ausdrückt, mit der dieses Körperteil über die Konstrukte charakterisiert wird. Mathematisch ist diese erhöhte Intensität und Eindeutigkeit als Varianz der jeweiligen Elementbeschreibung relativ zu den übrigen Elementbeschreibungen im Konstruktsystem definiert (Vgl. Raeithel, 1993, S. 61), was dem Gridmaß der Single-Element-Variation (SEV) entspricht.

Hypothese 6:   *Allgemeine Besetzungshypothese der Geschlechtsorgan-Repräsentanzen*

Sowohl IvF-Patientinnen als auch anorektische Patientinnen weisen eine vermehrte Aufmerksamkeitszentrierung und Besetzung der Geschlechtsorgane in der Körper-Selbst-Repräsentanz im Vergleich zu den übrigen Organ- und Körperteil-Repräsentanzen auf, was im Sinne einer narzißtischen Besetzung dieser Organ-Repräsentanzen aufgefaßt werden kann.

Operationalisierung:

Die mittlere Single-Element-Variation (SEV) der Sexual- und Fortpflanzungsorgane liegt sowohl bei den IvF-Patientinnen als auch bei den anorektischen Patientinnen über der der übrigen Organ- und Körperteil-Repräsentanzen.

Hypothese 6a: Spezielle Hypothese zur signifikant höheren Besetzung der idealen Körper-Selbst-Komponente bei anorektischen Patientinnen

Bei den anorektischen Patientinnen war darüber hinaus, eine signifikant ausgeprägtere Aufmerksamkeitszentrierung im Sinne eines narzißtischen Rückzug auf die ideale Körper-Selbst-Komponente zu erwarten. So wurde postuliert, daß die mittlere Single-Element-Variation des Idealkörperelements bei anorektischen Patientinnen signifikant höher ist als bei den IvF-Patientinnen.

Operationalisierung:

Die mittlere Single-Element-Variation (SEV) des Idealkörperelements wurde für beide Patientinnengruppen berechnet und mittels des t-Test nach *Student* für unabhängige Stichproben daraufhin geprüft, ob sich ein signifikanter Unterschied zwischen den beiden Patientinnengruppen zeigt.

Differenzierungsgrad des körperbezogenen Konstruktsystems

Die für anorektische Patientinnen von der Literatur postulierte massive Vereinseitigung des Körpererlebens im Sinne einer Reduzierung des Körpers auf seinen objekthaften Aspekt müßte sich in einem weniger differenzierten Körperkonstruktsystem manifestieren als dies bei den IvF-Patientinnen zu erwarten steht, obwohl auch für diese Patientinnen eine solche Vereinseitigungstendenz im körperlichen Erleben beschrieben worden ist.

Hypothese 7: Vereinseitigungshypothese

Anorektische Patientinnen weisen in bezug auf ihr Körperleben ein weniger differenziertes Konstruktsystem auf als IvF-Patientinnen

Operationalisierung:

Es ist zu erwarten, daß die erste Hauptkomponente der mittels Hauptkomponentenanalyse ausgewerteten Körper-Grids der anorektischen Patientinnen signifikant mehr Varianz aufklärt als dies bei den IvF-Patientinnen der Fall ist.

Zur Prüfung der Hypothese wurden die Varianzmittelwerte der ersten Hauptkomponente beider Patientinnengruppen mittels t-Test nach *Student* darauf hin geprüft, ob sie sich signifikant voneinander unterscheiden.

Erläuterung: Nimmt eine Person einen Erlebensbereich mehrdimensional wahr, so kann sie unterschiedliche Merkmalsaspekte und Dimensionen dieses Erlebensbereichs unterscheiden und in ihrer Beurteilung berücksichtigen. Eine solche differenzierte Wahrnehmung eines Erlebensbereichs schlägt sich in der Regel in einem mehrdimensionalen Konstruktsystem nieder. Demgegenüber deuten hohe Interkorrelationen im Konstruktsystem, das sich auf einen spezifischen Erlebensbereich bezieht, darauf hin, daß nur wenige Merkmalsaspekte von der Person bei der Strukturierung dieses Erlebensbereichs berücksichtigt wurden. Die Wahrnehmung dieses Erlebensbereichs ist dann der Tendenz nach eindimensional, was sich in einer hohen Varianzaufklärung der ersten Hauptkomponente zeigt.

9.7 Erhebungsablauf

Die Teilnahme aller Patientinnen erfolgte nach mündlicher Aufklärung und eingeholter Einverständniserklärung.

Bei der Gruppe der eßgestörten Patientinnen wurden nur Patientinnen einbezogen, die eindeutig die Kriterien einer Anorexia nervosa nach der Klassifikation der ICD-10 (Dilling, 1993) erfüllten. Die Erhebung der soziodemographischen Daten erfolgte bei den anorektischen Patientinnen im Rahmen der Routineuntersuchung beim Erstvorstellungstermin in der Abteilung für medizinische Psychosomatik und Psychotherapie des Universitätsklinikums Rudolf Virchow. Der Körper-Grid wurde entweder in einem Vorabtermin innerhalb von zwei Tagen vor der stationären Aufnahme oder am Tag der stationären Aufnahme erhoben, um Beeinflussungseffekte durch das therapeutische Setting auszuschließen.

Bei der Stichprobe der Patientinnen, die sich einer IvF-Behandlung unterzogen, erfolgte die Auswahl der Patientinnen zufällig, wobei alle sterilen Patientinnen getestet wurden, die an drei Wochentagen im Rahmen einer Invitro-Fertilisation sich zu einer Punktionsbehandlung in der Abteilung für Reproduktionsmedizin des Universitätsklinikums Rudolf Virchow aufhielten und zur Teilnahme bereit waren. Die Untersuchung wurde vor der Punktion durchgeführt. Ausschlußkriterium für die Teilnahme an der Untersuchung bildeten lediglich unzureichende Deutschkenntnisse, die eine Erhebung der soziodemographischen Daten und des Körper-Grid nicht zuließen. In einem ambulanten Nachgesprächstermin wurden die Ergebnisse des Körper-Grid und der Körper-Selbst-Grafik im Dialog mit der Patientin zunächst gemeinsam „gelesen" und dann konsensuell validiert. Die Lesart der Ergebnisse des Untersuchers wurde also an der Lesart der Patientin geprüft und gegebenenfalls revidiert.

9.8 Grundzüge der Datenanalyse

Im Rahmen der Datenauswertung wurden die erhobenen Körper-Grids zunächst mittels des Computerprogramms INGRID-72 von *Slater* einer Hauptkomponentenanalyse unterzogen. Die Prüfung der Hypothesen, die sich auf den strukturell-quantitativen Aspekt, den Repräsentationsgrad und die Dissoziationstendenzen einzelner Körperteil- und Organ-Repräsentanzen beziehen, erfolgte durch die Analyse der Körper-Selbst-Grafiken bzw. der entsprechenden Grid-Parameter wie Distanzmittelwerte, Single-Element-Variation und Varianzaufklärung die mittels t-Tests nach *Student* geprüft wurden. Die Distanzwerte, die die Ähnlichkeit der Elemente abbilden, wurden ebenfalls über das Computerprogramm INGRID-72 von *Slater* berechnet und um den von *Hartmann* vorgeschlagenen Faktor korrigiert. Die Berechnung und Darstellung der Körper-Selbst-Grafik (KSG) erfolgte mittels eines Auswertungs- und Darstellungsprogramms, das speziell für diese Fragestellung geschrieben wurde. Die statistischen Berechnungen wurden mit dem Computerprogramm SPSS 7.5 für Windows durchgeführt. Anhand der Kennwerte der Körper-Selbst-Grafik (KSG) und weiterer Gridparameter wie der Single Element-Variation wurde geprüft, ob sich anorektische Patientinnen und Patientinnen, die sich einer IvF-Behandlung unterziehen, hinsichtlich der Binnenstruktur der Körper-Selbst-Repräsentanz unterscheiden. Hierzu wurde geprüft, ob sich Anorektikerinnen hinsichtlich des Repräsentationsgrads und der Qualität der Repräsentation einzelner Organ- und Körperteil-Repräsentanzen von IvF-Patientinnen unterscheiden. Dabei wurde auch das Verhältnis der beiden Körper-Selbst-Komponenten in beiden Pati-

188

entinnengruppen verglichen.

Anschließend wurde der Frage, ob anorektische Patientinnen bei der Wahrnehmung und des Erlebens ihres Körpers und einzelner Teile andere kognitiv-semantischen Dimensionen verwenden als IvF-Patientinnen anhand der Kategorienbesetzung des inhaltsanalytisch generierten Kategoriensystems mittels Chi-Quadrat-Tests nachgegangen.Weiterhin wurden die Konnotation spezifischer Organ- und Körperteil-Repräsentanzen, besonders der Geschlechtsorgan-Repräsentanzen, auf Unterschiede hin geprüft. Dies erfolgte durch Skalentransformation der siebenwertigen Likert-Skala des Ausgangs-Grids in eine dreiwertige Skala und über das Rating des Idealkörperelements ermittelt, wobei die Einschätzung des Idealkörperelements als Maßstab diente.

10. Kapitel:Ergebnisse und Diskussion

In diesem Kapitel werden zunächst die Ergebnisse der einzelnen Hypothe-
senprüfungen getrennt diskutiert und dann in einer Zusammenschau hinsichtlich ihrer Bedeutung für die postulierten Desintegrations- und Dissoziationstendenzen im Körpererleben und der Körper-Selbst-Repräsentanz bei
beiden Patientinnengruppen bewertet. Eingefügt ist eine kritische Diskussion der Untersuchungsmethodik. In einem weiteren Abschnitt wird die klinische Relevanz der Befunde erörtert. Schließlich werden Anregungen für
zukünftige Untersuchungen erarbeitet.

10.1 Ergebnisse und Diskussion der Hypothesenprüfung

10.1.1 Qualitativ-inhaltliche Hypothesenprüfung

Semantische Differenzhypothese: Hypothese 1

Die Hypothese, nach der anorektische Patientinnen thematisch andere

Konstrukte und Bedeutungszuschreibungen zur Strukturierung und Charakterisierung ihres Körpers und ihres Körpererlebens verwenden als IvF-Patientinnen, kann vorläufig als gesichert gelten. Als herausragender Unterschied zwischen anorektischen und IvF-Patientinnen ergab sich die Neigung der Anorektikerinnen zur gehäuften Verwendung von Konstrukten, die eine soziale bzw. eine eigene Bewertung des körperlichen Erscheinungsbildes implizieren und sich auf das *Körperäußere* bzw. auf die *Akzeptanz des eigenen Körpers* beziehen. Das bedeutet, daß anorektische Patientinnen das Erleben des eigenen Körpers stärker unter dem Aspekt von sozialer und eigener Bewertung des körperlichen Erscheinungsbildes und der Akzeptanz bzw. der Ablehnung des Körpers differenzierten als IvF-Patientinnen. Demgegenüber strukturieren und bewerteten die IvF-Patientinnen ihr Körpererleben vorrangig unter dem Gesichtspunkt der *Leistungsfähigkeit* und der *Instrumentalisierbarkeit des Körpers*, wobei der Bewertung des *äußeren Erscheinungsbildes* wie auch der *Akzeptanz des Körpers* und seiner Teile nur eine untergeordnete Bedeutung zukam. Dabei unterschieden sich die beiden Patientinnengruppen in der Akzentuierung der einzelnen Erlebensaspekte des Körpers und seiner Teile auch in einem statistisch signifikanten Ausmaß voneinander.

Neben der unterschiedlichen inhaltlichen Akzentuierung zeichnete sich bei der kategoriale Auswertung jedoch auch eine Gemeinsamkeit hinsichtlich der Konstruktverwendung durch beide Patientinnengruppen ab. So wurden von beiden Patientinnengruppen deutlich häufiger Bedeutungszuschreibungen verwendet, die die objekthafte Erlebensdimension des Körpers thematisieren, während die subjekthaften Erlebensdimension bei der Strukturierung des Erlebens des eigenen Körpers und seiner Teile für beide Gruppen nur eine untergeordnete Rolle spielt.

Tab. 10.1.1.1: Häufigkeitsunterschiede zwischen anorektischen und IvF-Patientinnen in der Verwendung von Konstrukten verschiedener Kategorien

Kategorie	Konstrukte anorekt. Patientinnen (n=448)		Konstrukte IvF-Patientinnen (n=420)	
Körperäußeres/ Körperakzeptanz	Beobachtet	179 (40%)	Beobachtet	94 (22%)
	Erwartet	140,9	Erwartet	132,1
Instrumentalisierung/ Leistung	Beobachtet	147 (33%)	Beobachtet	160 (39%)
	Erwartet	158,5	Erwartet	148,5
Empfindsamkeit/ Sensibilität	Beobachtet	39 (9%)	Beobachtet	77 (18%)
	Erwartet	59,9	Erwartet	56,1
Vitalität/ Lebendigkeit	Beobachtet	73 (16%)	Beobachtet	80 (19%)
	Erwartet	79,0	Erwartet	74,0
Restkategorie	Beobachtet	10 (2%)	Beobachtet	09 (2%)
	Erwartet	09,8	Erwartet	09,2

Tab. 10.1.1.2: Chi-Quadrat-Test: Semantische Differenzhypothese

Chi-Quadrat-Tests

	Wert	df	Asymptotische Signifikanz (2-seitig)
Chi-Quadrat nach Pearson	38,974[a]	4	,000
Anzahl der gültigen Fälle	868		

[a.] 0 Zellen (,0%) haben eine erwartete Häufigkeit kleiner 5. Die minimale erwartete Häufigkeit ist 9,19.

Spezielle Differenzhypothese: Semantische Differenz der verwandten Zentralkonstrukte: Hypothese 1a

Die unterschiedliche inhaltliche Akzentuierung der zur Charakterisierung des eigenen Körpers verwandten Bedeutungszuschreibungen von anorektischen Patientinnen und von IvF-Patientinnen war nicht nur für die Gesamtzahl der verwandten Konstrukte nachweisbar, sondern auch für die subjektiv besonders bedeutsamen Zentralkonstrukte (ersten drei Konstrukte, die die höchste Ladung auf der ersten Hauptkomponente aufweisen). Dabei zeigte

192

sich für die Zentralkonstrukte dieselbe inhaltliche Akzentuierung wie für die Gesamtzahl der Konstrukte. Die Anorektikerinnen zeigten im Hinblick auf die Zentralkonstrukte eine signifikant stärker ausgeprägte Neigung, Konstrukte zu verwenden, die eine soziale bzw. eine eigene *Bewertung des körperlichen Erscheinungsbildes* implizieren und sich auf das *Körperäußere* bzw. auf die *Akzeptanz des eigenen Körpers bzw. einzelner Körperteil- und Organ-Repräsentanzen* beziehen. Die von den IvF-Patientinnen verwandten Zentralkonstrukte gehören vorrangig der Kategorie *Leistung/Instrumentalisierung* an. Beide Patientinnengruppen thematisierten dabei jeweils einen unterschiedlichen Erlebensaspekts innerhalb der objekthaften Erlebensdimension des Körpers. Trotz der unterschiedlichen inhaltlichen Akzentsetzung weisen beide Patientinnengruppen also die Gemeinsamkeit auf, bevorzugt Bedeutungszuschreibungen zu verwenden, die der objekthaften Erlebensdimension des Körpers angehören. Diese vorzugsweise Thematisierung der objekthaften Erlebensdimension des Körpers zeigte sich nicht nur bei der Gesamtzahl der verwendeten Konstrukte, sondern auch bezüglich der Zentralkonstrukte. So zeigen beide Patientinnengruppen eine deutlich stärkere Besetzungshäufigkeit der Kategorien, die die objekthafte Erlebensdimension des Körpers thematisieren, während die Verwendung von Bedeutungszuschreibungen der subjekthaften Erlebensdimension signifikant geringer ausfiel.

Aus den vorliegenden Ergebnissen läßt sich der Schluß ziehen, daß sich beide Patientinnengruppen hinsichtlich der kognitiv-semantischen Dimensionen unterscheiden, nach denen sie das Erleben und die Wahrnehmung ihres Körpers strukturieren. Dabei erscheint die unterschiedliche inhaltliche Akzentuierung der Körpererlebensaspekte, die sich bei beiden Patientinnengruppen zeigte, vor dem Hintergrund der unterschiedlichen Grundstörung sehr plausibel. Die Betonung der *Leistungs-* bzw. *Funktionsdimension*, nach der die IvF-Patientinnen ihren Körper und ihr Körpererleben vorrangig differenzierten, ist vor dem Hintergrund konsequent, daß es sich bei der Unfruchtbarkeit eben gerade um eine eingeschränkte Funktion handelt, die dem eigenen Körper zugeschrieben wird. Auch die Orientierung auf den Aspekt des *Körperäußeren* und der *Körperakzeptanz* bei den Anorektikerinnen ist gut nachvollziehbar, wenn man bedenkt, daß in der Anorexie der Wunsch wirksam ist, den Körper einem Idealbild anzupassen. Der Körper soll von seinen triebhaften Aspekten befreit und vergeistigt werden. Bei beiden Patientinnengruppen spielen die Gesichtspunkte *Empfindsamkeit/Sensibilität* und *Vitalität/Lebendigkeit* im Erleben des eigenen Körpers und seiner Teile nur eine untergeordnete Rolle. Diese Betonung der objekthaften Körpererlebensdimension, nach der sowohl die Anorektikerinnen als auch die IvF-Patientinnen die Wahrnehmung und das Erleben des Körpers vorrangig differenzierten, kann als Indiz für eine Vereinseitigung des Körpererlebens auf seinen objekthaft-funktionalen Erlebensaspekt gewertet werden. Die gefundenen Ergebnisse lassen sich im Sinne einer Tendenz zur Fixierung auf lediglich eine Körpererlebensdimension interpretieren, wobei eine solche Akzentuierung im Körpererleben jedoch nicht per se als pathologisch anzusehen ist. Inwiefern diese Vereinseitigung bzw. Fixierung im Körpererleben kritisch zu bewerten ist, wird in der Zusammenschau der Ergebnisse in Abschnitt 10.2 diskutiert.

Tab. 10.1.1.3: Unterschiede der Kategorienzugehörigkeit und Besetzungshäufigkeit der verwandten Zentralkonstrukte bei anorektischen und IvF-Patientinnen

Kategorie	Zentralkonstrukte anorek. Pat. (n=96)		Zentralkonstrukte IvF-Pat. (n=90)	
Körperäußeres/ Körperakzeptanz	Beobachtet	**47** (49%)	Beobachtet	**16** (18%)
	Erwartet	32,5	Erwartet	30,5
Instrumentalisie- rung/ Leistung	Beobachtet	**28** (29%)	Beobachtet	**39** (43%)
	Erwartet	34,6	Erwartet	32,4
Empfindsamkeit/ Sensibilität	Beobachtet	**06** (6%)	Beobachtet	**17** (19%)
	Erwartet	11,9	Erwartet	11,1
Vitalität/ Leben- digkeit	Beobachtet	**15** (16%)	Beobachtet	**18** (20%)
	Erwartet	17,0	Erwartet	16,0

Tab. 10.1.1.4: Chi-Quadrat-Test: Spezielle semantische Differenzhypothese

Chi-Quadrat-Tests

	Wert	df	Asymptotische Signifikanz (2-seitig)
Chi-Quadrat nach Pearson	22,423[a]	3	,000
Anzahl der gültigen Fälle	186		

[a]. 0 Zellen (,0%) haben eine erwartete Häufigkeit kleiner 5. Die minimale erwartete Häufigkeit ist 11,13.

Inhaltliche Fokussierung auf den objekthaft-funktionalen Erlebensaspekt bei der Charakterisierung der geschlechtsorganbezogenen Organ-Repräsentanzen im Vergleich zur Gruppe der anderen Körperorgan-Repräsentanzen: Hypothese 2

Die Hypothese, nach der beide Patientinnengruppen zur Charakterisierung ihrer Geschlechtsorgane vorrangig Eigenschaftszuschreibungen (Konstrukte) verwenden, die den objekthaft-funktionalen Erlebensaspekt thematisieren und den entsprechenden Kategorien zuzuordnen sind, während sich eine solche inhaltliche Fokussierung nicht für die Gruppe der anderen Körperteil- und Organ-Repräsentanzen zeigt, ließ sich für die untersuchte Stichprobe vorläufig bestätigen. Beide Patientinnengruppen verwandten zur Charakterisierung ihrer Geschlechtsorgane (Brust, Gebärmutter, Eierstöcke, Scheide, Klitoris) signifikant häufiger Bedeutungszuschreibungen, die dem objekthaft-funktionalen Erlebensaspekt des Körpers zuzurechnen sind, während sich eine solche Besetzungshäufung für die Gruppe der anderen Körperteil- und Organ-Repräsentanzen (Haut, Herz, Muskulatur, Rücken, Gehirn) nicht findet. Die erhöhte Neigung der untersuchten Patientinnen vorzugsweise die Geschlechtsorgan-Repräsentanzen mit instrumentell-funktionalen Bedeutungszuschreibungen zu beschreiben, kann als Versuch interpretiert werden, sich von den sinnlich-gefühlshaften Erlebensaspekten zu distanzieren, die mit diesen Organ-Repräsentanzen in besonderer Weise assoziiert sind.

Tab. 10.1.1.5: Kategorienzugehörigkeit und Besetzungshäufigkeit der geschlechtsorganbezogenen Konstrukte im Vergleich zur Gruppe der anderen organbezogenen Konstrukte bei anorektischen und IvF-Patientinnen

Kategorie	geschlechtsorganbezogene Konstrukte Ano. (n=160)	Andere organbezogene Konstrukte Ano. (n=160)	geschlechtsorganbezogene Konstrukte IvF. (n=150)	Andere organbezogene Konstrukte IvF. (n=150)
Körperäußeres/Körperakzeptanz	Beob.74(46%) Erw. 59,5	Beob.45(28%) Erw. 59,5	Beob.32(21%) Erw. 30,5	Beob.29(19%) Erw. 30,5
Instrumentalisierung/Leistung	Beob.50(31%) Erw. 44,0	Beob.38(24%) Erw. 44,0	Beob.64(43%) Erw. 52,5	Beob.41(27%) Erw. 52,5
Empfindsamkeit/ Sensibilität	Beob.10(6%) Erw. 19,5	Beob.29(18%) Erw. 19,5	Beob.31(21%) Erw. 31,0	Beob.31(21%) Erw. 31,0
Vitalität/Lebendigkeit	Beob.26(17%) Erw. 37,0	Beob.48(30%) Erw. 37,0	Beob.23(15%) Erw. 36,0	Beob.49(33%) Erw. 36,0

Tab. 10.1.1.6: Chi-Quadrat-Test zur Prüfung signifikanter Unterschiede in der Besetzungshäufigkeit der geschlechtsorganbezogenen Konstrukte im Vergleich zur Gruppe der anderen organbezogenen Konstrukte bei anorektischen Patientinnen

Chi-Quadrat-Tests

	Wert	df	Asymptotische Signifikanz (2-seitig)
Chi-Quadrat nach Pearson	$24{,}501^{a}$	3	,000
Anzahl der gültigen Fälle	320		

a. 0 Zellen (,0%) haben eine erwartete Häufigkeit kleiner 5. Die minimale erwartete Häufigkeit ist 19,50.

Tab. 10.1.1.7: Chi-Quadrat-Test zur Prüfung signifikanter Unterschiede in der Besetzungshäufigkeit der geschlechtsorganbezogenen Konstrukte im Vergleich zur Gruppe der anderen organbezogenen Konstrukte bei IvF-Patientinnen

Chi-Quadrat-Tests

	Wert	df	Asymptotische Signifikanz (2-seitig)
Chi-Quadrat nach Pearson	$14,575^a$	3	,002
Anzahl der gültigen Fälle	300		

a. 0 Zellen (,0%) haben eine erwartete Häufigkeit kleiner 5. Die minimale erwartete Häufigkeit ist 30,50.

Tab. 10.1.1.8: Kategoriale Zuordnung der Geschlechtsorgan-Repräsentanzen von Anorektikerinnen und IvF-Patientinnen

Kategorie	geschlechtsorganbezogene Konstrukte Ano. (n=160)	geschlechtsorganbezogene Konstrukte IvF. (n=150)
Körperäußeres /Körperakzeptanz	Beobachtet 74 (46%) Ewartet 54,2	Beobachtet 32 (21%) Erwartet 51,3
Instrumentalisierung/Leistung	Beobachtet 50 (31%) Erwartet 59,4	Beobachtet 64 (43%) Erwartet 55,2
Empfindsamkeit/Sensibilität	Beobachtet 10 (6%) Erwartet 21,2	Beobachtet 31 (21%) Erwartet 19,8
Vitalität/Lebendigkeit	Beobachtet 26 (17%) Erwartet 25,3	Beobachtet 23 (15%) Erwartet 23,7

Tab. 10.1.1.9: Chi-Quadrat-Test zur Prüfung eines signifikanten Unterschieds hinsichtlich der Kategorienbesetzung der geschlechtsorganbezogenen Konstrukte bei anorektischen und IvF-Patientinnen

Chi-Quadrat-Tests

	Wert	df	Asymptotische Signifikanz (2-seitig)
Chi-Quadrat nach Pearson	29,008[a]	3	,000
Anzahl der gültigen Fälle	310		

[a]. 0 Zellen (,0%) haben eine erwartete Häufigkeit kleiner 5. Die minimale erwartete Häufigkeit ist 19,84.

Negative Konnotationshypothese: Hypothese 3

Die These, nach der sowohl anorektische als auch IvF-Patientinnen signifikant negativere Konnotationen der mit Weiblichkeit und Sexualität assoziierten Geschlechtsorgan-Repräsentanzen im Vergleich zu der Gruppe der anderen Körperorgan-Repräsentanzen aufweisen, konnte vorläufig bestätigt werden. Beide Patientinnengruppen verwandten zur Charakterisierung ihrer Geschlechtsorgane (Brust, Gebärmutter, Scheide, Eierstöcke, Klitoris) signifikant häufiger subjektiv negativ konnotierte Bedeutungszuschreibungen als zur Charakterisierung der anderen Körperorgan-Repräsentanzen (Haut, Herz, Muskulatur, Rücken, Gehirn).

Lediglich die Körperorgan-Repräsentanzen Magen und Darm wiesen bei den Anorektikerinnen ähnlich stark negative Konnotationen bzw. noch deutlich negativere Konnotationen auf.

Tab. 10.1.1.10: Häufigkeit positiv und negativer Konnotierungen der Geschlechtorgan-Repräsentanzen im Vergleich zu den anderen Körperorgan-Repräsentanzen anorektischen Patientinnen

	Konnotation der anderen Körperorganrepräsentanzen anorektischer Patientinnen		Konnotation der Geschlechtsorganrepräsentanzen anorektischer Patientinnen	
	Anzahl	%	Anzahl	%
neutral	31	19,4%	12	7,5%
positiv	77	48,1%	35	21,9%
negativ	52	32,5%	113	70,6%
Gesamt	160	100,0%	160	100,0%

Tab. 10.1.1.11: Signifikanzprüfung der Konnotierungen der Geschlechtsorgan-Repräsentanzen im Vergleich zur Gruppe der übrigen Körperorgan-Repräsentanzen bei anorektischen Patientinnen

Statistik für Test

	Konnotation der anderen Körperorganrepräsentanzen anorektischer Patientinnen	Konnotation der Geschlechtsorganrepräsentanzen anorektischer Patientinnen
Chi-Quadrat[a]	19,887	105,088
df	2	2
Asymptotische Signifikanz	,000	,000

[a.] Bei 0 Zellen (,0%) werden weniger als 5 Häufigkeiten erwartet. Die kleinste erwartete Zellenhäufigkeit ist 53,3.

Tab. 10.1.1.12: Häufigkeitsverteilung positiv und negativer Konnotierungen der Geschlechtorgan-Repräsentanzen im Vergleich zu den anderen Körperorgan-Repräsentanzen IvF-Patientinnen

	Konnotation der Geschlechts- organrepräsentanzen bei IvF-Patientinnen		Konnotation der anderen Körperorganrepräsentanzen IvF-Patientinnen	
	Anzahl	%	Anzahl	%
neutral	45	30,0%	24	16,0%
positiv	31	20,7%	99	66,0%
negativ	74	49,3%	27	18,0%
Gesamt	150	100,0%	150	100,0%

Tab. 10.1.1.13: Signifikanzprüfung der Konnotierung Geschlechtsorgan-Repräsentanzen im Vergleich zur Gruppe der übrigen Körperorgan-Repräsentanzen bei IvF-Patientinnen

Statistik für Test

	Konnotation der anderen Körperorganrepräsentanzen IvF-Patientinnen	Konnotation der Geschlechts- organrepräsentanzen IvF-Patientinnen
Chi-Quadrat[a]	72,120	19,240
df	2	2
Asymptotische Signifikanz	,000	,000

a. Bei 0 Zellen (,0%) werden weniger als 5 Häufigkeiten erwartet. Die kleinste erwartete Zellenhäufigkeit ist 50,0.

10.1.2 Quantitativ-strukturelle Hypothesenprüfung

Hypothese 4: Allgemeine Dissoziationshypothese hinsichtlich spezifischer Organgruppen

Die Hypothese, nach der sowohl bei anorektischen als auch IvF-Patientinnen eine Tendenz zur Dissoziation der Geschlechtsorgane in der Körper-Selbst-Repräsentanz zu verzeichnen ist, kann vorläufig als bestätigt gelten.

200

Anorektische wie auch IvF-Patientinnen nehmen ihre Geschlechtsorgane in einem psychologisch relevanten Ausmaß als unähnlich zu ihrem erlebten wie auch zu ihrem gewünschten Körper wahr. So betrug der Distanzmittelwert der Geschlechtsorgane (Brust, Scheide, Gebärmutter, Eierstöcke und Klitoris) zur Körper-Selbst-Komponente des erlebten Körpers in der Gruppe der anorektischen Patientinnen -1,546. In der Gruppe der IvF-Patientinnen lag der Distanzmittelwert der Geschlechtsorgane zum Realkörper bei - 0,395.

Bei den anorektischen Patientinnen betrug der Distanzmittelwert des Idealkörpers zur Gruppe der Geschlechtsorgane -1,947. Bei den IvF-Patientinnen lag dieser Distanzmittelwert bei -0,6775.

Beide Patientinnengruppe wiesen demnach negative mittlere Distanzwerte der Geschlechtsorgane zu den beiden Körper-Selbst-Komponenten (Real- und Idealkörper) auf. Die Hypothese, nach der in beiden Patientinnengruppen eine Tendenz zur Dissoziation der Geschlechtsorgane zu verzeichnen ist, kann aufgrund der durchgängig negativen Distanzmittelwerte, die die Geschlechtsorgane in beiden Patientinnengruppen zu den beiden Körper-Selbst-Komponenten aufwiesen, vorläufig als bestätigt angesehen werden. Von einer psychologisch hoch bedeutsamen Dissoziation der Geschlechtsorgane in die Körper-Selbst-Repräsentanz kann jedoch nur im Hinblick auf die anorektischen Patientinnen gesprochen werden, da die Distanzmittelwerte der Geschlechtsorgan-Repräsentanzen zu den beiden Körper-Selbst-Komponenten hier unter dem *Hartmannschen* Signifikanzniveau von -1,5 lagen. Dabei zeigte sich bei den anorektischen Patientinnen in dem um ca. -0,4 niedrigeren Distanzmittelwert der Geschlechtsorgan-Repräsentanzen vom Idealkörperelement eine besonders ausgeprägte Diskrepanz in der Wahrnehmung der Geschlechtsorgane vom gewünschten eigenen Körper. Dies läßt zum einen den Schluß zu, daß die Geschlechtsorgane im Erleben beider Patientinnengruppen vorrangig negativ konnotiert sind. Zum anderen läßt das Ergebnis eine Tendenz zur Dissoziation dieser Organe von den beiden Körper-Selbst-Komponenten erkennen, die im Sinne einer mangelnden Integration in das eigene Erleben des Körpers interpretierbar ist. Die Geschlechtsorgan-Repräsentanzen werden von den Patientinnen beider Gruppen tendenziell von der Körper-Selbst-Repräsentanz dissoziiert und damit nicht zum eigenen Körper-Selbst gehörig erlebt. In bezug auf die Gruppe der anorektischen Patientinnen stützen die gefundenen empirischen Ergebnisse damit ein Krankheitsverständnis, das als einen zentralen Aspekt bei der Anorexia nervosa die Ablehnung einer bestimmten Auffassung weiblicher Geschlechtlichkeit bzw. der Übernahme einer als negativ erlebten weiblichen Geschlechtsrolle ansieht.

Tab. 10.1.2.1: Distanzmittelwerte der Geschlechtsorgane zum Realkörperelement

Real-Geschlecht

an	Mittelwert	-1,54659
	N	32
	Standardabweichung	,60089
gyn	Mittelwert	-,39523
	N	30
	Standardabweichung	1,39732

Tab. 10.1.2.2: Distanzmittelwerte der Geschlechtsorgane zum Idealkörperelement

Ideal-Geschlecht

an	Mittelwert	-1,94749
	N	32
	Standardabweichung	1,53216
gyn	Mittelwert	-,67757
	N	30
	Standardabweichung	1,84617

Hypothese 4a: Spezielle Dissoziationshypothese: Signifikanzunterschiede im Dissoziationsgrad der Geschlechtsorgan-Repräsentanzen Spezielle Hypothese zur signifikant höheren Besetzung der idealen Körper-Selbst-Komponente bei anorektischen und Ivf-Patientinnen

Auch die gruppenspezifische Dissoziationshypothese, nach der die anorektischen Patientinnen ihre Geschlechtsorgane in einem signifikant stärkerem Ausmaß als unähnlicher im Hinblick auf die beiden Körper-Selbst-Komponenten wahrnehmen, als dies für die IvF-Patientinnen zu erwarten ist, kann vorläufig als bestätigt gelten. Die Geschlechtsorgan-Repräsentanzen sind bei anorektischen Patientinnen in einem signifikanten Ausmaß weniger gut in die Körper-Selbst-Repräsentanz integriert, als dies bei den IvF-

Patientinnen der Fall ist. Die anorektischen Patientinnen nahmen ihre Geschlechtsorgane signifikant unähnlicher im Hinblick auf die beiden Körper-Selbst-Komponenten wahr als IvF-Patientinnen. Der Vergleich der beiden Gruppen mit dem t-Test ergibt mit einem p-Wert von unter 0,001 einen hoch signifikanten Unterschied der Distanzmittelwerte der Geschlechtsorgan-Repräsentanzen zum Realkörperelement. Auch in bezug auf den Distanzmittelwerte der Geschlechtsorgane zum Idealkörperelement unterscheiden sich die untersuchten Gruppen signifikant von einander. Der p-Wert liegt hier mit 0,004 unter dem Signifikanzniveau von 0,005.

Dieses Ergebnis kann als Indiz für die Richtigkeit der Vermutung gewertet werden, daß die Dissoziation der Geschlechtsorgan-Repräsentanzen bei den IvF-Patientinnen eine sekundäre Folge der Diagnosestellung „Sterilität" bzw. in dessen Folge auch der medizinischen Behandlung ist, bei der aus behandlungstechnischen Gründen von ärztlicher Seite den Geschlechtsorganen und deren Funktionen eine erhöhte Aufmerksamkeit gewidmet wird. Demgegenüber kann das stärkere Ausmaß der Dissoziation der Geschlechtsorgane bei den anorektischen Patientinnen als Indiz für die dieser Krankheit zugrunde liegende weiblichen Identitätsstörung interpretiert werden. Die Dissoziation der Geschlechtsorgan-Repräsentanzen kann dabei als Resultat eines Abwehrprozesses verstanden werden, mit dem die Anorektikerin versucht, ihr fragiles Selbst zu stabilisieren. Dabei werden Anteile des eigenen Selbst, die mit dem eigenen Selbstbild nicht Einklang stehen und mit negativ erlebten Interaktionsmustern verknüpft sind, auf den Körper projiziert. Damit gelingt es der Anorektikerin, eine positive Besetzung des eigenen Selbst aufrechtzuerhalten, indem sie den Körper bzw. einzelne seiner Teile vom Selbst abspaltet. Durch diese Dissoziation kann die Anorektikerin die Bedrohung ihrer Autonomie abwehren.

Tab. 10.1.2.3 Vergleich der Distanzmittelwerte der Geschlechtsorgan-Repräsentanzen zum erlebten Körper (Realkörperelement) von anorektischen und IvF-Patientinnen

Test bei unabhängigen Stichproben

	T-Test für die Mittelwertgleichheit				
	T	df	Sig.	Mittlere Differenz	Standardfehler der Differenz
Real-Geschlecht	-4,261	60	,000	-1,15136	,27018

Tab. 10.1.2.4: Vergleich der Distanzmittelwerte der Geschlechtsorgan-Repräsentanzen zum Idealkörper von anorektischen und IvF-Patientinnen

Test bei unabhängigen Stichproben

	T-Test für die Mittelwertgleichheit				
	T	df	Sig.	Mittlere Differenz	Standardfehler der Differenz
Ideal-Geschlecht	-2,955	60	,004	-1,26993	,42980

Hypothese 5: Allgemeine negative Körperselbstakzeptanz-Hypothese

Sowohl die Gruppe der anorektischen wie auch die der IvF-Patientinnen wies eine psychologisch bedeutsame Distanz zwischen den beiden Körper-Selbst-Komponenten Realkörper und Idealkörper auf. Beide Patientinnengruppen zeigten ein negatives mittleres Distanzmaß zwischen den beiden Körper-Selbst-Komponenten Realkörper und Idealkörper. Damit wiesen beide Gruppen die Tendenz einer negativ getönten Körperakzeptanz auf. So wurde der erlebte Körper von beiden Patientinnengruppen tendenziell nicht akzeptiert, was sich in einer deutlichen Diskrepanz zum ideal-gewünschten Körper ausdrückte. Dies kann als Beleg für eine Tendenz zur Dissoziation angesehen werden, bei der die beiden Körper-Selbst-Komponenten im Erleben der Patientinnen in einem deutlich ausgeprägtem Maß als divergent wahrgenommen werden. Die Divergenz zwischen dem erlebten Körper und dem ideal-gewünschten Körper deutet auf eine Fixierung im Körpererleben hin. Der eigene Körper und einige seiner Teile werden dabei offensichtlich von den Patientinnen beider Gruppen vorrangig unter einem gegenständlich-objekthaften Aspekt erlebt, wobei der subjekthafte Erlebensaspekt des Körpers ausgeklammert bleibt. Diese in beiden Patientinnengruppen vorhandene Divergenz in der Wahrnehmung des erlebten und des ideal-gewünschten Körpers, die hier im Sinne einer Vereinseitigung bzw. Fixierung im Körpererleben gedeutet wird, stimmt mit dem Ergebnis der inhaltlich-kategorialen Auswertung überein. Bei der inhaltlich-kategorialen Auswertung zeigten beide Patientinnengruppen eine signifikant ausgeprägte Neigung zur Verwendung von körperbezogenen Bedeutungszuschreibungen, die thematisch dem objekthaften Erlebensaspekt des Körpers zuzurechnen sind (siehe Abschnitt 10.1).

Sowohl für die IvF- als auch für die anorektischen Patientinnen kann daher auf eine Tendenz zur Dissoziation der beiden zentralen Körper-Selbst-Komponenten (Realkörper und Idealkörper) geschlossen werden, aufgrund der beide Patientinnengruppen eine negative Körperakzeptanz aufweisen.

Tab. 10.1.2.5: Distanzmittelwerte der beiden Körper-Selbst-Komponenten Realkörper und Idealkörper bei anorektischen und IvF-Patientinnen

real-ideal

an	Mittelwert	-3,27331
	N	32
	Standardabweichung	3,01524
gyn	Mittelwert	-1,38260
	N	30
	Standardabweichung	2,31471

Hypothese 5a und 5b: Spezielle negative Körperselbstakzeptanz-Hypothese

Hypothese 5a: Die Hypothese, wonach anorektische Patientinnen eine psychologisch bedeutsame Diskrepanz in der Ähnlichkeitswahrnehmung der beiden Körper-Selbst-Komponenten aufweisen, den erlebten Realkörper mithin in signifikanten Ausmaß als unähnlich zu ihrem Idealkörper wahrnehmen, kann vorläufig als bestätigt gelten. So fand sich in der Gruppe der anorektischen Patientinnen mit –3,273 ein signifikant negativer Distanzmittelwert zwischen dem Realkörper- und dem Idealkörperelement, was einer psychologisch signifikant konzeptuellen Unähnlichkeit in der Wahrnehmung der beiden Körper-Selbst-Komponenten, nach den von *Hartmann* vorgeschlagenen Signifikanzgrenzen, entspricht. Die gefundenen Ergebnisse einer signifikant ausgeprägten Wahrnehmungsdivergenz der beiden Körper-

Selbst-Komponenten lassen darauf schließen, daß die Erlebens- und Wahr-
nehmungsweise des Körpers bei den untersuchten anorektischen Patientinnen vor dem Hintergrund eines stark akzentuierten körperbezogenen Ideal-
bilds erfolgt. Die Differenzierung des eigenen Körpererlebens und einzelner
Körperteil-Repräsentanzen auf dem Hintergrund von Idealvorstellungen
schließt aber immer schon eine Verobjektivierung des Körpers und seiner
Teile ein. Die besonders ausgeprägte Divergenz zwischen dem erlebten
Körper und dem ideal-gewünschten Körper deutet folglich auf eine starke
einseitige Fixierung im Körpererleben hin. Der eigene Körper und einige
seiner Teile werden dabei von den anorektischen Patientinnen vor dem Hintergrund des stark akzentuierten Körperideals fast ausschließlich unter seinem gegenständlich-objekthaften Aspekt erlebt, wobei der subjekthafte Erlebensaspekt des Körpers ausgeklammert bleibt. Das Ausmaß der hier auf-
gefundenen Divergenz deutet dabei auf eine so massive Fixierung hin, die
keinen Wechsel in die subjekthafte Erlebensdimension des Körpers mehr zu
erlauben scheint. Eine Oszillation zwischen dem subjekthaften und dem objekthaften Erlebensaspekt des Körpers scheint damit für die untersuchten
anorektischen Patientinnen kaum noch möglich zu sein. Der eigene Körper
ist für diese Patientinnen weitgehend nicht mehr als integrierter und damit
selbstverständlicher Bestandteil des eigenen Selbsterlebens erlebbar.

Hypothese 5b: Die Hypothese, wonach sich anorektische Patientinnen signifikant von IvF-Patientinnen in der Unähnlichkeitswahrnehmung der beiden
Erlebensdimensionen des eigenen Körpers, den Körper-Selbst-Komponenten unterscheiden, muß vorläufig als widerlegt gelten. Die für die Anorektikerinnen vermutete ausgeprägtere Divergenz in der Wahrnehmung der Ähnlichkeit der beiden Körper-Selbst-Komponenten im Vergleich zu den IvF-
Patientinnen wurde statistisch nicht signifikant. Zwar zeigte sich kein statistisch signifikanter Unterschied in der Wahrnehmung des Divergenzgrades
der beiden Körper-Selbst-Komponenten zwischen den Anorektikerinnen
und den IvF-Patientinnen, dennoch war die Diskrepanz zwischen dem Real-
und Idealkörperelement bei den Anorektikerinnen absolut gesehen größer.

206

Tab.10.1.2.6: Vergleich der Distanzmittelwerte der beiden Körper-Selbst-Komponenten von anorektischen und IvF-Patientinnen

Test bei unabhängigen Stichproben

	T-Test für die Mittelwertgleichheit				
	T	df	Sig.	Mittlere Differenz	Standardfehler der Differenz
real-ideal	-2,756	60	,008	-1,89071	,68602

Hypothese 6: Allgemeine Besetzungshypothese der Geschlechtsorgan-Repräsentanzen

Die Hypothese, nach der sowohl anorektische als auch IvF-Patientinnen eine ausgeprägtere Besetzung der Geschlechtsorgan-Repräsentanzen im Vergleich zu den übrigen Körperteil- und Organ-Repräsentanzen in der Körper-Selbst-Repräsentanz aufwiesen, kann vorläufig als bestätigt gelten.

In der Gruppe der anorektischen wie auch in der Gruppe der IvF-Patientinnen lag die mittlere Single-Element-Variation der Geschlechtsorgane über der mittleren Single-Element-Variation, die die übrigen Organ- und Körperteil-Repräsentanzen aufwiesen. Die anorektischen Patientinnen wiesen mit einem Varianzmittel von 6,0918 für die Geschlechtsorgane gegenüber einem Varianzmittel von 5,4355 für die übrigen Körperteil- und Organ-Repräsentanzen einen durchschnittlich höheren Varianzmittelwert im Vergleich zu den IvF-Patientinnen auf. Bei den IvF-Patientinnen lag der Varianzmittelwert der Geschlechtsorgan-Repräsentanzen bei 6,0403 gegenüber 5,8814 für die übrigen Körperteil- und Organ-Repräsentanzen. Neben dem höheren absoluten Single-Element-Varianzmittelwert für die Geschlechtsorgan-Repräsentanzen zeigte sich bei den Anorektikerinnen zudem noch eine stärkere Differenz zwischen dem Single-Element-Varianzmittelwert der Geschlechtsorgan-Repräsentanzen und dem Single-Element-Varianzmittelwert der übrigen Körperteil- und Organ-Repräsentanzen im Vergleich zu den IvF-Patientinnen. Die Hypothese, nach der sowohl anorektische als auch IvF-Patientinnen eine ausgeprägtere Besetzung der Geschlechtsorgan-Repräsentanzen im Vergleich zu den übrigen Körperteil- und Organ-Repräsentanzen in der Körper-Selbst-Repräsentanz aufweisen, hat sich damit vorläufig bestätigt. Für beide Gruppen kann daher von einer Aufmerksamkeitsfokussierung auf die der Sexualität zuzurechnenden Organ-Repräsentanzen gesprochen werden. Diese Aufmerksamkeitsfokussierung kann im Sinne eines narzißtischen Rückzugs auf diese Geschlechtsorgan-Repräsentanzen interpretiert werden, wobei die vorliegenden Ergebnisse keinerlei Aussage darüber zulassen, inwiefern es sich dabei um das Ergebnis eines Sekundärprozeß handelt. Für die IvF-Patientinnen kann ein solcher Sekundärprozeß, bei dem es im Verlauf der medizinischen Behandlung zu einer Fokussierung auf dieses Organsystem kommt, vermutet werden. So dürfte bereits die Tatsache der Diagnosestellung selbst, also die ärztliche Mitteilung an die Patientin, daß eine „Sterilität" vorliegt und die sich daran anschließenden medizinischen Maßnahmen zu einer Fokussierung der Aufmerksamkeit und Bedeutungsbelehnung der Geschlechts- und Fortpflanzungsorgane beitragen. Dabei entsteht diese Bedeutungsbelehnung gleichsam zwangsläufig. Es ist darüber hinaus davon auszugehen, daß diese Bedeutungsbelehnung mit dem Einsetzen einer medizinischen Behandlung sich weiter verstärkt. Im Rahmen einer In-vitro-Fertilisation muß aus behandlungstechnischen Gründen von ärztlicher Seite den Geschlechtsorganen und deren Funktionen eine erhöhte Aufmerksamkeit gewidmet werden, damit eine künstliche Befruchtung gelingen kann. Eine solche Behandlung erfordert auch von der Patientin eine genaue Kenntnis und Kontrolle des monatlichen Zyklus, damit die erforderlichen behandlungstechnischen Maßnahmen zum Erfolg führen können. Demgegenüber kann bei den anorektischen Patientinnen nicht von vornherein von einer solchen Fokussierung der Geschlechts- und Fortpflanzungsorgane ausgegangen werden. Das gefundene Ergebnis weist daher auf die besondere Bedeutung hin, die der Sexualität im Krankheitsbild der Anorexie zu kommt. Die Ergebnisse können als Beleg für ein psychodynamisches Krankheitsverständnis der Anorexie als weiblicher Identitätsstörung aufgefaßt werden.

Tab.10.1.2.7: Single-Element-Varianzmittelwerte der Geschlechtsorgane und der übrigen Organ-Repräsentanzen bei anorektischen und IvF-Patientinnen

Fall-Nr.		Var. Geschl.-Organe	Var. übrige Organe
an	Mittelwert	6,0918	5,4355
	N	32	32
	Standardabweichung	1,7734	1,1987
gyn	Mittelwert	6,0403	5,8814
	N	30	30
	Standardabweichung	1,7986	1,0298

Hypothese 6a: Spezielle Hypothese zur signifikant höheren Besetzung der idealen Körper-Selbst-Komponente bei anorektischen Patientinnen

Die Hypothese, nach der anorektische Patientinnen eine signifikant höhere Besetzung der idealen Körper-Selbst-Komponente aufweisen, ließ sich nicht bestätigen. Der Single-Element-Varianzmittelwert des Idealkörperelements betrug ~ 16,4 für die anorektischen Patientinnen und ~ 13,4 für die IvF-Patientinnen. Der Single-Element-Varianzmittelwert war damit in der Gruppe der Anorektikerinnen zwar deutlich höher, wobei der Unterschied im Single-Element-Varianzmittelwert zu den IvF-Patientinnen jedoch nicht statistisch signifikant wurde. Die Ergebnisse zeigen, daß dem Idealkörper eine starke Bedeutung und Wichtigkeit im Körperkonstruktsystem der anorektischen Patientinnen zukommt. Man könnte dies im Sinne einer ausgeprägten Orientierung an äußerlichen Körper- und Schönheitsidealen interpretieren. Dieses Ergebnis steht damit im Einklang mit den Befunden der qualitativ-kategorialen Auswertung, bei der die Anorektikerinnen ebenfalls eine signifikant höhere Besetzung der Kategorie Körperäußeres zeigten. Auch das Ergebnis, wonach Anorektikerinnen ebenso wie IvF-Patientinnen eine negativ getönte Körperakzeptanz aufweisen, mithin eine signifikante Divergenz in der Wahrnehmung des erlebten und des ideal gewünschten Körpers aufweisen, stützt eine solche Interpretation. Denn eine ausgeprägte Divergenz in der Wahrnehmung des erlebten Körpers und des Idealkörpers kann sich nur vor dem Maßstab eines Körperideals ausbilden, das immer schon eine Objektivation des Körpers einschließt.

Tab. 10.1.2.8: Single-Element-Varianzmittelwerte des Idealkörperelements von anorektischen und IvF-Patientinnen

Gruppenstatistiken

	Fall-Nr.	N	Mittelwert	Standardabweichung	Standardfehler des Mittelwertes
Var. Idealkörper	an	32	16,3766	6,7174	1,1875
	gyn	30	13,4470	7,1875	1,3123

Tab. 10.1.2.9: Vergleich der Single-Element-Varianzmittelwerte des Idealkörperelements von anorektischen und IvF-Patientinnen

Test bei unabhängigen Stichproben

	T-Test für die Mittelwertgleichheit				
	T	df	Sig. (2-seitig)	Mittlere Differenz	Standardfehler der Differenz
Var. Idealkörper	1,659	60	,102	2,9296	1,7659

Vereinseitigungshypothese: Hypothese 7

Die Hypothese, nach der anorektische Patientinnen in bezug auf ihr Körpererleben ein weniger differenziertes Konstruktsystem aufweisen als IvF-Patientinnen lies sich mit dem Maß der mittleren Varianzaufklärung der ersten Komponente nicht bestätigen. In der Gruppe der anorektischen Patientinnen wurde durch die erste Hauptachse der Körper-Grids in der Hauptkomponentenanalyse durchschnittlich eine Varianz von ~ 45,3 % aufgeklärt. Die mittlere Varianzaufklärung der ersten Hauptkomponente liegt damit nur geringfügig über der der IvF-Patientinnen, die durchschnittlich ~ 41,1 % aufklärt. Der Unterschied wird statistisch nicht signifikant. Die gefundenen Ergebnisse boten daher keine Veranlassung, die Nullhypothese zu verwerfen. Hierbei sind jedoch die grundsätzlichen methodischen Einwände gegen das Maß der Varianzaufklärung der ersten Hauptkomponente als inverses Maß für den Grad der kognitiven Differenziertheit zu berücksichtigen, womit das gefundene Ergebnis nur in eingeschränktem Maß gegen die Vereinseitigungshypothese ins Feld geführt werden kann. Da die thematische Auswertung der erhobenen körperbezogenen Bedeutungszuschreibungen sehr deutlich eine solche Tendenz zur Vereinseitigung auf den objekthaften Erlebensaspekt des Körpers ergab, ist es also sehr fraglich, ob der kognitive Differenzierungsgrad, der von *Bieri et al.* (1966) mittels der Varianzaufklärung der ersten Komponente operationalisiert wird, ohne weiteres als Maß einer Einengung oder Vereinseitigung des Körpererlebens gleichgesetzt werden kann.

Tab. 10.1.2.10: Varianzaufklärung der ersten Hauptkomponente bei anorektischen und IvF-Patientinnen

Gruppenstatistiken

	Fall-Nr.	N	Mittelwert	Standardabweichung	Standardfehler des Mittelwertes
Var.-Aufkl. der 1.	an	32	45,3347	11,8652	2,0975
Komponente	gyn	30	41,1003	9,0555	1,6533

Tab. 10.1.2.11: Vergleich der Varianzaufklärung der ersten Hauptkomponente bei anorektischen und IvF-Patientinnen

Test bei unabhängigen Stichproben

	T-Test für die Mittelwertgleichheit				
	T	df	Sig.	Mittlere Differenz	Standardfehler der Differenz
Var.-Aufkl. der 1. Komponente	1,572	60	,121	4,2344	2,6940

10.2 Interpretation und Diskussion der Ergebnisse

Nach der Darstellung der Ergebnisse der einzelnen Hypothesen werden nun im folgenden die Befunde noch einmal zu einem Gesamtbild verknüpft, das die wichtigsten Unterschiede und Gemeinsamkeiten in den Körpererlebensmustern der beiden untersuchten Patientinnengruppen zusammenfaßt. Dabei wird zunächst auf die inhaltliche Analyse der körperbezogenen Bedeutungszuschreibungen eingegangen.

10.2.1 Interpretation und Diskussion der qualitativ-inhaltlichen Untersuchungsergebnisse

Die inhaltliche Untersuchung der verwandten Bedeutungszuschreibungen mittels eines typisierenden themengeleiteten Kategoriensystems hatte explorativen Charakter. Die vorgenommene kategoriale Typisierung, mit der die mit dem Körper-Grid erhobenen subjektiven Bedeutungszuschreibungen ausgewertet wurden, ist hinsichtlich methodischer Kriterien nicht unproblematisch. Mögliche methodische Einwände gegen den gewählten kategorialen Auswertungsansatz wurden zugunsten des neuartigen idiographischen Zugangs zunächst zurückgestellt. Methodische Validitäts- und Reliabilitätskriterien könnten in Folgestudien neben der konsensuellen Validierung durch die Patientinnen noch durch ein Fremdrating der kategorialen Zuordnung und den Einsatz anderer qualitativer Verfahren gesichert werden. So bietet sich beispielsweise ein Vergleich der mit dem Körper-Grid erhobenen subjektiven Körperkonstruktsysteme mit qualitativen Interviews oder „komparativen Kasuistiken" (Jüttemann, 1990) an, mit denen sich latente Bedeutungszuschreibungen, Sinnzusammenhänge und Beziehungsfiguren im Umgang mit dem Körper ebenfalls erfassen lassen. Trotz des explorativen Charakters des inhaltsanalytischen Kategorisierung war es möglich, anhand des entwickelten Kategoriensystems thematische Unterschiede hinsichtlich des Erlebens des Bedeutungsraums Körper wie auch einzelner Körperteil- und

Organ-Repräsentanzen bei beiden Patientinnengruppen aufzuweisen. Aus den Ergebnissen der inhaltsanalytischen Hypothesenprüfung kann der Schluß gezogen werden, daß sich die beiden Patientinnengruppen hinsichtlich der zentralen Dimensionen unterscheiden, nach denen sie das Erleben des eigenen Körpers differenzieren. Die *Akzeptanz des eigenen Körpers* und die *Zufriedenheit* mit seiner *äußeren Erscheinung* ist die ausschlaggebende Strukturierungsdimension, nach der Anorektikerinnen ihr Körpererleben differenzieren, während es bei den IvF-Patientinnen die *Leistungs-* und *Funktionsebene* ist. Die unterschiedliche inhaltliche Akzentuierung hinsichtlich der Strukturierung des Körpererlebens läßt sich in Bezug zur Grundstörung setzen. Da es sich bei der Unfruchtbarkeit um eine eingeschränkte Funktion handelt, die dem eigenen Körper zugeschrieben wird und die von den Patientinnen als negativ erlebt wird, ist die Betonung der *Leistungs-* bzw. *Funktionsdimension* im Hinblick auf das Erleben des eigenen Körpers folgerichtig. Auch die Orientierung auf den Aspekt des Körperäußeren und der Körperakzeptanz bei den Anorektikerinnen ist gut nachvollziehbar, wenn man bedenkt, daß in der Anorexie der Wunsch wirksam ist, den Körper einem Idealbild anzupassen. Der Körper soll von seinen triebhaften Aspekten befreit und vergeistigt werden. Diese Betonung des objekthaften Körpererlebensaspekts, nach der sowohl die Anorektikerinnen als auch die IvF-Patientinnen die Wahrnehmung und das Erleben des Körpers vorrangig differenzierten, kann als Indiz für eine Vereinseitigung des Körpererlebens auf seinen objekthaft-funktionalen Aspekt gewertet werden. Die Dimensionen *Empfindsamkeit/Sensibilität* und der *Vitalität/Lebendigkeit* spielen demgegenüber im Erleben des eigenen Körpers und seiner Teile der beiden Patientinnengruppen nur eine untergeordnete Rolle. Die gefundenen Ergebnisse lassen sich im Sinne einer Tendenz zur Fixierung auf lediglich eine Körpererlebensdimension interpretieren, wobei eine solche Akzentuierung im Körpererleben jedoch nicht per se als pathologisch anzusehen ist. Wie im Theorieteil der Arbeit anhand phänomenologischer und psychoanalytischer Konzepte gezeigt wurde, ist eine solche Einengung auf eine Erlebensdimension eine mögliche Erlebensweise, die sofern sie nur temporären Charakter hat, nicht genuin pathologisch ist. So kann die Einengung auf den objekthaften Erlebensaspekt des Körpers im situativen Kontext der Auseinandersetzung mit der Sterilität ein konstruktives Moment der aktiven Bewältigung der dem Körper zugeschriebenen Funktionsstörung darstellen. Hierbei kommt dem Bewältigungsmechanismus der Einengung der Erlebnismöglichkeiten in Krisensituationen eine selbstwertstabilisierende Funktion zu. Die Vereinseitigung des Körpererlebens kann jedoch nur solange als eine produktive Phase bei der Bewältigung einer auf den Körper attribuierten Störung aufgefaßt werden, solange sich diese Einschränkung des Erlebens auf den Prozeß der Bewältigung bezieht also auf die Krisensituation bezogen bleibt und sich nicht zur vorherrschenden Erlebnisstruktur verfestigt.

Resümierend kann festgestellt werden, daß es mit dem idiographischen Untersuchungsinstrument Körper-Grid gelungen ist, körperbezogene Bedeutungszuschreibungen aus dem subjektiven Erleben der Patientinnen zu erheben. Mit dem inhaltsanalytisch-qualitativen Auswertungsansatz in Form des inhaltsanalytischen Kategoriensystems konnten Konvergenzen und Differenzen hinsichtlich der zentralen Erlebensdimensionen des Körpers bei den beiden Patientinnengruppen isoliert werden. So konnten für die beiden Patientinnengruppen hinsichtlich semantischer Aspekte jeweils ein unterschiedlich akzentuiertes Körpererlebensprofil herausgearbeitet werden.

10.2.2 Interpretation und Diskussion der quantitativ-strukturellen Untersuchungsergebnisse

Die strukturellen Aspekte der psychischen Repräsentation des Körpers und seiner Teile wurden zum überwiegenden Teil mit den Kennwerten der Körper-Selbst-Grafik (KSG) geprüft. Der Hauptteil der eingangs formulierten Hypothesen, die sich auf das psychosomatisch-psychoanalytische Konstrukt einer integrierten Körper-Selbst-Repräsentanz bzw. Tendenzen der Abgrenzung und Dissoziation einzelner Körperteil- und Organ-Repräsentanzen im Zuge selbstwertstabilisierender Abwehrmechanismen bei den beiden zu untersuchenden Patientinnengruppen bezog, konnte bestätigt werden. Über die Ähnlichkeits- bzw. Diskrepanzwahrnehmung zu den beiden zentralen Körper-Selbst-Komponenten (erlebter und idealgewünschter Körper) ließ sich das Ausmaß und die Qualität der psychischen Repräsentation einzelner Organ- und Körperteil-Repräsentanzen ermitteln und in der Körper-Selbst-Grafik (KSG) anschaulich darstellen. Über die Körper-Selbst-Grafik (KSG) erschließt sich die Binnenstruktur der Körper-Selbst-Repräsentanz, da mittels dieser Grafik die einzelnen Körperorgan-Repräsentanzen in ihrem Verhältnis zu den beiden zentralen Körper-Selbst-Komponenten positioniert werden. Die Position, die eine einzelne Körperteil-Repräsentanz in der Körper-Selbst-Grafik einnimmt sowie der Grad und die Qualität der Repräsentation, den sie erreicht, entspricht dabei dem Ausmaß der psychischen Abgegrenztheit, Akzentuierung und Integration, der ihr in der Körper-Selbst-Repräsentanz zukommt. Aus der Körper-Selbst-Grafik (KSG) lassen sich demzufolge direkte Aussagen bezüglich der Dissoziation bzw. Desintegration einzelner Körperorgan-Repräsentanzen ableiten. Im Fall der vorliegenden Untersuchung war es durch die Körper-Selbst-Grafik (KSG) so möglich, die postulierten Abgrenzungs- und Dissoziationstendenzen spezifischer Körperorgan-Repräsentanzen für die beiden Patientinnengruppen darzustellen. Dabei konnte nicht nur gezeigt werden, daß solche Abgrenzungs- bzw. Dissoziationstendenzen bei den beiden Patientinnengruppen vorliegen, sondern diese Tendenzen konnten auch hinsichtlich ihres unterschiedlichen Ausprägungsgrades quantifiziert werden. Damit wurden Unterschiede in der Binnenstruktur der Körper-Selbst-Repräsentanz zwischen den beiden Patientinnengruppen identifizier- und vergleichbar. Das im Theorieteil der vorliegenden Arbeit herausgearbeitete theoretische Konstrukt einer integrierten Körper-Selbst-Repräsentanz, bei der es im Zuge von Abwehrmechanismen zur Abgrenzung und Dissoziation einzelner Organ-Repräsentanzen kommen kann, war somit anhand der Körper-Selbst-Grafik (KSG) einer empirischen Überprüfung zugänglich. Hierin liegt auch die Spezifik und die besondere Stärke der neuen Untersuchungsinstrumente Körper-Grid und Körper-Selbst-Grafik (KSG). Während Fragebögen lediglich Aufschluß über globale Parameter des Körpererlebens wie die allgemeine Beurteilung und Zufriedenheit mit dem ganzen Körper zu geben vermögen, ist es mit dem Körper-Grid und besonders der Körper-Selbst-Grafik (KSG) möglich, auch die Binnenstruktur der Körper-Selbst-Repräsentanz abzubilden und differenzierte Aussagen zu einzelnen Körperteil- und Organ-Repräsentanzen zu machen. Prozesse der Besetzungsverschiebung, die zu unterschiedlichen Qualitäten der Repräsentation in Form von Dissoziations- oder Desintegrationstendenzen einzelner Körperteil-Repräsentanzen führen, werden auf diese Weise darstellbar. Hierdurch werden Fragestellungen einer empirischen Überprüfung zugänglich, die sich auf spezifische geschlechts- oder störungsspezifische Aspekte beziehen und die mit Fragebögen bisher nicht suffizient angegangen werden konnten. Auf diesen Gesichtspunkt wird im folgenden Abschnitt der Arbeit noch ausführlich eingegangen. In Bezug auf die beiden untersuchten Patientinnengruppen ergab die Auswertung mit der Körper-Selbst-Grafik (KSG) eine bedeutsame Wahrnehmungs- und Erlebensdiskrepanz der Geschlechtsorgan-Repräsentanzen im Vergleich zu den beiden zentralen Körper-Selbst-Komponenten des erlebten und des idealgewünschten eigenen Körpers. Dieses Ergebnis läßt darauf schließen, daß die Geschlechtsorgan-Repräsentanzen im Erleben beider Patientinnengruppen eine vorrangig negative Akzentuierung und Abgrenzung erfahren. Die mit der Körper-Selbst-Grafik (KSG) erhobenen Ergebnisse hinsichtlich der formalen Struktur der Körper-Selbst-Repräsentanz entsprechen insofern den Ergebnissen der inhaltlich-semantischen Analyse der Körperkonstruktsysteme. In Bezug auf den Repräsentations- und Besetzungsgrad lassen sich die gefundenen Ergebnisse dahingehend interpretieren, daß die Geschlechtsorgan-Repräsentanzen bei beiden Patientinnengruppen ein signifikantes Ausmaß der Abgrenzung bzw. Dissoziation gegenüber den Körper-Selbst-Komponenten aufweisen, wobei diese Dissoziation bei den Anorektikerinnen signifikant stärker ausgeprägt ist. Zur Interpretation dieses Ergebnisses wird noch einmal auf die psychoanalytischen Konzepte von *Schilder* und *Lacan* zurückgegriffen. *Schilder* wie auch *Lacan* haben auf den wesentlich imaginären Charakter der kohäsiven Körper-Selbst-Repräsentanz hingewiesen. Danach ist der Grad und die Qualität der Repräsentanz einzelner Körperorgan-Repräsentanzen wie auch die Kohäsion der Körper-Selbst-Repräsentanz durch Besetzungsverschiebungen und Aufmerksamkeitsfokussierungen veränderlich. Auf der Basis dieser theoretischen Annahmen ergeben sich für das Ergebnis der Abgrenzungs- und Dissoziationstendenzen der Geschlechtsorgan-Repräsentanzen bei den beiden Patientinnengruppen unterschiedliche Interpretationsperspektiven. Eine solche Abgrenzung kann auf eine tendenzielle Dissoziation dieser Organ-Repräsentanzen von der Körper-Selbst-Repräsentanz hinweisen, durch die diese Organ-Repräsentanzen als potentiell nicht zum eigenen Körper gehörig, erlebt werden. Daneben findet sich auch bei realen körperlichen oder am Körper festgemachten und vorrangig sozialwirksamen Beeinträchtigungen eine solche Abgrenzung spezifischer Körperteil-Repräsentanzen. Dem Abgrenzungsprozeß kommt hierbei jedoch eine wichtige Funktion im Rahmen der psychischen Bewältigung des Beeinträchtigungserlebens zu. Die Abgrenzung einer einzelnen Körperorgan-Repräsentanz oder einer bestimmten Gruppe von Organ-Repräsentanzen ist dabei als Teil dieses Bewältigungsprozesses aufzufassen. Hierbei führt die psychische Auseinandersetzung mit dem in seiner Funktion eingeschränkten Körperteil zunächst zu einer Vertiefung der Wahrnehmungsdiskrepanz dieses Körperteils gegenüber der Ganzkörper-Repräsentanz, die zeitweise die Qualität einer Dissoziation dieser Körperteil-Repräsentanz annehmen kann. Im Rahmen eines solchen aktiven Bewältigungsprozeß stellt diese Vertiefung der Diskrepanz bis hin zur Dissoziation jedoch lediglich eine Phase des Prozeß dar, an dessen Ende sich eine deutlich konturierte und abgegrenzte, dennoch in die Körper-Selbst-Repräsentanz integrierte, Körperorgan-Repräsentanz herausgebildet hat. Das Resultat einer solchen gelungenen Konfrontation mit einem funktionsbeeinträchtigten Körperorgan ist somit ein Repräsentationsprozeß, in dessen Zuge sich die Tatsache der Funktionsbeeinträchtigung in Form einer Differenzierung dieser Körperteil-Repräsentanz innerhalb der Ganzkörper-Repräsentanz niederschlägt. Der Tendenz nach handelt es sich bei diesem Bewältigungsmechanismus also um die Herausbildung einer Binnendifferenzierung innerhalb der Körper-Selbst-Repräsentanz, nicht jedoch um eine Ausgrenzung oder dauerhafte Dissoziation dieser Körperorgan-Repräsentanz. Die Integrationsfunktion der Körper-Selbst-Repräsentanz wird durch diese Form der Konturverleihung und Binnendifferenzierung nicht nachhaltig beeinträchtigt. Die Diskrepanz mit der die Gruppe der Geschlechtsorgan-Repräsentanzen zu den beiden zentralen Körper-Selbst-Komponenten von den IvF-Patientinnen in der vorliegenden Studie wahrgenommen wurde, kann vor dem Hintergrund eines solchen psychischen Bewältigungsprozeß interpretiert werden. Der Umstand des Unfruchtbarseins wird dabei vorrangig den Geschlechtsorganen zugeschriebenen, was ein verstärktes Wahrnehmen und Erleben von Diskrepanz dieser Organ-Repräsentanzen gegenüber den übrigen Organ-Repräsentanzen wie auch der Ganzkörper-Repräsentanz zur Folge hat. Die vorgeschlagene Interpretation, nach der die gefundenen Untersuchungsergebnisse der Erlebens- und Wahrnehmungsdiskrepanz bei IvF-Patientinnen nicht im Sinne einer Dissoziation der Geschlechtsorgan-Reprä-

217

sentanzen, sondern eher als Be- und Abgrenzung aufzufassen sind, wird durch die Einzelergebnisse gestützt. So bezieht sich die ausgeprägte Differenz in der Wahrnehmung der Geschlechtsorgane bei der Gruppe IvF-Patientinnen vor allem auf die Relation der Geschlechtsorgan-Repräsentanzen zur ideal-gewünschten Körper-Selbst-Komponente, was für einen Prozeß der Auseinandersetzung mit der den Geschlechtsorganen zugeschriebenen Funktionsbeeinträchtigung spricht. Demgegenüber ist die Diskrepanzwahrnehmung der Geschlechtsorgan-Repräsentanzen im Hinblick auf die Körper-Selbst-Komponente des erlebten Körpers deutlich geringer ausgeprägt. Bei Vorliegen einer Dissoziation der Geschlechtsorgan-Repräsentanzen wäre aber nicht nur eine einseitig erhöhte Unähnlichkeitswahrnehmung zu einer der beiden Körper-Selbst-Komponenten zu erwarten, sondern die Konstrastierung in der Wahrnehmung und dem Erleben hätte beide Körper-Selbst-Komponenten in einem etwa gleichen Ausmaß betreffen müssen. Die Geschlechtsorgane wurden aber von den IvF-Patientinnen deutlich ähnlicher zum erlebten eigenen Körper beschriebenen. Der Befund der signifikant stärker ausgeprägteren Diskrepanz zu den beiden Körper-Selbst-Komponenten im Erleben der Geschlechtsorgane bei den Anorektikerinnen im Vergleich zu den IvF-Patientinnen legt dagegen eher nahe, die empirischen Ergebnisse hier im Sinne von Abspaltungstendenzen der Geschlechtsorgane zu interpretieren. Die massive Diskrepanz, die die Anorektikerinnen bei der Wahrnehmung und dem Erleben der Geschlechtsorgan-Repräsentanzen im Verhältnis zu den beiden zentralen Körper-Selbst-Repräsentanzen aufweisen, läßt sich kaum noch im Sinne einer bloßen Abgrenzung dieser Körperorgan-Rrepräsentanzen im Zuge eines konturverleihenden Repräsentationsprozeß deuten, der mit einer gesteigerten psychischen Besetzung dieser Organ-Repräsentanzen einhergeht. Vielmehr ist davon auszugehen, daß sich in dem formalen Befund der hochgradigen Wahrnehmungs- und Erlebensdivergenz im Hinblick auf diese Organ-Repräsentanzen die Ablehnung des triebhaften, mit der Sexualität verknüpften Aspekts des Körpers bei den Anorektikerinnen zeigt. Die Ergebnisse sprechen somit für eine Auffassung der Anorexia nervosa als einer weiblichen Identitätsstörung. Die mit der Sexualität assoziierten Körperteil- und Organ-Repräsentanzen werden abgespalten, weil mit ihnen interpersonal vermittelte soziale Bedeutungszuschreibungen verbunden sind, die abgelehnt werden. Neben Informationen zum

Grad und zur Qualität der psychischen Repräsentanz einzelner Organ- und Körperteile wird in der Körper-Selbst-Grafik (KSG) auch das Verhältnis, indem die beiden Körper-Selbst-Komponenten des erlebten und des ideal-gewünschten Körpers von den Patientinnen subjektiv erlebt werden, abgebildet. Auch hier gibt die Körper-Selbst-Grafik Aufschluß über die Qualität und das Ausmaß der Integration, die die beiden zentralen Körper-Selbst-Komponenten in der Körper-Selbst-Repräsentanz erreichen. Durch die Darstellung des Konvergenz- oder Divergenzgrades der beiden zentralen Körper-Selbst-Komponenten (erlebter Körper und ideal-gewünschter Körper) mittels der Körper-Selbst-Grafik (KSG) ließ sich das Maß der Körperakzeptanz generieren. Das Ausmaß der Akzeptanz des eigenen Körpers ist ein wesentlicher Parameter des subjektiven Körpererlebens. Um die Verallgemeinerbarkeit der gefundenen Ergebnisse dieser Untersuchung einschätzen zu können, sind jedoch weitere Studien mit dem Körper-Grid und der Körper-Selbst-Grafik notwendig, um detailliert die Aussagekraft dieses Instruments bestimmen zu können. Im Rahmen solcher Prüfstudien sollte parallel ein standardisiertes Instrument zur Erfassung des Körperlebens eingesetzt werden, an dem sich die Ergebnisse der formalen Körpergridmaße und Körper-Selbst-Grafikmaße validieren lassen. Eine Einschränkung der Gültigkeit der vorliegenden Ergebnisse ergibt sich aus der Wahl der Stichprobe. Bei den IvF-Patientinnen zu berücksichtigen, daß diese Patientinnen zeitlich nah vor dem medizinischen Eingriff der künstlichen Befruchtung untersucht wurden, so daß bei diesen Patientinnen von einer Aufmerksamkeitsfokussierung aufgrund von Streß und Aufregung im Vorfeld des medizinischen Eingriffs ausgegangen werden muß. Es ist wahrscheinlich, daß der bevorstehende medizinische Eingriff im Sinne eines Stimulus wirkte, durch den die Aufmerksamkeit auf die vermeintliche körperliche Funktionseinschränkung und die damit assoziierten Geschlechts- und Fortpflanzungsorgane gelenkt wurde. Die sich in den Untersuchungsergebnissen bei den IvF-Patientinnen zeigenden Dissoziations- und Besetzungstendenzen der Geschlechts- und Fortpflanzungsorgane wie auch die sich abzeichnende negativ getönte Körperakzeptanz und die ausgeprägte Besetzung der idealen Körper-Selbst-Komponente dürfte in einem erheblichen Ausmaß auf diesen Stimulus zurückführbar sein. Von daher haben die Ergebnisse in bezug auf diese Patientinnengruppe sicherlich nur eine eingeschränkte Gültigkeit. Weiterhin wurden bei der vorliegenden Untersuchung nicht zurückliegende vergeblich verlaufende In-vitro-Fertilisationsbehandlungen der Patientinnen berücksichtigt. Auf eine solche Differenzierung war aufgrund des kurzen Untersuchungszeitraums zugunsten einer aussagekräftigen Gruppengröße verzichtet worden. Es ist jedoch davon auszugehen, daß vergebliche In-vitro-Fertilisationsbehandlungen sich negativ auf das Erleben des eigenen Körpers auswirken. Des weiteren blieb die Sterilitätsursache weitgehend unberücksichtigt, d.h. die Patientinnen wurden nicht hinsichtlich einer somatischen Verursachung bzw. einer primär psychischen Verursachung unterschieden. Auch bezüglich dieses Aspekts wurde auf eine solche Differenzierung zugunsten der Gruppengröße angesichts des nur kurzen Untersuchungszeitraums verzichtet. Der Ursache der Sterilität dürfte jedoch im Hinblick auf das Erleben des eigenen Körpers und der Geschlechtsorgane, die mit dieser Funktionseinschränkung am stärksten assoziiert werden, eine nicht unerhebliche Bedeutung zu kommen.

10.2.3 Bedeutung der Untersuchungsergebnisse für das Konzept einer integrierten Körper-Selbst-Repräsentanz

Ziel der hier vorgelegten Untersuchung war es, die in phänomenologischen Ansätzen wie auch in verschiedenen psychoanalytisch-psychosomatischen Theorien implizit oder explizit enthaltenen Auffassungen eines intentional integrierten Körperselbsterlebens und einer kohäsiven Körper-Selbst-Repräsentanz, die im Verlauf der psychischen Entwicklung erworben werden, und die durch Dissoziations- und Desintegrationstendenzen in ihrem Integrationsgrad gefährdet sind, herauszuarbeiten. In einer explorativ angelegten empirischen Studie wurde der Versuch gemacht, dieses hypothetische Konstrukt leib-seelischer Dissoziations- und Desintegrationstendenzen des Körperselbsterleben an zwei Patientinnengruppen, sowohl quantitativ als auch qualitativ empirisch nachzuweisen. Dabei stellt sich die Frage, ob sich die diesem hypothetischen Konstrukt inhärente Komplexität, das zudem erst vor dem Hintergrund eines bestimmten kulturellen Kontexts seine spezifische Bedeutung erhält, mit den Mitteln empirischer Sozialforschung angemessen abbilden läßt. So ist jeder Versuch, die komplexen Wechselwirkungen des

Erlebens von leib-seelischer Integration bzw. Dissoziation allein mittels quantitativer Parameter, wie Mittelwerts- und Häufigkeitsberechnungen abzubilden, notwendig beschränkt, da sich subjektive Wertigkeiten und die intrapsychischen Bedeutungen nur bedingt durch empirische Relationen und Quantitäten abbilden lassen. Speziell von psychoanalytisch-psychosomatisch orientierten Theoretikern ist daher wiederholt hinterfragt worden, ob sich zentrale und komplexe psychoanalytisch-psychosomatische Hypothesen wie die zum Körpererleben überhaupt mit den Mitteln der empirischen Sozialforschung prüfen lassen. Soll jedoch nicht gänzlich auf eine Annäherung an den Forschungsgegenstand des subjektiven Körpererlebens auch aus nomothetischer Perspektive verzichtet werden, so kann auf formal-quantifizierende Ansätze nicht ganz verzichtet werden. Dabei bieten qualitative Methoden eine gute Korrekturmöglichkeit, um der den quantitativen Ansätzen inhärenten Begrenztheit in Form einer vorschnellen Einebnung qualitativer Aspekte zugunsten von Quantitäten entgegenzuwirken. Auch wenn qualitative Forschungsansätze gemessen an den bisher gültigen methodischen Standards neuerliche methodische Probleme aufwerfen, wie die häufig geringere Reliabilität der Ergebnisse im Vergleich zu quantitativen Ansätzen und des ungleich höheren Zeitaufwands bei der Datenerhebung und Auswertung, so scheint eine Annäherung an den Forschungsgegenstand des subjektiven Körpererlebens jedoch nur über den Einbezug qualitativer Ansätze möglich. Auf der Grundlage des methodischen Ansatzes der Repertory Grid-Technik wurde daher in der vorliegenden Untersuchung der Versuch gemacht, ausgehend von idiographischen Rep-Grid Parametern quantitativ strukturelle und qualitativ semantische Aspekte des Körpererlebens zu erfassen. Dabei konnten die Dissoziations- und Desintegrationstendenzen in der Körper-Selbst-Repräsentanz bei anorektischen Patientinnen wie auch bei Patientinnen, die sich einer künstlichen Befruchtung unterziehen, aufgewiesen werden. Die Vereinseitigungen und Fixierungen im Erleben des eigenen Körpers ließen sich dabei sowohl unter formalen Aspekten in der Körper-Selbst-Grafik als auch unter stärker semantischen Aspekten nachgewiesen. Die Ergebnisse der Studie geben darüber hinaus Anhaltspunkte, die beschriebenen Dissoziationstendenzen als einen Abwehrprozeß aufzufassen, dem in lebensgeschichtlichen Krisensituationen eine das Selbst stabilisierende Funktion zukommt. Im Hinblick auf die Unterschiede zwischen den beiden Patientinnengruppen sind die gruppenstatistischen Ergebnisse der Studie als Beleg dafür anzusehen, in welchem Ausmaß es bei der Anorexie um die Ablehnung des triebhaften, mit der Sexualität verknüpften Aspekts des Körpers geht. Die Ergebnisse sprechen dafür, daß die Anorexie wesentlich als weibliche Identitätsstörung aufzufassen ist, in der die mit der Sexualität assoziierten Körperteil- und Organ-Repräsentanzen abgespalten werden, weil mit ihnen interpersonal vermittelte soziale Bedeutungszuschreibungen verbunden sind, die abgelehnt werden. Die massive Instrumentalisierung des Körpers, die die Anorexie auszeichnet und mit der die Anorektikerin gegen ein als Identifizierungsmatrix angebotenes spezifisches weibliches Körperbild rebelliert, geht mit einer Dissoziation in der Körper-Selbst-Repräsentanz einher. Ein integriertes Erleben des eigenen Körpers bzw. eine Oszillation zwischen dem subjekthaften und dem objekthaften Erlebensaspekt ist der Anorektikerin nicht mehr möglich. Vielmehr findet eine Fixierung statt, bei der der Körper nur noch als Objekt wahrgenommen werden kann. Im Hinblick auf die IvF-Patientinnen können die Ergebnisse den Blick für die „subjektiven Kosten" moderner Hochleistungsmedizin schärfen. So machen die Vereinseitigungstendenzen im Körpererleben von IvF-Patientinnen trotz möglicher methodischer Einwände, die Bedeutung eines begleitenden psychologisch-psychosomatischen Gesprächs- und Behandlungsangebots deutlich.

10.3 Klinische Relevanz der Ergebnisse

In der praktischen klinischen Arbeit kommen dem Körper-Grid und der Körper-Selbst-Grafik als formalisierte Darstellungen der von den Patientinnen selbsterzeugten Diagnosen des eigenen Körpererlebens die Bedeutung zu, potentielle Vereinseitigungen und Fixierungen im Körpererleben anschaulich darstellbar zu machen und in einem Dialog von Proband und Therapeut zu validieren. Dabei eröffnet der Körper-Grid aufgrund seiner freien Antwortformate, die Raum für die subjektiven Bedeutungszuschreibungen der Probanden lassen, diesen die Möglichkeit sich in den Untersuchungsergebnissen wiederzuerkennen und sich mit diesen Ergebnissen zu identifizie-

ren, so daß der Körper-Grid und die Körper-Selbst-Grafik zu einem „strukturierenden Moment" im therapeutischen Prozeß werden können. Als „symbolisches Arbeitsprodukt" können Körper-Grid und Körper-Selbst-Grafik
zum Ausgangspunkt eines Reflexionsprozesses werden und damit eine Wieterentwicklung der subjektiven körperbezogenen Konstruktionen einleiten.
Insofern weist die Verwendung des Körper-Grid und der Körper-Selbst-
Grafik Parallelen zur Arbeit im analytischen Prozeß auf, kann jedoch mit
dieser nicht gleichgesetzt werden, da bedeutende Aspekte des psychoanalytischen Deutungsprozesses wie die Widerstandsanalyse ausgeklammert bleiben. Auf Seiten des Therapeuten kann der Prozeß der konsensuellen Validierung zu Umformulierung und Korrekturen eigener Vorannahmen führen,
die zu einem adäquateren Verständnis des Patienten beitragen.

10.4 Schluß

Ausgangspunkt der vorliegenden Arbeit war die sich in den Sozialwissen-
schaften, der medizinischen Psychologie und im Alltagslebens abzeichnende „Wende zum Körper" und die gegenläufige Tendenz der kulturell vorherrschende Distanzierung und Verobjektivierung des Körpers. Dabei können „moderne" Störungsbilder, in denen der Körper intrapsychisch zum Objekt gemacht und zunehmend offen attackiert wird, als Indiz für die „subjektiven Kosten" gelesen werden, die dieser kulturelle Objektivationsprozeß
mit sich bringt. Auch moderne medizinische Maßnahmen wie die Reproduktionsmedizin, die im Rahmen ihrer Behandlungsmaßnahmen vorrangig
auf den funktional-objekthaften Aspekt des Körpers fokussieren muß, können zu einem Dissoziationserleben von Körper und Selbst beitragen. In diesem Zusammenhang gewinnen zunehmend Konzepte an Bedeutung, die
Dissoziation- und Desintegrationstendenzen von Körper und Selbst theoretisch abzubilden vermögen. Dabei stellt sich auch die Fraage nach methodischen Ansätzen, die es erlauben, das auf den eigenen Körper bezogene Erleben aus den subjektiven Bedeutungszuschreibungen zu erheben. Hierzu sollte die vorliegende Arbeit einen Beitrag leisten.

Literaturverzeichnis

Die Literatur befindet sich auf dem Stand von Mai 1998.

Ahrens, S. (1988). Kritik der „Alexithymieforschung"-Forschung. *Psyche, 3*, 225-241.

Arnold, W. , Eysenk, H. J. & Meili, R. (1988). *Lexikon der Psychologie* (6. Aufl.). Freiburg: Herder.

Ariés, P. (1991). *Geschichte des Todes* (5. Aufl.). München: dtv.

Anzieu, D. (1992). *Das Haut-Ich*. (3. Aufl.). Frankfurt a. M.: Suhrkamp.

Arlow, J.A. & Brenner, C. (1976). *Grundbegriffe der Psychoanalyse*. Die Entwicklung von der topographischen zur strukturellen Theorie der psychischen Systeme. Reinbeck b. Hamburg: Rowohlt.

Bannister, D. (1969). The rationale and clinical relevance of repertory grid technique. *British Journal of Psychiatry*, 111, 377 – 382.

Bannister, D. (1981). Personal construct theory and reseach method. In P. Reason, J. & Rowan (Ed.), *Human Inquiry* (S. 10 – 21). New York: Sage Publ.

Bannister, D. & Fransella, F. (1981). [Engl. Orig. 1977: Inquiring Man. Harmondsworth: Verl. Penguin Books Ltd.] *Der Mensch als Forscher*. Münster: Aschendorf.

Bassler, M. & Krauthauser, H. (1996). Zur Evaluation des therapeutischen Prozesses von stationärer Psychotherapie mit der Repertory-Grid-Technik. *Pyschother. Psychosom. med. Psychol. (PPmP)*, 46, 29 – 37.

Bertalanffy, L. (1964). The mind-body problem: A new view. *Psychosomat. Med.* 26, 29 – 49.

Berelson, B. (1952). Content analysis in communication research. Glencoe: Free Press.

Bieri, J., Atkins, A. L., Briar, S., Leaman, R. L., Miller, H. & Tripodi, T. (1966). *Clinical and social jugement. The discrimination of behavioral information*. New York: John Wiley & Sons.

Bion, W. R. (1967). *Second Thougts*. New York: Aronson.

Bittner, G. (1986). Vernachlässigt die Psychoanalyse den Körper? *Psyche, 40*, 709 – 734.

Blankenburg, W. (1983). Der Leib als Partner. *Psychother. med. Psychol.* 33, 206 – 212.

Bohleber, W. (1992). Identität und Selbst. Die Bedeutung der neueren Entwicklungsforschung für die psychoanalytische Theorie des Selbst. *Psyche, 4*, 336 – 365.

Bortz, J. (1993). *Statistik für Sozialwissenschaftler* (4. Aufl.). Berlin: Springer.

Bortz, J. & Döring, N. (1995). *Forschungsmethoden und Evaluation* (2. Aufl.). Berlin: Springer.

Beauvoir, S. de (1987). *Das andere Geschlecht. Sitte und Sexus der Frau.* Reinbek b. Hamburg: Rowohlt.

Bowie, M. (1994). *Lacan.* Göttingen: Steidl.

Brähler, C. (1986). Fertilitätsstörung. Kränkung und Herausforderung. In: E. Brähler (Hrsg.), *Körpererleben. Ein subjektiver Ausdruck von Leib und Seele* (S. 181 – 186). Berlin: Springer.

Brähler, E. (1986). *Körpererleben. Ein subjektiver Ausdruck von Leib und Seele.* Berlin: Springer.

v. Braun, C. (1994). *Nicht ich: Logik, Lüge, Libido* (4. Aufl.). Frankfurt a. M.: Verl. Neue Kritik.

Brede, K. (1979). Sozialpsychologische Modellvorstellungen. Der Organismus als Problem der Sozialwissenschaft. In P. Hahn (Hrsg.), *Kindlers „Psychologie des 20. Jahrhunderts",* Bd. 9. Weinheim: Beltz.

Bruch, H. (1992). *Eßstörungen. Zur Psychologie und Therapie von Übergewicht und Magersucht.* Frankfurt a. M.: Fischer.

Brumberg, J. J. (1994). *Todeshunger. Die Geschichte der Anorexia nervosa vom Mittelalter bis heute.* Frankfurt a. M.: Campus.

Butler, J. (1995). *Körper von Gewicht. Die diskursiven Grenzen des Geschlechts.* Berlin: Berlin Verlag.

Buchholz, M. (1990). Die Rotation der Triade. *Forum der Psychoanalyse, 6,* 116-134.

Buytendijk, F. J. J. (1967). *Prologomena zu einer anthropologischen Physiologie.* Salzburg: O. Müller.

Cassirer, E. (1922). *Das Erkenntnisproblem in der Philosophie und Wissenschaft der neueren Zeit* (3. Aufl.). Berlin: B. Cassirer.

Cassirer, E. (1929). Phänomenologie der Erkenntnis. *Philosophie der Symbolischen Formen,* Bd. 3. Berlin: B. Cassirer.

Catina, A. & Schmitt, G. (1993). Die Theorie der Persönlichen Konstrukte. In J. W. Scheer & A. Catina (Hrsg.), *Einführung in die Repertory Grid-Technik* (S. 11-23). Bd. 1. Bern: Huber.

Christiansen, K., Seeler, M. J. & Bohnet, H.-G. (1997). Geschlechtsrollenidentifikation bei Paaren mit unerfülltem Kinderwunsch. In E. Bauer, Braun, M. & U. Hauffe (Hrsg.), *Psychosomatische Gynäkologie und Geburtshilfe. Erotik, Lebensübergänge, Strukturen, Organverlust – Beiträge der Jahrestagung 1996/1997* (S. 247-253). Gießen: Edition Psychosozial,

Corbin, A. (1984). *Pesthauch und Blütenduft. Eine Geschichte des Geruchs.* Berlin: Wagenbach.

Daurat-Hmeljak, C., Stambak, M. & Bergès, J. (1966). Une Épreuve de Schéma Corporel. *Revue de Psychologie Appliqué, 16,* 141 – 185.

Descartes, R. (1996). *Philosophische Schriften,* Hamburg: Meiner.

Descartes, R. (1969). *Über den Menschen (1632) sowie Beschreibung des menschlichen Körpers (1648).* Heidelberg: L. Schneider.

Dijksterhuis, E. J. (1983). *Die Mechanisierung des Weltbildes.* (Original von 1950) Berlin: Springer.

225

Duerr, H.P. (1988). Nacktheit und Scham. Der Mythos vom Zivilisationsprozeß 1 (2. Aufl.). Frankfurt a. M.: Suhrkamp.

Egle, U. T. & Hoffmann, S. O. (1993). *Der Schmerzkranke.* Stuttgart: Schattauer.

Elias, N. (1986). *Der Prozeß der Zivilisation.* Frankfurt a. M.: Suhrkamp.

Epstein, S. (1979). Entwurf einer Integrativen Persönlichkeitstheorie. In S.-H. Filipp (Hrsg.), *Selbstkonzept-Forschung. Befunde, Perspektiven* (S. 15 – 42). Stuttgart: Klett-Cotta.

Federn, P. (1978). *Ich-Psychologie und die Psychosen* (2. Aufl.). Frankfurt a. M.: Suhrkamp.

Feldmann, M. M. (1979). The Body-Image and Object Relations: Exploration of a Method utilizing Reprertory Grid Techniques. *Brit. J. Med. Psychol., 48*, 317-332.

Filipp, S.-H. (1979). *Selbstkonzept-Forschung. Befunde, Perspektiven.* Stuttgart: Klett-Cotta.

Fisher, S. & Cleveland, S. E. (1968). *Body image and personality.* New York: Dover Publ.

Foucault, M. (1973). *Die Geburt der Klinik. Eine Archäologie des ärztlichen Blicks.* München: Hanser.

Fransella, F. & Bannister, D. (1977). *A Manual for Repertory Grid Technique.* London: Academic Press.

Freud, S. (1989). Hemmung, Symptom und Angst. *Studienausgabe,* Bd. 4. Frankfurt a. M.: S. Fischer.

Freud, S. (1989). Das Ich und das Es. *Studienausgabe,* Bd. 3. Frankfurt a. M.: S. Fischer.

Freud, S. (1969). Das Interesse an der Psychoanalyse. *Gesammelte Werke,* Bd. 8 (5. Aufl.). Frankfurt a. M.: S. Fischer.

Freud, S. (1989). Das Unbehagen in der Kultur. *Studienausgabe,* Bd. 9. Frankfurt a. M.: S. Fischer.

Freud, S. (1989). Das Unbewußte. *Studienausgabe,* Bd. 3. Frankfurt a. M.: S. Fischer.

Freud, S. (1989). Die Zerlegung der psychischen Persönlichkeit. *Studienausgabe,* Bd. 1. Frankfurt a. M.: S. Fischer.

Freud, S. (1989). Triebe und Triebschicksale. *Studienausgabe,* Bd. 3. Frankfurt a. M.: S. Fischer.

Freud, S. (1989). Zur Einführung des Narzißmus. *Studienausgabe,* Bd. 3. Frankfurt a. M.: S. Fischer.

Frostholm, B. (1978). *Leib und Unbewußtes. Freuds Begriff des Unbewußten interpretiert durch den Leib-Begriff Merleau-Pontys.* Bonn: Bouvier.

Gelb, A. & Goldstein, K. (1920). *Psychologische Analysen hirnpathologischer Fälle.* Leipzig: Barth.

von Glaserfeld, E. (1984). Einführung in den radikalen Konstruktivismus. In P. Watzlawick (Hrsg.), *Die erfundene Wirklichkeit. Beiträge zum Konstruktivismus* (S. 16 – 38). München: Piper.

von Glaserfeld, E. (1997). *Radikaler Konstruktivismus: Ideen, Ergebnisse, Probleme.* Frankfurt a. M.: Suhrkamp.

Gilman, S.L. (1988). *Disease and Representation: Images of Illness from Madness to AIDS.* Ithaca: Cornell Univ. Press.

Gombrich, E. H. (1986). *Die Geschichte der Kunst.* Stuttgart: Besler.

Grimmig, R. E., Jaiser, F. & Pfründer, D. (1992). *Selbstbild und Körpererleben bei unfreiwilliger Kinderlosigkeit, Psychther. Psychosom. med. Psychol., 42,* 253-259.

Gorsen, P. (1980). *Kunst u. Krankheit*. Frankfurt a. M.: Europäische Verlagsanstalt.
Habermas, J. (1989). Urgeschichte der Subjektivität und verwilderte Selbstbehauptung. In ders. (Hrsg.), *Politik, Kultur, Religion* (S. 33-47). Stuttgart: Reklam.
Hartmann, H. (1972). *Ich-Psychologie. Studien zur psychoanalytischen Theorie*. Stuttgart: Klett.
Head, H. & Holme, G. (1911). Sensory disturbances from cerebral lesions, Brain 34, 102 – 254.
Head, H. (1920). *Studies in neurologie*. Vol. 2. London: Oxford University Press.
Herder, J. G. (1952). Abhandlung über den Ursprung der Sprache. In W. Harich (Hrsg.), *Herder. Zur Philosophie der Geschichte*. Berlin: Aufbau-Verlag.
Hirsch, M. (1989). Der eigene Körper als Übergangsobjekt. In ders. (Hrsg.), *Der eigene Körper als Objekt. Zur Psychodynamik selbstdestruktiven Körperagierens*. Berlin: Springer.
Hirsch, M. (1989). *Der eigene Körper als Objekt. Zur Psychodynamik selbstdestruktiven Körperagierens*. Berlin: Springer.
Hirsch, M. (1994). Der Körper des Patienten in der psychoanalytischen Psychotherapie. *Psychotherapeut, 39*, 153-157.
Hofstätter, P. R. (1957) *Psychologie*. Frankfurt a. M.: Fischer Bücherei.
Hölzle, C. (1996). Lokalisiertes Leiden. Sterilitätskrise und Reproduktionsmedizin. *Psychosozial, 30*, 21 – 32.
Holz, H. H. (1994). Descartes. Frankfurt a. M.: CampusHoppe, B. (1990). *Körper und Geschlecht. Der Körper in der Psychotherapie*. Berlin: Reimer.
Horkheimer, M. & Adorno, T. W. (1988). *Dialektik der Aufklärung*. Frankfurt a. M.: S. Fischer.
Husserl, E. (1963). *Gesammelte Werke*, Bd. 4. Haag: Nijhoff.
Janet, P. (1983). L'état mental des Hystériques [Orig. 1911]. Marseille: Laffitte.
Joraschky, P. (1983). *Das Körperschema und das Körper-Selbst als Regulationsprinzipien der Organismus-Umwelt-Interaktion*. München: Minerva-Publikation.
Jüttemann, G. (1990). *Komparative Kasuistik*. Heidelberg: Asanger.
Kamper, D. & Wulf, C. (1982). *Die Wiederkehr des Körpers*. Frankfurt a. M.: Suhrkamp.
Kapfhammer, H.-P. (1983). Psychoanalytische Psychosomatik. In W. Mertens (Hrsg.), *Psychoanalyse. Ein Handbuch in Schlüsselbegriffen* (S. 115 – 122). München: Urban & Schwarzenberg.
Kapfhammer, H.-P. (1985). *Psychoanalytische Psychosomatik. Neuere Ansätze der Entwicklungspsychologie und Objektbeziehungstheorie*. Berlin: Springer.
Kelly, G. A. (1970). A brief introduction to personal construct theory. In D. Bannister (Hrsg.), *Perspectives in Personal Construct Theory*. London: Academic Press.
Kelly, G. A. (1986). *Die Psychologie der persönlichen Konstrukte*. (Deutsche Ausgabe von Kelly 1955, Kap. 1-3). Paderborn: Junfermann.
Kemeter, P. (1996). Reproduktionsmedizin aus psychosomatischer Sicht. In E. Mixa (Hrsg.), *Körper-Geschlecht-Geschichte: Historische und aktuelle Debatten in der Medizin* (S. 208-226). Wien: Studienverlag.
Keye, W. R. (1984). Psychosexual responses to infertility. *Clin. Obstet. Gynecol., 27* (3), 760-766.

Knorre, P. (1991). Fertilität und Infertilität aus psychosomatischer Sicht. In E. Brähler & A. Meyer (Hrsg.), *Psychologische Probleme in der Reproduktionsmedizin* (S. 3 – 14.) Berlin: Springer.

Kohut, H. (1990). Narzißmus: Eine Theorie der psychoanalytischen Behandlung narzißtischer Persönlichkeitsstörungen (7. Aufl.). Frankfurt a. M.: Suhrkamp.

König, E. (1989). *Körper – Wissen – Macht. Studien zur historischen Anthropologie des Körpers*. Berlin: Reimer.

v. Koolwijk, J. & Wieken-Mayser, M. (1974). *Techniken der empirischen Sozialforschung, Erhebungsmethoden: Beobachtung und Analyse von Kommunikation*, Bd 3. München: Oldenbourg.

Küchenhoff, J. (1992). *Körper und Sprache*. Heidelberg: Asanger.

Küchenhoff, J. (1992a). Einige Dimensionen des vergessenen Körpers in Psychoanalyse und Psychosomatik. *Psychother. Psychosom. med. Psychol. (PPmP), 42*, 24 – 30.

Kutter, P. (1980). Emotionalität und Körperlichkeit. Anmerkung zu einer Emotiogenese psychosomatischer Störungen. *Prax. Psychother. Psychosom, 25*, 131 – 145.

Kutter, P. (1981). Der Basiskonflikt der Psychosomatose und seine therapeutischen Implikationen. In K. Dräger (Hrsg.), *Jahrbuch der Psychoanalyse*, Bd. 13 (S. 93 – 114). Bad Cannstatt: Frommann-Holhoog.

Kutter, P. (1988). Phantasie und Realität bei psychosomatischen Störungen. Psychosomatische Triangulation, Basiskonflikt und der Kampf um den Körper. *Prax. Psychother. Psychosom., 33*, 225 – 232.

Internationale Klassifikation psychischer Störungen. ICD-10 Kapitel V (F) (1993). H. Dilling (Hrsg.), *Klinisch-diagnostische Leitlinien. Weltgesundheitsorganisation.* Bern: Verlag Hans Huber.

Lacan, J. (1991). *Das Spiegelstadium als Bildner der Ich-Funktion.* Schriften I (3. Aufl.). Weinheim: Quadriga.

Lacan, J. (1980). *Das Ich in der Theorie Freuds und in der Technik der Psychoanalyse.* Das Seminar. Buch II. Olten: Walter-Verlag.

Lacan, J. (1980a). *Die Familie.* Schriften III. Olten: Walter-Verlag.

Laing, R.D. (1987). *Das geteilte Selbst.* München: dtv.

Lang, H. (1973). *Die Sprache und das Unbewußte. Jacques Lacans Grundlegung der Psychoanalyse.* Frankfurt a. M.: Suhrkamp.

Lang, H. (1999). Der Leib als Instrument. Überlegungen zu psychosomatischen Grundfragen. In Ders. (Hrsg.), *Strukturale Psychoanalyse.* Frankfurt a. M.: Suhrkamp (im Druck).

Laplanche, J. (1974). *Leben und Tod in der Psychoanalyse.* Olten: Walter.

Laqueur, T. (1996). *Auf den Leib geschrieben: Die Inszenierung der Geschlechter von der Antike bis Freud.* München: dtv.

Leibniz, G.W. (1880). *Philosophische Schriften.* Hrsg. von A. J. Gehardt. Berlin: Weidmann.

Lemche, E. (1993). *Das Körperbild in der psychoanalytischen Entwicklungspsychologie.* Frankfurt a. M.: Verlag Dietmar Klotz.

Lichtenberg, J. D. (1991). *Psychoanalyse und Säuglingsforschung.* Berlin: Springer.

Link, P. W. & Darling, C.A. (1986). Couples Undergoing Treatment for Infertility: Demensions of Life Satisfaction. *Journal of Sex a. Mental Therapy, 12*, 46-59.

Lohaus, A. (1993). Testtheoretische Aspekte der Repertory Grid-Technik. In J. W. Scheer & A. Catina (Hrsg.), *Einführung in die Repertory Grid-Technik* (S. 80 – 91). Bern: Huber.

Lorenzer, A. (1976). Die Wahrheit der psychoanalytischen Erkenntnis. Ein historisch-materialistischer Entwurf. Frankfurt a. M.: Suhrkamp.

Lorenzer, A. & König, H.-D. (1986). *Kultur-Analysen*. Frankfurt a. M.: Fischer.

Lowen, A. (1975). *Bioenergetik*. Reinbek b. Hamburg: Rowohlt Verlag.

Makhlouf-Norris, F., Jones, H., G. & Norris, H. (1970). Articulation of the conceptual structure in obsessional neurosis. *Brit. J. Social and Clinical Psychol. 9*, 264 – 277.

Mahler, M., Pine, F. & Bergmann, A. (1980). *Die psychische Geburt des Menschen*. Frankfurt a. Main: Fischer.

Mann, T. (1975). *Der Zauberberg*. Frankfurt a. M.: Fischer.

Marcel, G. (1978). Leibliche Begegnungen. In A. Kraus (Hrsg.), *Leib, Geist, Geschichte. Brennpunkte anthropologischer Psychiatrie. Festschrift zum 60. Geburtstag von Hubertus Tellenbach* (S. 47-73). Heidelberg: Hüthig.

Marcel, G. (1954). *Sein und Haben*. Paderborn: Schöningh.

Matthews, M. & Matthews, R. (1986). Beyond the Mechanics of Infertility: Perspectives on the Social Psychology of Infertility and Involuntary Childlessness. *Family Relations, 35*, 479-487.Mayer, C. & Senf, W. (1988). Arbeitsgruppe 7: Infertilität – Reproduktionsmedizin. In W. Bräutigam (Hrsg.), *Kooperationsformen somatischer und psychosomatischer Medizin* (S. 163-166). Heidelberg: Springer.

Mayring, P. (1996). *Einführung in die qualitative Sozialforschung. Eine Anleitung zu qualitativem Denken* (3. Aufl.). Weinheim: Psychologie Verlags Union.

McDougall, J. (1987). Ein Körper für zwei. *Forum Psychoanalyse, 3*, 265 – 287.

Menning, B. E. (1980). The emotional needs of infertile couples. *Fertility and Sterility, 34*, 313-315.

Merleau-Ponty, M. (1964). *Le visible et l'invisible*. Paris: Gallimard.

Merleau-Ponty, M. (1966). *Phänomenologie der Wahrnehmung*. Berlin: de Gruyter.

Merleau-Ponty, M. (1976). *Struktur des Verhaltens. Phänomenologisch-psychologische Forschungen*. Berlin: de Gruyter.

Meyer-Drawe, K. (1984). *Leiblichkeit und Sozialität. Phänomenologische Beiträge zu einer pädagogischen Theorie der Inter-Subjektivität*. München: Fink.

Mittag, O. & Jagenow, A. (1984). Motive zu Schwangerschaft, Geburt und Elternschaft. Ergebnisse einer empirischen Untersuchung an verhütungswilligen Frauen. *Zeitschrift für Psychotherapie, Psychosomatik und medizinische Psychologie 8*, 85 – 99.

Morris, J.B. (1977). The Prediction and Measurement of Change in a Psychotherapy Group Using the Repertory Grid. In F. Fransella & D. Bannister (Hrsg.), *A Manual for Repertory Grid Technique* (S. 120-148). London: Academic Press.

Morris, D. B. (1994). *Geschichte des Schmerzes*. Frankfurt a. M.: Insel.

Osgood, C. E. (1952). The nature and measurement of meaning. *Psychol. Bull., 49*, 197-237.

Pankow, G. (1982). Körperbild, Übergangsobjekt und Narzißmus. In K. Dräger (Hrsg.), *Jahrbuch der Psychoanalyse*, Bd. 14 (S. 84 – 109). Bad Cannstatt: Frommann-Holzhoog.

Paulus, P. (1986). Körpererfahrung und Selbsterfahrung in persönlichkeitspsychologischer Sicht. In ders. (Hrsg.), *Körpererfahrung. Grundlage menschlichen Bewegungsverhaltens* (S. 87 – 124). Göttingen: Hogrefe.

Petzold, H. (1982). Leibzeit. In D. Kamper & C. Wulf (Hrsg.), *Die Wiederkehr des Körpers* (S. 68 –81). Frankfurt a. M.: Suhrkamp.

Pick, A. (1922). Störungen der Orientierung am eigenen Körper. *Psychol. Forsch.*, 1, 303-318.

Platon (1974). *Werke in acht Bänden*, Bd. 3. Hrsg. von G. Eigler. Darmstadt: Wissenschaftl. Buchgesellschaft.

Plassmann, R. (1989). Grundriß einer analytischen Körperpsychologie am Beispiel der Artefaktkrankheit. *Fragmente. Schriftenreihe zur Psychoanalyse, 31*, 59 – 79.

Plügge, H. (1985). Über das Verhältnis des Ichs zum eigenen Leib. In H. Petzold (Hrsg.), *Leiblichkeit. Philosophische, gesellschaftliche und therapeutische Perspektiven* (S. 106 – 133). Paderborn: Junfermann.

Poeck, K. (1965). Über die Orientierung am eigenen Körper. *Akt. Fragen Psychiat. Neurol.*, 2, 144-167.

Porsch, U. (1997). *Der Körper als Selbst und Objekt*. Göttingen: Vandenhoeck & Ruprecht.

von Rad, M. (1983). *Alexithymie, Empirische Untersuchungen zur Diagnostik und Therapie psychosomatisch Kranker*. Berlin: Springer.

Raeithel, A. (1993). Auswertungsmethoden für Repertory Grids. In J. W. Scheer & A. Catina (Hrsg.), *Einführung in die Repertory Grid-Technik* (S. 41-67), Bd. 1. Bern: Huber.

Ricoeur, P. (1993). *Die Interpretation. Ein Versuch über Freud* (4. Aufl.). Frankfurt a. M.: Suhrkamp.

Riemann, R. (1983). Die Erfassung individueller Einstellungen mit Hilfe der Grid-Technik *Zeitschrift für Sozialpsychologie, 14*, 139 -151.

Riemann, R. (1991). *Repertory Grid Technik*. Göttingen: Hogrefe.

Rimbaud, A. (1979). *Poetische Werke*, Bd 1. München: Matthes & Seitz.

Rittner, V. (1986). Körper und Körpererfahrung in kulturhistorisch-gesellschaftlicher Sicht. In J. Bielefeld (Hrsg.), *Körpererfahrung. Grundlage menschlichen Bewegungsverhaltens* (125 – 155). Göttingen: Hogrefe.

Rudolf, G. (1996). *Psychotherapeutische Medizin* (3. überarbeitete Aufl.). Stuttgart: Enke.

Ruhs, A. (1980). Die Schrift der Seele. Einführung in die Psychoanalyse nach Jacques Lacan. *Psyche, 10*, 885 – 909.

Ryle, A. (1975). *Frames and cages*. London: Sussex Univ. Press

Sartre, J.-P. (1993). *Das Sein und das Nichts. Versuch einer phänomenologischen Ontologie*. Reinbeck b. Hamburg: Rowohlt Verlag.

Sass, L. A. & Piscataway, N. J. (1992). Das Selbst und seine Schicksale. Eine „archäologische" Untersuchung der psychoanalytischen Avantgarde (II). *Psyche, 2*, 627 – 641.

Schadewaldt, W. (1975). *Homer Ilias*. Frankfurt a. M.: Insel Verlag.

Schadewaldt, W. (1995). *Homer Odyssee*. Rheinbeck b. Hamburg: Rowohlt

Scheer, J. & Catina, A. (1993). *Einführung in die Repertory Grid-Technik*, Bd. 1. Bern: Huber.

Scheer, J. & Catina, A. (1993). *Einführung in die Repertory Grid-Technik*, Bd. 2. Bern: Huber.

Scheler, M. (1954). Der Formalismus in der Ethik und die materiale Wertethik. *Gesammelte Werke*, Bd. 2, (4. Auf.). Bern: Francke.

Scheler, M. (1948). *Wesen und Formen der Sympathie*. Frankfurt a. M.: Schulte-Bulmke.

Schilder, P. (1973). *Entwurf zu einer Psychiatrie auf psychoanalytischer Grundlage*. Frankfurt a. M.: Suhrkamp.

Schilder, P. (1950). *The Image and Appearance of the Human Body. Studies in the Constructive Energies of the Psyche.* New York: International Universities Press.

Schilder, P. (1933). Das Körperbild und die Sozialpsychologie. *Imago, 19*, 367 – 376.

Schilder, P. (1923). *Das Körperschema.* Berlin: Springer.

Schilder, P. (1930). Neurasthenic hypochondric character. *Medical Review of Reviews, 36*, 164 – 176.

Schmitz, H. (1965). *System der Philosophie,* Bd. 2. Bonn: Bouvier.

Schoeneich, F. (1994). *Selbst-Objekt-Beziehungen stationärer psychosomatischer Patienten. Ein Operationalisierungsansatz mit der Selbst-Identitäts-Grafik.* Gießen: Verlag Ferber'sche Universitätsbuchhandlung.

Seitter, W. (1984). *Jacques Lacan und.* Berlin: Merve.

Selvini Palazzoli, M. (1982). *Magersucht.* Stuttgart: Klett-Cotta.

Seward, G.H., Wagner, P. S., Heinrich, J. F., Bloch, S.K. & Myerhoff, L. (1967). The question of psychophysiologic infertility: Some negativ answers. *Psychosomatic Medicine, 27*, 533-545.

Sifneos, P. E. (1973). The prevalence of ‚alexithmic‘ charakteristics in psychosomatic patients. *Psychotherapy and Psychosomatics, 22*, 255-263.

Simon, E. (1981). *Die Griechischen Vasen* (2. Aufl.). München: Hirmer.

Slater, P. (1972). *Notes on INGRID 72.* London: Clare House, St. George's Hospital.

Slater, P. (1977). *The measurement of intrapersonal space by grid technique,* Bd. 2. London: Wiley.

Snell, B. (1955). *Die Entdeckung des Geistes. Studien zur Entstehung des europäischen Denkens bei den Griechen* (3. Aufl.). Hamburg: Claassen.

Sommer, R. (1889). *Die Entstehung der mechanistischen Schule in der Heilkunde am Ausgang des 17. Jahrhunderts. Ein Vortrag.* Leipzig: Urban & Schwarzenberg.

Spangenberg, N. & Wolff, K., E. (1993). Datenreduktion durch die formale Begriffsanalyse von Repertory Grids. In J.W. Scheer & A. Catina (Hrsg.), *Einführung in die Repertory Grid-Technik* (S. 38 -54). Bern: Huber.

Stein, H. (1979). *Psychoanalytische Selbstpsychologie und die Philosophie des Selbst.* Meisenheim: Anton Hain.

Steinhausen, H.-Ch. & Glanville, K. (1984). Der langfristige Verlauf der Anorexia nervosa. *Der Nervenarzt, 5*, 233 – 246.

Stern, D. N. (1998). *Die Mutterschaftskonstellation. Eine vergleichende Darstellung verschiedener Formen der Mutter-Kind-Psychotherapie.* Stuttgart: Klett-Cotta.

Stauber, M. (1979). *Psychosomatik der sterilen Ehe.* Berlin: Grosse.

Strauß, B. & Richter-Appelt, H. (1993). *Fragebogen zur Beurteilung des eigenen Körpers (FBeK).* Göttingen: Hogrefe.

Thomä, H. (1961). *Anorexia nervosa. Geschichte, Klinik und Theorien der Pubertätsmagersucht.* Bern: Huber.

von Uexküll Th. & Wesiack, W. (1988). *Theorie der Humanmedizin.* München: Urban & Schwarzenberg.

von Uexküll, Th., Fuchs, M., Müller-Braunschweig, H. & Johnen, R. (1994). *Subjektive Anatomie.* Stuttgart: Schattauer.

Ulmer-Otto, S. (1989). *Die leere Wiege. Unfruchtbarkeit und ihre seelische Verarbeitung.* Zürich: Kreuz-Verlag.

Ulrich, D. (1987). Zur Psychosomatik des unerfüllten Kinderwunsches: Literaturübersicht. In E. Brähler & A. Meyer (Hrsg.), *Sexualität, Partnerschaft und Reproduktion* (S. 101-113). Heidelberg: Springer.

Veblen, T. (1958). [Orig. 1931]. *Theorie der Feinen Leute. Eine ökonomische Untersuchung der Institutionen.* Köln: Kiepenheuer & Witsch.

Vogt-Hillmann, M. (1997). *Evaluation systemischer Psychotherapie bei der Behandlung psychosomatischer Patienten. Möglichkeiten systemtherapeutischer Interventionen am Beispiel HIV-Infizierter und AIDS erkrankter Patienten.* Münster: Lit Verlag.

Waldenfels, B. (1981). Phänomen und Struktur. *Integrative Therapie. Zeitschrift für Verfahren Humanistischer Psychologie und Pädagogik, 7,* 120 – 137.

Waldenfels, B. (1987). *Phänomenologie in Frankreich.* Frankfurt a. M.: Suhrkamp

Waldenfels, B. (1985). Das Problem der Leiblichkeit bei Merleau-Ponty. In H. Petzold (Hrsg.), *Leiblichkeit. Philosophische, gesellschaftliche und therapeutische Perspektiven* (S. 149 – 172). Paderborn: Junfermann.Warsitz, R.-P. (1983). Der Körper als Signifikant. *Fragmente. Schriftenreihe zur Psychoanalyse, 9,* 35 – 59.

Warsitz, R.-P. (1989). Von den Spuren der Seele im Körper. Skeptische Einwände wider die psychosomatische Konzeption der Einheit von Leib und Seele. *Fragmente. Schriftenreihe zur Psychoanalyse, 31,* 35 – 79.

Watzlawick, P. (1984). *Die erfundene Wirklichkeit. Beiträge zum Konstruktivismus.* München: Piper.

Wesiack, W. (1989). Einführung in die psychosomatische Medizin. In Loch, W. (Hrsg.), *Die Krankheitslehre der Psychoanalyse* (S. 289-360), (5. Auflage). Stuttgart: S. Hirzel.

Wiedemann, P.M. (1986). Konzepte, Daten und Methoden zur Analyse des Körpererlebens. In E. Brähler (Hrsg.), *Körpererleben. Ein subjektiver Ausdruck von Leib und Seele. Beiträge zur psychosomatischen Medizin* (S. 199 – 219). Berlin: Springer.

Wiggershaus, R. (1988). *Die Frankfurter Schule.* München: Dtv.

Willenberg, H. (1989). Mit Leib und Seel und Mund und Händen. Der Umgang mit der Nahrung, dem Körper und seinen Funktionen bei Patienten mit Anorexia nervosa und Bulimia nervosa. In M. Hirsch (Hrsg.), *Der eigene Körper als Objekt. Zur Psychodynamik selbstdestruktiven Körperagierens* (S. 170 – 220). Berlin: Springer.

Winnicott, D. W. (1972). Basis for Self in Body. *International Journal of Child Psychotherapy, 1,* 7-16.

Winnicott, D. W. (1973). *Vom Spiel zur Kreativität.* Stuttgart: Klett.

Winnicott , D.W. (1984). *Reifungsprozesse und fördernde Umwelt.* Frankfurt a. M.: Fischer.

Winnicott, D. W. (1988). *Inter-relationship of body disease and psychological disorder.* New York: Human Nature.

VAMIK D. VOLKAN, ELIZABETH ZINTL

WEGE
DER TRAUER
LEBEN MIT TOD UND VERLUST

PSYCHOSOZIAL-VERLAG

März 2000 · 176 Seiten · Broschur
DM 39,90 · öS 291,– · SFr 37,–
ISBN 3-932133-98-6

Tod, Trennung, Scheidung, mit einem Wort: Verluste unterschiedlichster Art bedingen Trauer. Als Pionier der Trauerarbeit hat Volkan eine außergewöhnliche Therapie zur Bewältigung der Trauer entwickelt – eine Therapie zur Wiederbelebung des steckengebliebenen Trauerprozesses. Denn, so der Autor, Trauer kann nicht geleugnet oder verdrängt werden – das wäre, als wollte man einen Knochenbruch ignorieren. Ein einfühlsames, bewegendes und informatives Buch über die schwierigsten menschlichen Lebenspassagen. Ein Buch, das menschlich und mitreißend geschrieben ist, weil Volkan auch seine eigene Geschichte von Verlusten und Trauer erzählt.

„Nirgends gibt es ein besseres Buch über Verluste und Trauer. Intelligent und mit Herz geschrieben, haben Volkan und Zintl einen Klassiker geliefert."

Michael P. Nichols

P█V
Psychosozial-Verlag

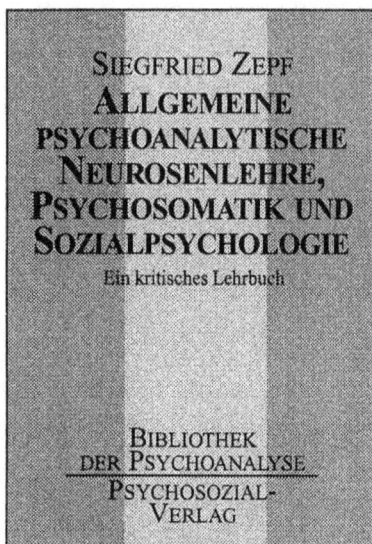

SIEGFRIED ZEPF
ALLGEMEINE
PSYCHOANALYTISCHE
NEUROSENLEHRE,
PSYCHOSOMATIK UND
SOZIALPSYCHOLOGIE
Ein kritisches Lehrbuch

BIBLIOTHEK
DER PSYCHOANALYSE
PSYCHOSOZIAL-
VERLAG

März 2000 · ca. 776 Seiten
gebunden mit Schutzumschlag
DM 99, – · öS 723,– · SFr 90,–
ISBN 3-89806-001-2

L ehrbücher verfolgen gemeinhin das Ziel, den Leser über den „state of the
art" des Gebietes zu informieren, von dem sie handeln. Vorgetragen wird
der aktuelle Kenntnisstand, die herrschende Lehrmeinung, die scheinbar von
der Mehrheit der auf diesem Gebiet Arbeitenden geteilt wird, wobei oft eine
kritische Diskussion des wissenschaftlichen „common sense" fehlt.

Dem gegenüber stellt das vorliegende Lehrbuch wesentliche psychoanalytische
Konzepte kritisch dar und zeigt, welche emanzipatorischen Möglichkeiten der
Psychoanalyse auch heute noch innewohnen, wenn man sie ihrer vielfältigen
Ummäntelungen entkleidet. Als eine Anleitung zum Nachdenken über das
Vorgedachte richtet es sich vor allem an diejenigen, die aus ihrer Beschäftigung
mit der Psychoanalyse mit Fragen hervorgingen.

P🔲V
Psychosozial-Verlag

www.ingramcontent.com/pod-product-compliance
Lightning Source LLC
Chambersburg PA
CBHW030313270326
41926CB00010B/1349